国家社科基金
GUOJIA SHEKE JIJIN HOUQI ZIZHU XIANGMU
后期资助项目

中国上市公司董事会结构的形成机理、制度特征与动态演变

ZHONGGUO SHANGSHI GONGSI DONGSHIHUI JIEGOU DE
XINGCHENG JILI、ZHIDU TEZHENG YU DONGTAI YANBIAN

孔祥婷　著

中山大學出版社
SUN YAT-SEN UNIVERSITY PRESS
·广州·

图书在版编目（CIP）数据

中国上市公司董事会结构的形成机理、制度特征与动态演变/孔祥婷
著.—广州：中山大学出版社，2023.9
　ISBN 978 - 7 - 306 - 07889 - 6

　Ⅰ.①中…　Ⅱ.①孔…　Ⅲ.①上市公司—董事会—研究—中国
Ⅳ.①F279.246

　　中国国家版本馆 CIP 数据核字（2023）第 155070 号

出 版 人：王天琪
策划编辑：王旭红
责任编辑：王旭红
封面设计：林绵华
责任校对：舒　思
责任技编：靳晓虹
出版发行：中山大学出版社
电　　话：编辑部 020 - 84110283，84113349，84111997，84110779，84110776
　　　　　发行部 020 - 84111998，84111981，84111160
地　　址：广州市新港西路 135 号
邮　　编：510275　传　真：020 - 84036565
网　　址：http://www.zsup.com.cn　E-mail：zdcbs@mail.sysu.edu.cn
印 刷 者：广东虎彩云印刷有限公司
规　　格：787mm×1092mm　1/16　13.75 印张　239 千字
版次印次：2023 年 9 月第 1 版　2023 年 9 月第 1 次印刷
定　　价：58.00 元

国家社科基金后期资助项目
出版说明

后期资助项目是国家社科基金设立的一类重要项目，旨在鼓励广大社科研究者潜心治学，支持基础研究多出优秀成果。它是经过严格评审，从接近完成的科研成果中遴选立项的。为扩大后期资助项目的影响，更好地推动学术发展，促成成果转化，全国哲学社会科学工作办公室按照"统一设计、统一标识、统一版式、形成系列"的总体要求，组织出版国家社科基金后期资助项目成果。

全国哲学社会科学工作办公室

前　言

现代企业依据公司法设立董事会。董事会受股东委托监督管理层①并行使重大经营决策权，是公司监督与控制体系的顶点，也是公司接触并掌控外部经营环境的工具与桥梁。以往关于董事会结构的研究重点几乎都放在了董事会的结构如何影响公司决策进而影响公司绩效等经济后果的问题上，但最近学者们逐步意识到如下这些更重要、更应该优先解决的问题：董事会结构来自何处？公司间彼此迥异的董事会结构是如何被建立的？组建董事会的真正推动者是谁？使得一贯稳定的董事会结构出现异动的因素是什么？本书以中国资本市场上市公司为研究对象，研究董事会结构的成因与动态演变。

国内外已有的相关研究大都以委托代理理论（attorney theory）为基础，以董事会的监督职能为出发点，研究公司的委托代理问题、股东对董事会监督职能的需求与董事会结构之间的相关关系。然而，委托代理理论过高地估计了市场的作用，忽略了 CEO（首席执行官）作为被监督者对监督行为的反应以及操纵董事选聘的权力。大量案例研究表明，作为被监督者，管理层也在努力摆脱董事会的压制，而且事实上经常介入董事选聘环节，有时候甚至可以完全控制董事会的组建。权力是什么？权力如何影响董事会结构？为什么有些 CEO 拥有强大的权力而有些 CEO 没有？中国上市公司的 CEO 对董事会构成有同样的影响力吗？这些问题很难用理性、市场、效率等经济学概念来解释，而来自组织社会学的资源依赖理论给予了其新的解释途径。

首先，本书阐述了经济学的委托代理理论与社会学的资源依赖理论（resource dependence theory）的核心概念与基本逻辑，从不同的角度分析了董事会结构的成因，并对各种理论的侧重点、适用性与推论进行述评，从而为从多个角度研究、假设与论证董事会结构的形成因素提供了理论基

---

① 本书所称"管理层"特指企业高级管理层。——作者注

础。然后，本书分别从委托代理理论与资源依赖理论两个视角，对国内外已有的研究文献进行了分类、梳理与综述。最后，本书以1999—2020年中国A股主板市场全体上市公司为样本，从效率成因视角与权力成因视角对上市公司董事会的结构特征、形成机理、制度特征与动态演进过程进行了一系列实证研究。本书研究结果包括描述性统计结果和实证分析结果两类。

描述性统计结果显示，中国董事会结构有如下五个主要特征：第一，中国上市公司的董事会规模相对较大；第二，从委托代理理论出发，相对于独立董事比例，本书刻画的外部董事比例呈现更多的公司间差异，更适合用来度量委托代理理论下的董事会结构；第三，从资源依赖理论出发，控股董事比例、制衡董事比例、高管董事比例与独立董事比例更精确地刻画了公司间的结构差异，而这些在过去的研究中均被视作董事会结构黑箱；第四，2001年中国证券监督委员会（以下简称"证监会"）发布的《关于在上市公司建立独立董事制度的指导意见》（以下简称《指导意见》）对董事会结构造成的影响，不只是增加了独立董事比例、降低了其他类型董事的比例，还有不同类型董事比例下降的程度与趋势存在显著差异，体现了不同集团权力的差异与博弈；第五，中国上市公司董事会结构呈现行业、地域特征，支持了资源依赖理论的推论。

实证分析结果显示，委托代理理论假说和资源依赖理论假设均得到了部分实证支持。委托代理理论的监督成本与监督收益等核心变量对董事会结构存在一定的解释能力。而基于资源依赖理论的实证分析发现各类董事比例与公司特征存在相关性，外部环境越恶劣，公司生存的难度越大，能够提供关键资源的董事比例也越大。进一步研究发现，在中国特有的股权集中与国有经济主导的制度环境下，国有股东可以为企业生存与发展提供至关重要的资源，因此可以派驻更多的控股董事，进而保证其在董事会层面对企业的控制。这些特征使中国的董事会无论在机制组建还是在职能发挥等方面，都表现出与其他资本市场很大的差异。为了缓解董事会结构研究内生性问题，本书以《关于进一步规范党政领导干部在企业兼职（任职）问题的意见》（中组发〔2013〕18号）（以下简称"中组部'18号文'"）作为准自然实验，研究代表政府资源的官员独立董事①辞职对企业经营的影响以及董事会结构的动态演变。研究发现，官员独立董事离职后，公司未来融资渠道受阻、风险承受能力下降。为应对政商关系受阻对企业获取融资资源的不利影响，公司会聘请更多拥有金融背景的独立董事。该研究结论进一步证明了资源依赖理论对董事会结构的解释，董事会结构的动态变迁反映了企业对外部环境依赖的理性反应。

　　本书的主要贡献是，将社会学中的资源依赖理论与经济学中的委托代理理论结合起来，从中国董事会的真实职能出发，研究了董事会结构的形成机理、制度特征与动态演变。与现有文献强调董事会的监督职能不同，本书讨论并验证了董事会的资源职能在董事会构建过程中的重要作用。本书的研究表明，董事会的构建情况比预想中的更加复杂，主要表现在两方面：一方面，由于引入外部董事对公司进行监督是有成本的，公司需要在监督收益与监督成本以及其他治理机制的效率之间进行平衡；另一方面，董事会作为公司的权力机构，其席位代表的控制权一直以来都是公司各方博弈的焦点，公司生存对某一类资源提供方的依赖度越高，该资源提供方拥有的公司权力就越大，其所能占据的董事席位也越多。本书研究深化了董事会研究的理论基础，丰富了董事会结构影响因素领域的文献，展现了中国现阶段董事会结构的基本特征，提供了中国上市公司董事会结构的形成过程与动态演变的理论解释与实证证据，为研究中国资本市场投资者保护、董事会制度建设和市场监管等提供了理论依据和经验证据。

---

　　① 本书研究明确区分政府部门领导、国有企业与事业单位领导，仅将政府部门领导归为官员独立董事，具体分类方式见第八章。

目　　录

第一章 引 言

一、研究动机

董事会是现代企业最重要的内部治理机制，是公司监督与控制体系的顶点（Fama and Jensen，1983）。委托代理理论认为，相对于内部董事，外部独立董事能更有效地监督与激励管理层，如为 CEO 设计合理的薪酬计划、替换不合格的 CEO、提高公司信息透明度等，从而提高公司业绩。因此，"为了进一步完善上市公司治理结构，促进上市公司规范运作"，中国证监会于 2001 年 8 月发布《指导意见》，要求在 2003 年 6 月 30 日之前，上市公司董事会成员应当至少包括三分之一的独立董事，宣告境内上市公司须按照指导意见要求实施独立董事制度。这拉开了董事会结构改革的序幕。

《指导意见》要求"独立董事应对上市公司及全体股东负责，维护公司整体利益，特别是中小股东的权益"。然而，我国特有的"一股独大"以及国有企业"所有者缺位"等制度特征使得上市公司内部人控制问题非常突出，一方面外部独立董事在选聘环节难以脱离控制人的影响，另一方面，独立董事所占据的"三分之一"席位在公司决策时又不足以取得绝对优势。在这种情况下，"外部独立董事有用吗？"即"董事会结构的经济后果研究"成为近年来中国公司治理研究的重要内容。《指导意见》实施后，上市公司都聘请了独立董事，因而无法通过考察公司是否设立了外部独立董事来直接研究外部独立董事为公司带来的经济后果。现有研究大都以独立董事比例来衡量董事会结构特征，通过公司间独立董事比例的差异、董事会行为的差异（如 CEO 薪酬、CEO 变更、信息质量、审计意见）与公司业绩的差异（市场业绩、会计业绩）等之间的相关关系来得出结论。然而，这些研究并没有得出一致的结论，可能因为有三个关键性的假设与中国的实际情况有所出入。

假设1：中国上市公司董事会结构等同于发达资本市场上市公司的，除独立董事以外的董事都是同质的高管董事（executive directors）。

发达资本市场的研究通常将董事划分为内部董事与外部董事两类。当董事是或曾经是公司的全职雇员（full-time employee）时，其被定义为内部董事；反之，则是外部董事。外部董事通常在公司外拥有另一份全职工作，如银行家或者律师。Hermalin 和 Weisbach（1988）认为，有一类外部董事，虽然不是公司雇员，但也并不完全独立，如来自上市公司的供应商，或者大量持有公司股票者。应将此类董事区别于外部董事，称为第三类董事——关联董事［或灰色董事（Gray Directors）］。由于市场的需求与监管的压力，英美资本市场的上市公司逐步形成了以外部独立董事为主的结构特征。大量的董事会研究都描述了这一趋势与特征，如 Duchin 等（2010）以 1996—2005 年美国上市公司董事会数据为研究样本发现，外部独立董事比例（percentage of independent directors）平均为 60.36%，而这一比例在萨班斯·奥克利法案以后又有所上升，从而形成两个基本推论：①外部独立董事构成董事会的多数；②外部独立董事可以在席位上绝对控制董事会的决策，董事会在总体上是独立于公司高管的。

对于中国资本市场而言，自 2003 年全面引入独立董事制度以后，上市公司的董事会一般由高管董事、控股董事、制衡董事与独立董事四类董事组成。高管董事是指由公司高级管理层兼任的董事，通常是公司的总裁、财务总监、总会计师、党委书记等，也就是西方研究中的"内部董事"。控股董事是指由上市公司的实际控制人所在的公司派驻的代表担任的董事，通常体现实际控制人的意志。其有时候是由实际控制人本人担任，有时候是由实际控制人所在公司的高级管理人员兼任。制衡董事是指由上市公司的非控制性大股东派驻的代表担任的董事，通常体现非控制性大股东的意志。其有时候是由非控制性大股东的实际控制人担任，有时候是由非控制性大股东的公司高级管理人员兼任。独立董事即上市公司依法聘请的外部独立董事。总体来看，中国上市公司董事会呈现如图 1-1 所示的结构特征。

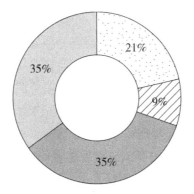

□控股董事 ☑制衡董事 ■高管董事 □独立董事

图 1 – 1 中国上市公司董事会结构特征示意
（注：图中数据基于 1999—2020 年中国上市公司董事会结构数据分析所得）

以上结构呈现与其他资本市场截然不同的两个重要特征。第一，中国上市公司的独立董事并不是董事会的多数成员。其他类型董事可能对董事会行为产生更重要的影响，是更值得关注的部分。独立董事不足以控制董事会，其他类型的董事大都可以单方面或联合控制董事会，而这种控制将进一步体现在未来董事会结构（董事的提名与选聘）、董事会工作（CEO的选聘、薪酬、业绩评价与变更等）和董事会决策（关联交易、收购兼并、投资筹资）等方面，并会因控制方的不同而有所侧重。第二，因强制规定的要求，中国上市公司独立董事比例大多集中在"及格线"——董事会成员的三分之一，其他类型董事人数占比更容易呈现公司差异。当实际控制人亲自列席董事会时，其他席位通常全部由内部董事（高管董事）占据，有些国有企业的非独立董事席位全部由控股公司的高管（控股董事）占据，有些国有企业则全部由内部董事占据，而有些国有企业呈现均衡的状态。公司间为什么出现如此不同的结构，这些不同的结构意味着什么？

这些有别于其他市场的特征构成了中国上市公司董事会日常运转的核心力量。如果我们舍弃其他董事的特征而只关注独立董事比例，将会错失中国上市公司董事会结构真正精彩的部分。中国上市公司董事会这种复杂的结构为研究董事会结构成因提供了必要性与研究机会。

假设 2：中国上市公司聘请独立董事是出于监督的动机。

研究董事会结构与监督效果需要一个前提假设，即独立董事的选聘源于监督动机。如果上市公司为了加强监督并降低代理成本而自愿聘请独立董事，不仅需要公司本身为独立董事发挥监督作用提供必要的支持，而且在独立董事的选聘环节就会重视其能否胜任监督职责，只有这样才能保证"独立董事—监督—绩效"的逻辑链条完整。然而，如果上市公司设立独立董事的动机只是达到行政要求，并且在选聘独立董事的环节中具有话语权，那么CEO是否会提名对其实施有效监督的独立董事？Adams和Ferreira（2007）研究发现，当CEO能够介入董事选聘过程时，董事为了保住饭碗，将更倾向于咨询而非监督。俞伟峰等（2010）的描述性统计发现，《指导意见》颁布以前，聘请独立董事的中国上市公司比例不超过10%；而到2003年，所有中国上市公司全部按规定在董事会中设立独立董事。此外，他们的研究还表明，这些上市公司按照证监会要求执行独立董事制度后，经营业绩并无明显变化。因此，尽管在身份上独立董事是独立于公司及其高管的，但在现有制度下，中国上市公司是否出于监督的动机选聘独立董事，他们所存在的代理问题是否可以通过独立董事来解决，这些中国特有的现实问题，极大地降低了独立董事比例这一经典结构指标对董事会监督效力的衡量水平。

假设3：中国上市公司董事会结构是外生的。

所有默认"董事会结构是外生的"的经济后果类研究都遵循"董事会结构—独立性—监督—绩效"的基本逻辑。然而，此类研究有两个致命的问题难以绕开：如果董事会的独立性如此重要，为什么市场没有淘汰那些董事会不怎么独立的公司？公司为什么不持续提高独立董事比例直至董事会全部由独立董事构成？正是这些疑问催生了董事会结构内生性研究。正如Adams、Hermalin和Weisbach（2010）三位董事会学术领域的泰斗在其文献综述中所指出："关于董事会的两个最基本问题是：'什么决定了董事会特征'与'什么决定了董事会行为'。这两个问题从根本上是交织在一起的，使得有关董事会的研究异常复杂，因为特征与行为是彼此内生的。……我们建议，很多关于董事会的研究最好能够联合考虑董事的选聘过程和董事会结构对董事行为与绩效的影响。"最近，学者们也逐步意识到如下这些问题更应该优先解决：董事会结构来自何处？公司间彼此迥异的董事会结构是如何被建立的？组建董事会的真正推动者是谁？使得一贯稳定的董事会结构出现异动的因素是什么？但目前学界关于这些问题的讨论还比较少。因此，本书将以中国资本市场上市公司为研究对象，针对以上问题研究董事会结构的形成机理、制度特征与动态演变。

国内外已有的董事会结构成因的研究大都以委托代理理论为基础，以董事会的监督职能为出发点，研究上市公司的委托代理问题、股东对董事会监督职能的需求与董事会结构之间的相关关系。但是，委托代理理论放大了市场的作用，忽略了 CEO 作为被监督者对监督行为的反应以及操纵董事选聘的权力。国内外大量实务案例研究表明，作为被监督者，管理层也在努力摆脱董事会的压制，而且事实上经常介入董事选聘环节，有时候甚至可以完全控制董事会的组建（Herman, 1981；Whisler, 1984；Mace, 1986）。这里的权力是什么？为什么有些 CEO 拥有强大的权力，而有些 CEO 没有？为什么权力会影响董事会结构？权力如何影响董事会结构？这些问题很难用理性、市场、效率等经济学概念来解释，而来自组织社会学的资源依赖理论对此给予了补充解释。本书综合运用经济学的委托代理理论与社会学的资源依赖理论，分别阐述了两种理论的核心概念与基本逻辑，从不同的角度分析了董事会结构的成因，并对两种理论的侧重点、适用性与推论进行述评，从而为从多个角度研究、假设与论证董事会结构的影响因素提供了理论基础。

从经济学的角度看，董事会是应对组织设计问题的市场结果，是一个有助于缓解现代企业存在的委托代理问题的内生性制度。虽然委托代理理论强调董事会的监督职能，但并不是说更小的董事会或者更高的外部董事比例、更多的监督对公司就更好，而是说董事会的结构特征取决于公司内部特征不同引起的监督收益与监督成本的平衡。因此，从委托代理理论的角度看，董事会构建的过程是对外部董事监督行为的成本与收益评估的过程；同时，其还受到了其他治理机制效率的影响。总体而言，这是公司代理成本最小化的过程。

从社会学的角度看，一个组织的董事会构成受到了该组织生存所需外部资源的类型与数量的影响。尽管资源依赖理论重视董事会的资源职能，但并不是说所有的资源提供方均可以派代表进入董事会，或者最重要的资源提供方就可以独占董事会，而是说由于组织生存所需的资源有所侧重却又缺一不可，因此，董事会的席位是稀缺的，董事会的成员是复杂的，董事会的结构是董事会席位与外部权力相匹配的结果。从资源依赖理论的角度看，董事会构建的过程是组织吸纳外部资源的过程，是为了更好地适应当前的环境条件，将董事会席位与外部资源提供方的权力进行匹配的过程。总体而言，董事会结构就是公司所依赖资源结构的微观体现。

在委托代理理论与资源依赖理论的基础上，本书以1999—2020年中国A股主板市场全体上市公司为样本，对其董事会结构特征、形成机理、制度特征与动态演进过程进行了实证研究。研究发现，中国上市公司董事会结构在不同行业、地区、板块上的呈现不同，并且，委托代理理论和资源依赖理论都对董事会结构有所解释。进一步研究发现，在中国特有的股权集中与国有经济主导的制度特征下，国有股东可以为企业的生存与发展提供至关重要的政府资源，因此可以派驻更多的控股董事，进而保证其在董事会层面对公司的控制。这些特征使得中国上市公司的董事会无论是在组建机制还是职能发挥等方面，都表现出与其他资本市场较大的差异。为了在一定程度上解决董事会结构研究的内生性问题，本书以中组部"18号文"作为准自然实验，研究官员独立董事辞职对公司经营的影响以及董事会结构的动态演变。研究发现，相对于不存在官员独立董事辞职的公司，存在官员独立董事的公司在官员独立董事离职后，公司未来融资渠道受阻、长期贷款占比下降、风险承受能力下降。为应对政商关系受阻对公司获取融资资源的不利影响，公司会聘请更多拥有金融背景的独立董事。这一研究结论进一步证明了资源依赖理论对董事会结构的解释，董事会结构的动态变迁反映了公司对外部环境依赖的理性反应。

本书的研究深化了董事会研究的理论基础，丰富了董事会结构影响因素领域的文献，展现了中国现阶段董事会结构的基本特征，提供了中国上市公司董事会构建的形成过程与动态演变的理论解释与实证证据，为未来中国投资者保护、董事会制度建设与市场监管等提供了理论依据与经验证据。

二、研究框架与研究内容

本书的研究框架与内容安排如图1-2所示。

第一章 引言

↓

第二章 中国上市公司董事会的制度背景

↓

第三章 理论基础

经济学视角下的董事会结构
· 委托代理理论
· 委托代理理论的策略：公司治理
· 委托代理理论视角下的董事会及
　其结构成因

社会学视角下的董事会结构
· 资源依赖理论
· 资源依赖理论视角下的董事会及
　其结构成因

中国上市公司董事会结构形成机理的理论体系

↓

第四章 文献综述

委托代理理论视角
研究综述

资源依赖理论视角
研究综述

中国资本市场
研究评论

↓

第五章
中国上市公司董事会结构的现状分析

· 划分董事类别，构建全景式董事会结构特征指标
· 基于手工数据对中国上市公司董事会结构进行描述性分析

↓

第六章至第八章 中国上市公司董事会结构
形成机理、制度特征与动态演变的实证分析

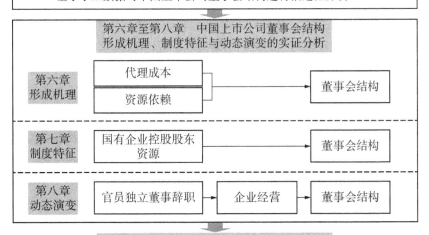

第六章
形成机理

代理成本

资源依赖

董事会结构

第七章
制度特征

国有企业控股股东
资源

董事会结构

第八章
动态演变

官员独立董事辞职 → 企业经营 → 董事会结构

↓

第九章 研究结论、局限性与未来研究方向

图1-2 本书的研究框架与章节内容安排

第一章是引言。介绍本书研究动机、研究框架与研究内容、可能的贡献与创新。

第二章是中国上市公司董事会的制度背景。该章梳理了中国上市公司董事会制度的初建、发展、新阶段。我国正式的董事会制度出现在实行改革开放之际。为了缓解企业的代理问题与信息不对称问题，我国借鉴发达资本市场的做法，在企业中成立董事会以监督企业的管理者，并不断完善董事会制度的相关法律法规。随着我国的资本市场不断发展，尽管董事会制度面临着很多中国特色的新局面与新问题，但在我国上市公司的应用过程中取得了很多进步，逐步探索出一条中国特色的董事会制度发展之路，形成了一系列中国特有的董事会制度规定与特点。本章将从学习与建立、应用与深化、中国特色探索三个阶段来呈现中国上市公司董事会的制度背景。

第三章是董事会结构影响因素的理论基础。现有董事会结构成因的研究大都以委托代理理论为基础，以董事会的监督职能为出发点，研究公司的委托代理问题、股东对董事会监督职能的需求与董事会结构之间的相关关系。委托代理理论的不足在于忽略了 CEO 作为被监督者对监督行为的反应以及操纵董事选聘的权力。而来自社会学的资源依赖理论对此做了很好的补充。本章综合运用经济学的委托代理理论与社会学的资源依赖理论，分别阐述了两个理论的核心概念与基本逻辑，从不同的角度分析了董事会结构的成因，并对各种理论的侧重点、适用性及其推论进行述评，从而为从多个角度研究、假设与论证董事会结构的影响因素提供了理论基础。

第四章是董事会结构影响因素的文献综述。在第三章介绍与总结了有关董事会结构成因的理论基础上，第四章分别从委托代理理论与资源依赖理论两个视角，对国内外现有相关研究文献进行了综述。首先，对委托代理理论视角下的相关研究进行了回顾，将影响董事会结构的因素分为三大类：一是上市公司对监督收益与监督成本的平衡以及其他治理因素；二是信息因素；三是 CEO 作为被监督者对董事会构建过程的操纵。其次，对资源依赖理论视角的研究成果进行了回顾。最后，对现有的研究成果进行了总体评价，从现有研究的逻辑基础、研究框架以及中国研究存在的研究机会进行述评，并延伸出本书的研究意义，为本书后续的实证检验提供文献支持。

第五章是中国上市公司董事会结构的现状分析。为了更好地识别中国上市公司董事会的结构特征，本书依据董事简历对董事会结构特征进行了详细的定义与分类，具体包括董事会规模、分类董事比例。其中，对分类董事比例的研究从两个视角展开：从委托代理理论的角度看，以董事来自公司内部还是外部为标准，可将董事分为内部董事与外部董事；从资源依赖理论的角度看，根据董事日常供职的集团，可将董事分为高管董事、控股董事、制衡董事与独立董事。根据这些定义，本章以中国 A 股主板全体上市公司 1999—2020 年的董事会数据为样本，对中国上市公司的董事会结构特征现状进行了描述性统计与分析。描述性统计结果显示，中国上市公司董事会结构有如下五个主要特征：第一，中国上市公司的董事会规模相对较大；第二，从委托代理理论出发，相对于学术界惯用的独立董事比例，外部董事比例呈现更多的公司间差异，更适合用来度量委托代理理论下的董事会结构；第三，从资源依赖理论出发，控股董事比例、制衡董事比例、高管董事比例与独立董事比例更精确地刻画了公司间的董事会结构差异，而这些在过去研究中被视作董事会结构黑箱；第四，2001 年的《指导意见》对董事会结构的影响不只是增加了独立董事的比例、降低了其他类型董事的比例，其作用下不同类型董事比例下降的程度与趋势存在显著差异，体现了不同集团权力结构的差异；第五，中国上市公司董事会结构呈现行业、地域特征，在一定程度上支持了资源依赖理论的推论。

第六章是实证分析 1：中国上市公司董事会结构的形成机理。在理论分析的基础上，第六章采用描述性统计、均值检验和多元线性回归分析等方法，分别从委托代理理论视角与资源依赖视角出发，对上市公司董事会结构特征的形成机理进行了深入的实证研究。该章通过对比代理理论和资源依赖理论对中国上市公司董事会结构的解释力度发现，委托代理理论、资源依赖理论都对董事会结构有所解释。在委托代理理论下，替代性公司治理机制效率显著降低了外部董事比例，其包括管理层持股、法律监管以及产品市场竞争等。实证结果在一定程度上支持委托代理理论对中国上市公司董事会结构特征的假设。在资源依赖理论下，公司对外部资源的需求、CEO 自身的资源也会影响到董事会的结构。

第七章是实证分析 2：中国上市公司董事会结构的制度特征。为了进一步验证资源依赖理论的解释能力，在中国上市公司普遍控制权集中与国有企业占主导地位的特殊制度背景下，该章研究了中国上市公司董事会结构形成过程中制度场景的重要影响。实证研究发现，上市公司控股董事比例与同期控股股东的平均持股比例存在显著差异；不同所有制公司的董事会结构之间也存在显著差异，具体表现为国有上市公司的控股董事比例显著高于非国有上市公司。而且，公司所在地政府的财政盈余越多，国有上市公司的控股董事比例越高；市场化进程越差的地区，国有上市公司的控股董事比例越高；行业进入壁垒越高，该行业国有上市公司的控股董事比例越高。以上研究结论从制度特征出发，进一步支持了资源依赖理论的观点，即董事会结构并不是随机的、独立的变量，而是组织对外部环境依赖的理性反应。控股董事比例不仅受到控股股东因其持股比例而产生的"自上而下"的控制需求的影响，还受到公司因生存而产生的"自下而上"的资源依赖需求的影响。在中国，市场经济尚在完善中，有时还存在政府行政指令过多、有效约束机制缺乏的现象。有研究结果发现，政府资源有助于企业获得政府采购合同、政策与法律方面的扶持、政府信用担保、资金支持、土地供应、兼并与扩张的支持，能够缓解企业融资约束，使其获得地方政府税收优惠、打破产业进入壁垒，从而获取企业生存的关键资源，给公司带来价值。在这种背景下，国有股东可以为企业生存与发展提供至关重要的政府资源，因此也可以派驻更多的控股董事，进而保证其在董事会层面对企业的控制。这些特征使得中国上市公司的董事会无论是在组建机制还是在职能发挥等方面，都与其他资本市场存在很大的差异。

第八章是实证分析3：中国上市公司董事会结构的动态演变。本章借助中组部"18号文"的外生制度变革，研究了官员独立董事辞职对企业经营的影响。尽管本书在之前的实证分析中论证了企业资源情况与资源提供者对董事会结构的影响，但由于公司董事会结构已经呈现了公司当下资源需求与资源提供者博弈的结果，因此，在均衡的视角下，还不能清晰地论证公司现有资源状况是董事会治理的结果，还是现有董事会结构形成的原因。中组部"18号文"的制度改革给本书提供了一个外生场景，对此进行研究后发现，相对于不存在官员独立董事辞职的公司，存在官员独立董事的公司在官员独立董事离职后，其未来融资渠道受阻、长期贷款占比下降（债务期限缩短）、风险承受能力下降。为应对政商关系受阻对企业融资资源的不利影响，公司会聘请更多拥有金融背景的独立董事。这一研究结论进一步证明了资源依赖理论对董事会结构的解释，董事会结构的动态变迁反映了企业对外部环境依赖的理性反应。

第九章是研究结论、局限性与未来研究方向。

三、可能的贡献与创新

（一）可能的贡献

1. 本书的研究具有重要的现实意义

第一，董事会是现代企业运作所依赖的重要制度。现代社会的企业大都在董事会的监管与指导下运作。营利性公司必须依法设立董事会，非营利组织机构也会设立相应的董事会来督导组织运作。董事会是公司监督与控制体系的顶点（Fama and Jensen，1983），也是公司接触并掌控外部经营环境的工具与桥梁（Pfeffer，1972，1973）。监管层与实务界都认为，外部董事可以优化董事会结构：一方面，其可以加强董事会的独立性以提高监督绩效；另一方面，其与外界的联系可以为企业提供有意义的资源，从而优化企业的决策。因此，在监管者与资本市场的推动下，发达资本市场逐渐形成了以独立董事为主（超过60%）的董事会结构特征，在结构上表现为外部董事控制董事会；新兴市场也在推动独立董事制度的建设。然而，正当所有人都认为外部董事控制的董事会足以胜任监督职责的时候，安然、世通、科泰以及帕玛拉特等大型企业相继爆发掏空公司资产的公司治理丑闻。与此同时，人们发现，这些公司都拥有规范的董事会结构且其董事会具有独立性。董事会有用吗？它对 CEO 有监督吗？董事会在做什么？董事会是怎样组建的？最优的董事会结构存在吗？这一系列问题，不仅引起了学术界的广泛讨论，而且引起了实务界与监管者对董事会制度的质问与怀疑。若要更好地回答这些问题，除了要思考是什么影响了董事会职能，更重要的是要认识更为基本的问题，如董事会的职能是什么，董事会在实际公司运作中是如何构建的，等等。因此，针对董事会结构的成因及其影响因素，本书首先进行了理论回顾与总结，然后对现有的研究成果进行了综述。研究发现，目前我们对董事会结构的成因，特别是中国上市公司董事会结构的成因的研究还非常浅显，对董事会构建背后的机理知之甚少。而过度倚重委托代理理论对董事会制度的解释，忽略董事会的资源职能对公司的意义，是导致中国目前董事会研究、董事会的制度建设与董事会的公司实践之间存在鸿沟的根本原因。从理论上寻找董事会结构形成的根本原因，从实证数据中提取中国董事会结构的现状，不仅有助于人们理解公司董事会制度的意义，认识到其存在的问题，重视董事会聘任流程，在整体上提高公司治理机制的效率；也有助于监管层对董事会制度的重新评价、对《指导意见》效果的评估，以及未来整体设计、规划与构建董事会制度。

第二，本书的研究有助于监管层评价现有的董事会建设水平。随着现代企业制度的逐步建立，中国上市公司的治理水平有了很大提高。但作为转型经济国家，中国仍存在一些历史阶段的问题，上市公司的治理中还存在许多有待深入研究与改善的地方。两种代理问题并存，使得中国上市公司在董事会建设以及独立董事制度引入之初，不仅要解决股东与经理层之间的利益冲突，还要解决大股东与外部中小股东之间的冲突。中国公司法中的董事会制度是倾向于股东本位模式的，没有在法律层面确立与保证董事会为企业组织中具有独立性的最高权力机构，使得董事会往往受公司内部人的控制。在这种情况下，三分之一席位的独立董事能够胜任这种期望吗？本书深入探索独立董事以外的董事会结构黑箱，构建能够准确衡量中国上市公司董事会结构特征的指标——分类董事比例。本书对分类董事比例的研究从两个视角展开：从委托代理理论的角度看，以董事来自公司内部还是外部为标准，可将董事分为内部董事与外部董事；从资源依赖理论的角度看，根据董事日常供职的集团，可将董事分为高管董事、控股董事、制衡董事与独立董事。然后以1999—2020年中国A股主板市场全体上市公司为样本，分别从委托代理理论与资源依赖理论视角出发，对上市公司董事会结构特征的影响因素进行了实证研究。实证研究结果发现，相对于其他治理机制，如大股东监督、民营企业控制、产品市场竞争和股权激励政策等，董事会的监督职能相对较弱，董事会结构更多来自外部资源提供者的权力分配。如同高度集中的股权结构，中国上市公司的董事会也是由某一利益集团高度控制的，董事会的各项决策代表的依然是董事会控制人的意志。本书的研究结论更贴合中国上市公司董事会制度的实际状态，有助于资本市场与监管者正确评价中国上市公司的董事会建设水平，为未来的董事会制度设计方向和具体内容提供理论基础与实证依据。

第三，本书的研究有助于监管层进一步推进董事会制度建设。资本市场上不断爆出的财务丑闻刺激监管者对上市公司的治理水平，特别是对董事会的监督职能提出更严格的要求。例如，安然事件、世通事件促使出台的《萨班斯法案》对外部董事的比例提出了更高的要求。中国独立董事制度也是在这种背景下诞生的，旨在通过法规的强制推动，提高上市公司董事会的独立性水平。然而，这些改革举措一直建立在一个基本假设之上——董事会结构是会带来经济结果的，认为董事会如果能够监督管理层，独立判断管理层业绩并给予正确薪酬激励的话，在其他条件保持不变的情况下，董事会越独立，则公司业绩越好。然而，该假设在理论上是可驳回的（Baysinger and Butler，1985）。委托代理理论认为，董事会作为一个重要的治理机制，在公司间是有区别的。然而，由于其他的治理机制（公司法、经理人市场、资本市场、公司内部结构等）也在起作用，这些机制都可以作为董事会机制的替代品（Williamson，1983），其中具体谁起主导作用，取决于治理机制之间的相对成本与收益（Renneboog，2000）。此外，除法律要求的监督职能外，董事还可以通过其他途径为公司服务。例如，内部董事拥有很多私有信息，有助于董事会规划、启动、监督公司长期战略等；金融董事有助于缓解公司融资约束；中国的国有控股股东有助于为公司争取政府资源；等等。因此，独立董事是否一定会执行监督职能，如果执行的话是否一定就能提高公司业绩，这些都是监管层在强制推进独立董事制度、督导公司董事会结构构建时必须思考而且要有准确答案的问题。否则，不仅无助于解决中国现有的委托代理问题，还为公司增加了额外的成本。本书对理论的回顾与实证数据的检验，有助于监管层正确地理解董事会结构形成的机理，正确地理解现阶段上市公司董事会结构的成因，进而能有针对性地解决现有问题，正确推动董事会制度的建设。

2. 本书的研究具有重要的理论意义

第一，本书的研究拓展了董事会结构研究的理论视角。

一直以来，经济学中的委托代理理论都是董事会研究最重要的理论基础，也是最广为接受的理论（Zahra and Pearce，1989）。在经济学视角下，企业的本质是各类要素所有者之间错综复杂的契约关系的集合，以及由这些契约带来的多层次委托代理关系。由于契约的不完备性、代理人自利性与信息不对称问题，现代企业普遍存在着委托代理问题。公司治理机制就是委托代理理论为解决现代企业的委托代理问题而提出的基本策略。Fama和 Jensen（1983）认为，董事会是现代企业最重要的内部治理机制，是公司监督与控制体系的顶点；董事会的存在价值是能够缓解现代企业委托代理关系中股东无法对管理层进行有效监督的问题。因此，从经济学的角度看，董事会是应对组织设计问题的市场结果，是一个有助于缓解现代企业存在的委托代理问题的内生性制度。董事会构建过程是对外部董事监督行为的成本与收益评估的过程，其间还受到了其他治理机制效率的影响。然而，关于董事会，委托代理理论有两个根本问题：一是过于强调董事会的监督职能。假定公司因需要董事的监督职能而选聘董事（这可能是一个不太实际的假设，特别是在中国制度背景下），该理论并不能提供一个能够解释董事会结构成因的完整的理论框架。二是高估了市场的力量，忽略了CEO作为被监督者对监督行为的反应以及对董事选聘的权力。这两个问题限制了委托代理理论对董事会结构成因的解释能力。

与经济学中的委托代理理论不同，社会学中资源依赖理论并不信奉有效市场的作用，因此也不需要有效市场假设、利润最大化假设以及利益相关者之间权力平等假设等严格的设定来构建董事会结构成因的模型。在社会学的视角下，组织是一个开放的系统，其行为有赖于其所处社会的外部环境。董事会构建的过程是组织吸纳外部资源的过程，也是为了更好地适应当前的环境条件，将董事会席位与外部资源提供方的权力进行匹配的过程。资源依赖理论通过董事会的资源职能，解释了公司是如何通过董事会顺应权力方的控制、协调资源提供方的行动，进而实现自身的生存与经济增长的。从这一点来看，资源依赖理论能对委托代理理论的解释提供补充，因为它对董事会资源职能的解释涵盖了监督职能、战略职能、咨询职能——从广义来看，这些职能都是某种资源。

因此，与现有的文献不同，本书拓展了研究视角，分别从经济学与社会学两个角度出发研究了董事会结构成因的相关理论，并从各自的理论出发，假设与实证检验了中国上市公司董事会结构的影响因素，为更好地解释新兴市场与转轨经济下公司董事会结构的成因构建了一个较为全面的研究框架。

第二，本书的研究提供了来自投资者保护力度较弱的资本市场的实证证据，弥补了国际研究的空白。

Adam 等（2010）在其文章综述中认为，目前的董事会研究文献主要集中在英美公司中，而对非英美国家的相关研究存在太多空白，还有太多的问题待国际研究数据回答：在投资者保护力度较弱的国家中，董事的独立性是更高还是更低？公司对董事会独立性的需求是更高还是更低？董事会对公司的重要性是更高还是更低，会不会呈现不同的董事会结构安排？有别于西方发达的资本市场，中国上市公司有两个重要的制度特征：①中国上市公司的股权高度集中。绝对大股东的存在打破了经典理论中内部经理人与外部股东之间的权力布局：从委托代理理论的角度看，大股东的监督作用降低了公司对董事会监督职能的需求，外部董事比例会降低；从资源依赖理论的角度看，现阶段公司的生存有赖于控制性大股东提供的资金资源、集团资源、政府资源等，控股股东的权力又会增加外部董事比例。因此，关于大股东的存在如何影响董事会结构的问题，来自中国的实证研究可以弥补这方面的空白，为其提供重要的实证研究证据。②中国资本市场上国有企业与民营并存。有别于西方发达资本市场，国有企业在中国经济中占有举足轻重的地位。来自股权结构的研究结果表明，在同一制度背景下，不同产权属性带来的代理成本不同。从委托代理理论的角度看，国有企业的代理成本更高，对外部董事的监督需求更高。然而从资源依赖理论的角度看，现阶段政府资源对国有企业的生存、发展更为重要，如取得更多相关信息、获得政策倾斜，甚至争取政府资金支持等，因此国有企业对国有股东的资源职能需求更高。中国资本市场上国有企业与民营企业并存的状态为这个研究问题提供了实证机会，为董事会结构的影响因素提供了新的解释变量，为目前的董事会结构研究提供了来自新兴市场与转型经济的实证研究证据。

第三，本书的研究深化了中国关于董事会结构成因的研究成果。

中国对于董事会结构成因的研究才刚刚起步，相关研究成果的数量较少，研究方法较简单，结论也不尽相同。大部分研究对中国上市公司董事会结构的特征缺乏清晰认识，只是简单沿用西方的外部董事/内部董事的二分法，考察以独立董事比例为代表的董事会结构特征的影响因素。这样的研究会导致两个严重的问题：①独立董事是监管方要求上市公司聘用的，因为成本的问题，95%以上的公司都依据法规要求的三分之一的比例来安排独立董事席位。从这个角度看，独立董事比例是外生变量，而且公司间的差异不具有实际意义。②以独立董事来替代国际研究惯例中的"外部董事"概念，变相提高了公司的内部董事比例。事实上，非独立董事并不全是内部董事，其还包括很大比例的股东董事，而这些董事的行为、动机以及进入董事会的原因均与高管兼任的内部董事有很大的差别。如果非要将董事会结构进行二元化区分，以高管董事为界限，将高管董事定义为内部董事，将非高管董事定义为外部董事，在概念与理论推演中会更准确一点。然而在上市公司披露的董事会信息中，并没有统一、准确地表明哪一类董事是高管董事，而必须通过手工翻阅董事简历来判断。这种高昂的研究成本在一定程度上制约了中国学术界对董事会结构的细化研究。基于对董事会结构成因研究的不重视，以及研究历史较短等原因，中国已有的研究对董事会结构成因的理论还缺乏深刻的理解与广泛的应用。再加上一些研究并没有理论推演的过程，仅通过现象分析来提出假设。这些都不利于学术界对董事会形成原因的深入理解，也降低了研究结论与国际文献之间的可比性。

已有文献存在的问题为本书提供了广阔的研究空间与研究机会。本研究通过手工翻阅与判断上市公司董事成员的背景资料，将董事分为高管董事、控股董事、制衡董事与独立董事四类，构建了能够较为全面反映中国上市公司董事会特征的结构指标；在此基础上，分别从委托代理理论与资源依赖理论两个角度出发提出研究假设，以国际研究指标为基础，加入中国特有的代理变量，实证检验了中国上市公司董事会结构的影响因素，极大地提高了模型的解释能力。本书的研究发现了很多更为合理也更有趣的实证研究证据，不仅深化了关于中国上市公司董事会结构成因的研究，而且增强了文献的国际可比性。

（二）本书的创新

第一，从新的视角研究董事会结构的影响因素。从董事会结构近期的研究（Linck et al.，2007；Boone et al.，2007；Coles et al.，2008；Lehn et al.，2009；杨青 等，2012）潮流来看，现有关于董事会结构成因的研究大都是以委托代理理论作为基础开展的；涉及复杂的公司业务与CEO权力的解释，一般通过引用现有成果展开假设与解释，而没有意识到这些已经是委托代理理论无法解释的范围。本书拓展了研究思路，引入社会学中的资源依赖理论，从资源依赖理论出发提出假设并进行实证检验。研究发现，仅仅靠传统的委托代理理论并不能完整地解释中国上市公司董事会结构的成因，而资源依赖理论通过解释公司的资源依赖与外部控制之间的关系，为中国上市公司董事会结构的成因提供了补充解释。

第二，从新的维度研究董事会结构特征。在董事会结构的研究领域，现有文献常常局限于董事会中独立董事的比例，这是目前各国的董事会制度现状造成的。对于西方国家而言，由于股权高度分散，公司的代理问题主要是所有者与管理者之间的第一类代理问题，董事会结构经历了长时间的变迁，形成了以外部独立董事为主（超过60%）的简单结构，因此董事会结构特征只有一个：独立性，即外部独立董事比例较高。对于中国这一新兴市场而言，由于股权相对集中，上市公司普遍由大股东高比例控制，这就产生了控股股东与分散的外部中小股东之间的第二类代理问题。且当大股东就是国有企业的时候，第一类代理问题也没有因此避免，如此便产生了中国上市公司两类代理问题共存的现状。这种现状加剧了利益各方对董事会席位的争夺，造成了中国上市公司董事会的复杂结构，即有证监会规定的三分之一席位的外部独立董事、有大股东派驻的高管、有制衡股东派驻的高管，还有上市公司自身的高管。在这种情况下，如果依然沿用西方的外部独立董事来衡量董事会结构，就会产生如前所述的两个问题：①对于中国上市公司而言，独立董事比例更多是一个外生变量，无法"胜任"内生变量研究；②以独立董事来简单替代"外部董事"概念，变相提高了公司的内部董事比例，忽略了控股股东代表董事、其他大股东代表董事与高管董事之间的显著区别，也无法真正代表中国上市公司的董事会结构特征，以此为基础的研究存在很大的问题。针对这个严重的问题，通过阅读董事会全体成员的个人履历，本书厘清了每位董事的来源与立场，将董事分为外部独立董事、控股董事、制衡股东派驻董事、高管董事四大类，构建了能够充分体现公司间董事会结构特征差异的指标，并以此为基础展开研究。本研究通过数据方面的创新响应了目前董事会领域研究中的现实需要，主要表现有以下三项：一是受研究困难所迫，不细化就没有结论。二是出于对公司的董事会实践的疑问——股东派驻代表董事是普遍现象，但为什么很少见到关于这类董事的研究？三是常用的委托代理理论无法很好解释中国上市公司组建董事会的实践过程。资源依赖理论认为，董事会结构是公司所依赖资源结构的微观体现。当我们关注公司所依赖资源的类型时，就会认识到这些资源提供方都在努力派驻董事的事实。因此，未来关于董事会结构的研究，无论是西方成熟市场，还是中国资本市场，只有重视董事会成员之间的细微差别，找到其中的共性与特性，才能更深刻地理解董事会结构的成因，进而为董事会更好地发挥其应有的职能提供理论依据与实证支持。

第二章　中国上市公司董事会的制度背景

我国当代董事会制度出现在改革开放之际。为了缓解企业的代理问题与信息不对称问题，我国借鉴发达资本市场的做法，在企业中成立董事会以监督企业的管理者，并不断完善董事会制度的相关法律法规。随着资本市场的不断发展，我国董事会制度在实践中面临很多新局面与新问题，取得了很大的进步，逐步探索出一条中国特色的董事会制度发展之路，形成了一系列富有中国特色、适合中国国情的董事会制度规定与特点。本章将从学习与建立、应用与深化、中国特色探索三个阶段来呈现中国上市公司董事会制度的发展过程。

一、制度初建：学习与建立

在清末洋务运动的推动下，公司的概念被引入，我国开始了对董事会制度的学习和摸索。李鸿章设立的轮船招商局是中国的第一家公司，在其制定的《轮船招商局局规》中，对董事的选举做出了明确的规定，"选举董事，每百股举一商董，于众董之中推一总董"。但这种董事会在实践中几乎没有发挥任何作用，只是让中国的公司具备了西方公司的基本特点。随着公司制在中国的应用越来越广，人们对董事会的认识逐渐明晰，董事会逐渐开始发挥作用。当时，官员及其亲属利用其在董事会的身份领薪，变相收取贿赂，一些公司因冗员导致亏损。所以，1885年，盛宣怀拟定了《用人章程十条》，用两名"查账董事"监督公司，以防止腐败现象的发生，董事会开始真正发挥监督作用。1908年，官方参照和借鉴西方的董事会制度，颁布了《公司律》，对公司的董事会做出正式规定。《公司律》第六十四条规定，董事会三人到场即构成会议，并且遵守会议条例；第六十七条和第七十七条规定，董事会作为其他机构的中心；第八十九条规定，一人一票；第九十一条规定，僵局时董事长有第二票；第九十二条规定，必须有书面记录。虽然《公司律》中明确了董事会的共管模式以及在公司治理中的核心作用，但实际上是以照搬照抄的方式来实现的比较系统的西化法律版本（邓峰，2011）。

1979 年，在改革开放之初，在计划经济即将向市场经济转变之际，"董事会"一词在我国的法律法规中首次出现。全国人民代表大会颁布的《中华人民共和国中外合资经营企业法》（1979），对董事长的选举和董事会的规模做出规定，其中第六条规定："合营企业设董事会，其人数组成由合营各方协商，在合同、章程中确定，并由合营各方委派和撤换。董事会设董事长一人，由中国合营者担任；副董事长一人或二人，由外国合营者担任。"我国的中外合资经营企业开始成立董事会，行使监督职能。

随着改革开放的推进与公司规模的扩大，我国企业的董事会制度进一步完善，其对董事会的规模和人员构成做出规定，与当时环球各国董事会的平均规模一致（梁能，2000）。1993 年 12 月，第八届全国人民代表大会常务委员会第五次会议通过了《中华人民共和国公司法》，明确规定了有限责任公司和股份有限公司董事会的规模。《中华人民共和国公司法》第四十五条规定："有限责任公司设董事会，其成员为三人至十三人。两个以上的国有企业或者其他两个以上的国有投资主体投资设立的有限责任公司，其董事会成员中应当有公司职工代表。董事会中的职工代表由公司职工民主选举产生。"第一百一十二条规定："股份有限公司设董事会，其成员为五人至十九人。"这些条例表明：第一，内部治理结构对公司的发展至关重要，董事会作为最重要的决策机构，需要相应的制度来进行规范；第二，企业规模扩张导致信息不对称的问题愈发严重，董事会被寄予执行好监督职能的希望，防止股东和债权人的利益受损。

除了董事会，我国上市公司也设置了监事会，构建了"双层制"的治理结构。当时，西方国家的公司治理结构有"单层制"和"双层制"两种模式。处于国际主流地位的是以英、美为代表的"单层制"公司治理结构，不设置监事会，其内部监督机制是通过在董事会内部引入与之相近的独立董事制度来实现的；而以德国、日本等国家为典型代表的公司治理结构采用的则是"双层制"，公司同时设董事会和监事会，呈现垂直的双层状态（彭真明、江华，2003），这一模式与这些国家证券市场不发达、管理层在企业中居于支配地位的特征相适应（李维安、王世权，2005）。在德国的"双层制"治理结构中，董事会和监事会分别履行不同的职能，并且有上下级之分。其中，监事会的地位更高、职权更大，拥有董事会的任免权和监督权。这使得监事会实际上拥有几乎控制董事会的权力。由于我国当时的公司治理结构尚未完善，董事会制度也尚未成熟，为了保证董事会尽职地履行职责，我国选择了董事会—监事会模式，并通过建立监事会来监督董事会。

1992 年，国家体制改革委员会发布的《股份有限公司规范意见》（体改生〔1992〕31 号）表明，股份有限公司可以设立监事会，并对董事会进行监督；1993 年通过的《中华人民共和国公司法》则对监事会的结构、特征和功能做出明确规定，监事会制度正式确立。在结构特征上，中国式监事会由三名以上监事组成，包括股东代表和适当比例的职工代表，其中职工代表的比例不得低于三分之一，董事和高级管理人员不得兼任监事。在功能上，《中华人民共和国公司法》第一百二十六条明确规定，监事会的职权主要与董事、高级管理人员的履职以及公司的经营状况和财务状况有关。例如，监事可以检查公司的财务；可列席董事会，对决议事项提出质询或建议；当董事和管理层损害公司利益时，可要求其纠正等。但是，监事会的设立并没有达到预期的监督效果，反而被认为是形同虚设的机构，沦为管理层的"橡皮图章"（邓峰，2011）。如此一来，一方面，监事会地位低下，资源匮乏，我国法律并未给予监事会充分的权力来履行监督职能（郭雳，2016）；另一方面，监事会缺乏独立性，担任监事的职工往往是经理层的下属，"被监管的人"反而成为事实上的"监察者"（Feinerman，2007）。

1997 年，我国公司在原有的董事会—监事会制度的基础上，正式确立独立董事制度。随着我国资本市场的建立，公司的结构和经营业务更加复杂化和专业化，董事会既需要保持更强的独立性以充分发挥监督职能，也要解决公司股权过度集中带来的"内部人控制"问题。我国考虑借鉴发达资本市场的独立董事制度，以防止公司大股东或管理者的机会主义行为。20 世纪 70 年代，美国为了避免各公司财务造假，解决因此引起的公司战略决策失误和经营管理者自己监督自己的矛盾，开始建立独立董事制度，在公司董事会中引入更高比例的外部董事。1992 年，伦敦的几家研究机构提交了著名的 Cadbury 报告，其明确提出："公司的董事长和总经理应由两个人分别担任，董事会中应有足够多的有能力的非执行董事，以保证他们的意见能在董事会的决策中受到充分的重视。"中国证监会于 1997 年颁布《上市公司章程指引》，其中新增了有关独立董事制度的条款，第一百一十二条规定："公司根据需要，可以设独立董事。独立董事不得由下列人员担任：（一）公司股东或股东单位的任职人员；（二）公司的内部人员（如公司的经理或公司雇员）；（三）与公司关联人或公司管理层有利益关系的人员。注释：此条款为选择性条款，公司可以根据实际需要，在章程中制订独立董事的职责。"《上市公司章程指引》将独立董事作为选择性条款提出，并对独立董事的界定做出了规定。《上市公司章程指引》引入独立董事制度后，国有企业、境外上市企业和创业板上市企业的相关法规也引入了独立董事制度。1999年，中国证监会和国家经济贸易委员会共同颁布的《关于进一步促进境外上市公司规范运作和深化改革的意见》对境外上市公司的独立董事制度做出规定，"公司应增加外部董事的比重。董事会换届时，外部董事应占董事会人数的1/2以上，并应有2名以上的独立董事"，"公司的关联交易必须由独立董事签字后方能生效。2名以上的独立董事可提议召开临时股东大会。独立董事可直接向股东大会、中国证监会和其他有关部门报告情况"。这一文件对独立董事人数提出了更为严格的要求，并且规定了独立董事的特殊权力。

除了对董事会独立性的重视与加强，相关法规结合我国公司实践需要进一步完善董事会制度，逐渐对公司董事会的职权和责任进行规范。在英美法中，董事会采用一人一票平等的且集体合议的方式行事，并对公司制度的有效和正当运作负有最后责任（邓峰，2011）。我国企业的董事会也借鉴了这种集体决策权力行使的方式。1999年，国家经济贸易委员会颁布的《国有大中型企业建立现代企业制度和加强管理的基本规范》提出"建立集体决策及可追溯个人责任的董事会议事制度"。1999年修订的《中华人民共和国公司法》中，对董事会的责任以及失责需要承担的后果做出规定。其第一百一十八条提出："董事应当对董事会的决议承担责任。董事会的决议违反法律、行政法规或者公司章程、股东大会决议，致使公司遭受严重损失的，参与决议的董事对公司负赔偿责任。但经证明在表决时曾表明异议并记载于会议记录的，该董事可以免除责任。"第二百一十二条规定："公司向股东和社会公众提供虚假的或者隐瞒重要事实的财务会计报告的，对直接负责的主管人员和其他直接责任人员处以一万元以上十万元以下的罚款。构成犯罪的，依法追究刑事责任。"2001年颁布的《上市公司董事长谈话制度实施办法》对应约见董事长谈话的情形和程序以及对其批评的情形做出明确规定。其第三条规定："中国证监会派出机构具体实施辖区内上市公司董事长谈话工作。中国证监会主管业务部门认为必要时可直接约见上市公司董事长谈话。"该实施办法增加了中国证监会对董事会的监管和约束，也进一步明确董事会在公司治理中的地位。2001 年颁布的《指导意见》中提出："上市公司可以建立必要的独立董事责任保险制度，以降低独立董事正常履行职责可能引致的风险。"这意味着，独立董事在公司治理中承担着越来越重要的责任的同时，具有越来越大的履职风险。这些均促进了我国董事会的职权和责任制度、董事会权力的保护制度日渐完善和成熟。

二、制度发展：应用与深化

随着我国现代企业制度越来越成熟和完善，董事会制度也越来越多地应用于企业的治理当中。同时，为了使董事会更好地发挥职能，促进公司治理能力和水平的提高，监管机构在现有的董事会制度的基础上进一步深化和完善，提高董事会的独立性，并且通过在董事会下设委员会来提高董事会决策的正确性和有效性。董事会制度进入应用与深化阶段。

为了防止公司内部人员的机会主义行为损害投资者和债权人等的利益并干预董事会履职，我国开始探索各类专业委员会是否能够加强公司治理结构的监督制衡能力，如审计委员会、提名委员会和薪酬委员会等。中国人民银行于 2002 年颁布《股份制商业银行独立董事和外部监事制度指引》，其中第二十七条规定："监事会内设审计委员会，由外部监事担任负责人。"同年，中国证监会和国家经济贸易委员会颁布了《上市公司治理准则》，其中第五十二条要求："上市公司董事会可以按照股东大会的有关决议，设立战略、审计、提名、薪酬与考核等专门委员会。专门委员会成员全部由董事组成，其中审计委员会、提名委员会、薪酬与考核委员会中独立董事应占多数并担任召集人，审计委员会中至少应有一名独立董事是会计专业人士。"同时，该准则第五十四条详细规定了审计委员会的职责。2004 年，国务院国有资产监督委员会（以下简称"国资委"）颁布了《关于中央企业建立和完善国有独资公司董事会试点工作的通知》，其中有关试点企业的主要工作包括"召开董事会会议，任命董事会秘书，设立董事会办公室，组建各专门委员会"。中国银行业监督管理委员会在 2006 年颁布了《国有商业银行公司治理及相关监管指引》，要求"国有商业银行董事会原则上应设立战略规划委员会、薪酬与提名委员会、审计（稽核）委员会、风险管理委员会和关联交易控制委员会等专门委员会。各专门委员会成员不得少于 3 人。其中，薪酬与提名委员会、审计（稽核）委员会、关联交易控制委员会的主席原则上由独立董事担任，薪酬与提名委员会、审计（稽核）委员会、关联交易控制委员会成员中的独立董事人数应占其所在委员会成员总数的半数以上"。这些规定对股份制商业银行、上市公司和中央企业提出了董事会下设委员会的要求，保证了董事会对关键领域进行监督的独立性和客观性，有助于董事会更有效地发挥职能，董事会制度进一步深化。

为了维护职工的合法权益、构建和谐劳动关系，我国设立职工董事制度。职工董事由公司职工通过职工代表大会、职工大会或其他形式民主选举产生，代表职工参与公司治理。由于我国国有企业产权的特殊性，职工董事在其中的角色尤为重要。因此，《中华人民共和国公司法》明确要求"两个以上的国有企业或者其他两个以上的国有投资主体投资设立的有限责任公司"以及"国有独资公司"必须设立职工董事。国资委也相继出台了多个政策指导国有企业建立职工董事制度。而对于其他公司制企业是否设立职工董事并无强制要求。但是，随着经济社会转型时期的到来，劳动关系的主体及利益诉求越来越多元化，劳动关系矛盾进入多发期。在此背景下，中共中央、国务院出台文件指导企业构建和谐劳动关系、加强企业民主管理制度建设。各级工会也积极响应，就职工董事条件、选举程序以及职责规则做出了更加明确的规定。职工董事制度随之逐渐完善，职工权利的保护也得到了进一步加强。

为了加强董事会决策信息的透明度，进而提升董事会履职的严肃性，我国制定了董事会决议的信息披露制度。2004 年，上海证券交易所修订了《上海证券交易所股票上市规则（2004 年修订）》，其中第一百零四条要求上市公司及时披露有关重大事项的董事会决议公告信息，包括"每项提案获得的同意、反对和弃权的票数，以及有关董事反对或者弃权的理由""需要独立董事事前认可或者独立发表意见的，说明事前认可情况或者所发表的意见"等。2007 年，国资委颁布了《董事会试点企业董事会年度工作报告制度实施意见（试行）》，要求试点企业董事会每年向国资委报告年度董事会工作。

这些规定意味着，中国上市公司的各监管机构通过增加董事会决策过程的透明度加强董事会在公司治理中的实际效力，有助于避免董事会在决策过程中的渎职舞弊等行为，并通过信息公开的方式监督董事会的监督和决策工作。

与此同时，董事会的薪酬管理制度也在同步加强，既要对董事特别是外部独立董事形成充分的激励，又要避免薪酬激励扭曲董事会的独立性进而与股东利益产生冲突。长期以来，在薪酬管理实践中，经理人薪酬的制定问题受到了较大的关注，比如通过薪酬与业绩相挂钩的契约设计，实现对经理人的约束与激励。然而，作为薪酬委员会主要成员的独立董事的激励问题一直受到忽视。在美国等成熟资本市场中，独立董事的履职受到声誉、薪酬（股票和现金）等多重激励。然而，中国上市公司的独立董事在以下两方面的激励受到了限制：一方面，在声誉激励上，中国还没有建立发达的独立董事市场，独立董事多通过"朋友"或者"朋友的朋友"等私人关系产生；另一方面，在薪酬激励上，为了充分保持独立董事的独立性，中国上市公司的独立董事不能获得股权激励，其薪酬多是固定津贴。《上市公司股权激励管理办法》第八条明确规定，"激励对象可以包括上市公司的董事、高级管理人员、核心技术人员或者核心业务人员，以及公司认为应当激励的对公司经营业绩和未来发展有直接影响的其他员工，但不应当包括独立董事和监事"。然而，与独立董事这一低激励现状相伴的却是其日益增加的履职风险。2021年，康美药业的独立董事被判决承担过亿的连带赔偿。该案件之后，A股上市公司独立董事开始出现了一波"辞职潮"。近年来，中国一些上市公司根据自身治理实践需求，陆续推出与独立董事风险承担与努力付出相挂钩的薪酬激励计划，如民生银行（郑志刚 等，2017），但是仍没有建立系统性、制度化的独立董事激励制度。可以看出，在当前中国上市公司的各监管机构独立董事薪酬设计实践中，如何平衡好激励和独立的关系依旧是独立董事薪酬制度设计的难题。

在中国上市公司董事会制度的应用与深化阶段，中国上市公司的各监管机构根据中国资本市场的发展阶段与上市公司的实际情况，对董事会制度进行了细化与深化，以促使董事会更好地发挥职能。通过建立专业委员会制度，提高了董事会在关键事项的履职能力；通过制定职工董事制度，充分保护了劳工权益、加强了企业民主管理；通过建立董事会信息披露制度，增加了董事会决议的透明度；通过制定董事会的薪酬管理制度，充分保障了独立董事的独立性，但如何激励独立董事仍在探索之中。

三、制度新阶段：中国特色探索

随着中国资本市场的发展与成熟，涉及上市公司董事会的案例层出不穷，出现了大量中国情境下公司治理的特殊情况与特殊问题，如国有企业的董事会问题、党政领导干部兼职问题等。为响应资本市场的呼声、加强对中小投资者的保护力度、提升上市公司的公司治理能力、解决实际问题，中国上市公司的各监管机构持续探索符合中国国情与需求的董事会制度设计，我国的董事会制度探索进入第三个阶段——中国特色探索阶段。

（一）国有企业董事会"双向进入、交叉任职"制度

国有企业是中国特色社会主义的重要物质基础和政治基础。与一般企业的委托代理链条不同，国有企业的委托代理体系存在多个层级，由"全民—党委政府—国有资产监督管理机构及其党委—董事会及企业党组织—经营层"构成（陈翔，2017），其产权属于全体人民，这在一定程度上影响了国有企业治理结构的执行效能。如何提高国有企业的公司治理效率、提升国有企业经营能力，是解决国有企业委托代理问题的关键所在（郝健等，2021）。

因此，我国一直在探索国有企业党组织的公司治理效力。1997年，中共中央、国务院颁布的《中共中央关于进一步加强和改进国有企业党的建设工作的通知》强调，企业党组织必须"参与企业重大问题的决策"，"实行公司制的企业，党委书记、董事长可由一人担任，同时配备1名党委副书记以主要精力抓党的工作（即'二职合一'）"，"根据工作需要和人员条件，党委成员可依法分别进入董事会、监事会和经理班子；董事会、监事会、经理班子中的党员，具备条件的，可按照有关规定进入党委会（即'双向进入、交叉任职'）"。2017年5月，《国务院办公厅关于进一步完善国有企业法人治理结构的指导意见》发布，要求将党建工作总体要求纳入国有企业章程，明确了党组织在国有企业中的领导核心和政治核心地位，符合条件的国有企业党组领导班子成员以"双向进入、交叉任职"的方式参与国有企业经营决策，明确党组织成为企业法人治理结构的有机组成部分。目前，我国

90% 以上的国有企业已经建立并完善了党组织参与公司治理的相关制度。[①]通过党委书记或党委副书记与其他高管之间的职位配置形成一种政治与制度安排，能够有效融合党（党组织）、政（治理层和管理层）两种重要力量，成为国有企业董事会履职的方向引领与政治保障。

（二）董事会试点中央企业专职外部董事

中央企业（Chinese central state-owned enterprises），为"中央管理企业"的简称，指由中央人民政府（国务院）或委托国有资产监督管理机构行使出资人职责的国有独资或国有控股企业，是国民经济的重要支柱和命脉。在国有企业中，中央企业作为核心力量的代表，其公司治理效力的发挥显得尤为关键。

为了规范中央企业的治理结构，2004 年 6 月，国资委印发《关于中央企业建立和完善国有独资公司董事会试点工作的通知》，以明确董事会试点的主要思路和措施，将宝钢集团、神华集团等 7 家中央企业确定为首批试点企业。2009 年 3 月，国资委又印发《董事会试点中央企业董事会规范运作暂行办法》，推进中央企业的董事会试点改革。该办法第三章规定了董事会的组成，要求"公司外部董事人数原则上应当超过董事会全体成员的半数"。由于中央企业通常分布在涉及我国国计民生、国防安全等基础性行业，因此，中央企业的董事会具有鲜明的职责特点。该办法第十一章规定了董事会和国资委的协调沟通机制，要求董事会应当督促公司"建立生产安全事故、突发公共事件等即时报告制度，确保上述事件发生后，公司在第一时间报告国资委和国家有关部门、事件所在地人民政府"；董事会应当"按照监事会有关要求报送《企业年度工作报告》等文件"，并且按有关规定"向国资委报告相关事项及材料"。

试点改革要求中央企业董事会设置半数以上外部董事并且向国资委报告，这极大地提高了外部董事的席位占比，一方面增强了董事会对国有企业经营层的监督作用，另一方面强调了中央企业的特殊使命与职责，要求董事会在防范风险方面充分履职。外部董事被要求基于企业的价值最大化目标参与决策，中央企业内部决策权和执行权得以分开，并且外部董事监督中央企业高管，可以抑制中央企业高管的自利行为（李文贵 等，2017）。

---

① 资料来源于《2018 年中国共产党党内统计公报》。

（三）党政领导干部在企业兼职（任职）制度

"十四五"期间国家大力提倡构建"亲""清"政商关系，良性循环的新型政商关系有利于推动企业健康发展。在改革开放的四十多年里，企业家积极构建与政府的合作关系，以争取更多资源。各地政府拥有诸多政策工具（如银行信贷、产业政策、土地配额）左右资源配置，掌握大量商业行为的审批和管制的自由裁量权，影响着企业的生存、发展。例如，在直接融资仍不发达的情况下，主要商业银行都由政府所有或受到政府的严格控制，包括贷款规模和方向（王跃生，1999）。近年来，尽管资本市场和民间金融市场逐步发展，但并未从根本上改变这种格局。这就意味着大量企业的资金需求难以得到满足，并且该需求广泛存在于民营企业和国有企业中（卢峰、姚洋，2004；方军雄，2010）。Cull 和 Xu（2005）指出，中国转轨经济背景下政府对市场经济的干预情况并没有得到显著改善。有的研究表明，政治关联可以帮助企业获得融资便利（余明桂、潘红波，2008；罗党论、甄丽明，2008）、税收优惠（吴文锋 等，2009）和政府补贴（潘越 等，2009；余明桂 等，2010）等。因此，企业如果能够构建密切的政商关系，将使其经营环境得到较大改善。公司构建政商关系的重要方式之一便是聘请前任或现任政府官员担任独立董事。据统计，2013 年末，2,500 余家上市公司共有 816 家聘请官员独立董事 1,101 人次，平均不到 3 家公司即有 1 人次官员任独立董事，其中不乏省部级高官（唐朝金、陈薇，2014）。2013 年 10 月，中共中央组织部发布的《关于进一步规范党政领导干部在企业兼职（任职）问题的意见》明确提出规定："现职和不担任现职但未办理退（离）休手续的党政领导干部不得在企业兼职（任职）。"该意见旨在厘清政府与市场的关系，构建"亲""清"政商关系。在这一文件颁布两个月内，沪、深两市发布逾 300 份关于高管辞职的公告，其中关于官员独立董事辞职的公告共有近 70 份，资本市场迎来了一轮官员独立董事的离职潮。

（四）"三分开"制度

中国资本市场企业集团众多，尽管企业集团可以为企业提供融资、创新、供应链等便利，但企业集团形式也加剧了所有权与经营权相分离带来的代理问题，如母公司关联交易、资金占用问题频发。为了改善上市公司的治理结构并减少母公司对上市公司可能的利益侵害，1998 年证监会发出通知对拟上市企业改制情况进行调查。该通知要求，企业申请公开发行股票必须做到"三分开"，即上市公司的母公司和上市公司在"人员、资产和财务"上彻底分开，"人员分开"方面具体包括：上市公司的董事长原则上不应由股东单位的法定代表人兼任，高级管理人员不得在上市公司及股东单位中双重任职，财务人员不得在关联公司任职，股份公司的劳动、人事及工资管理必须完全独立（邹风、陈晓，2004）。2002 年，证监会发布《上市公司治理准则》，对"人员分开"做出进一步规定，即上市公司董事长和总经理不得由同一人担任，如果董事长和总经理由同一人担任，则公司董事会成员中应至少包含二分之一的独立董事。这些制度都是针对中国资本市场公司实际情况而产生的，是对董事会制度的特殊要求。

（五）独立董事特别独立意见制度

相较于其他资本市场，中国资本市场的股权较为集中，上市公司第二类代理问题也尤为突出，因此中国的资本市场需要董事会在监督管理层之外，特别关注大股东做出的可能损害公司和小股东合法利益的事项。然而，独立董事作为外部董事，相比其他与公司关联更为密切的董事，可能无法充分掌握信息并且容易受到大股东和管理层的影响。为了使独立董事更好地发挥监督作用，同时加强中国资本市场特有的董事责任，2001 年发布的《指导意见》特别指出中国上市公司独立董事的一些特殊职责，如"重大关联交易（指上市公司拟与关联人达成的总额高于 300 万元或高于上市公司最近经审计净资产值的 5% 的关联交易）应由独立董事认可后，提交董事会讨论；独立董事作出判断前，可以聘请中介机构出具独立财务顾问报告，作为其判断的依据"。并且要求独立董事对"上市公司的股东、实际控制人及其关联企业对上市公司现有或新发生的总额高于 300 万元或高于上市公司最近经审计净资产值的 5% 的借款或其他资金往来，以及公司是否采取有效措施回收欠款"发表独立意见。经过多年的探索，中国上市公司独立董事需要就七大类事项发表独立意见，如涵盖关联交易、提供担保、委托理财、提供财务资助、股票及衍生品种投资等的交易类事项，涵盖定期报告、对外担保、利润分配、自主变更会计政策、会计估计变更、重大会计差错更正、非标准审计意见等财务信息相关事项，募集资金使用等相关事项，股权激励、员工持股计划等事项，并购重组类事项，再融资、发行上市、股份回购等事项以及其他事项。这些都是中国资本市场发展三十年来积累的对独立董事履职的现实需求与监管期望推动形成的富有中国资本市场特色的董事会制度内容。

第三章　理论基础

　　现代企业依据公司法设立董事会，董事会受股东委托监督管理层并履行重大经营决策权，是公司监督与控制体系的顶点（Fama and Jensen，1983），也是公司接触并掌控外部经营环境的工具与桥梁（Pfeffer，1972）。以往关于董事会结构的研究重点几乎都放在了董事会的结构如何影响公司决策进而影响公司绩效等经济后果的问题上，但最近学者们逐步意识到一些更应该优先解决的与更重要的问题：董事会结构来自何处？公司间彼此迥异的董事会结构是如何被建立的？组建董事会的真正推动者是谁？使得一贯稳定的董事会结构出现异动的因素是什么？本书以中国资本市场上市公司为研究对象，考察董事会结构的影响因素。

　　国内外已有的关于董事会结构成因的研究大都以委托代理理论为基础，以董事会的监督职能为出发点，研究公司的委托代理问题，以及董事会监督职能的需求与董事会结构之间的相关关系。然而实践中的一些问题很难用理性、市场、效率等经济学概念来解释，比如：权力是什么？为什么有些 CEO 拥有强大的权力而有些 CEO 没有？为什么权力会影响董事会结构？来自组织社会学的资源依赖理论对此给予了补充解释。本章综合运用经济学的委托代理理论与社会学的资源依赖理论，分别阐述了两个理论的核心概念与基本逻辑，从不同角度分析了董事会结构的成因，并对各种理论的侧重点、适用性与推论进行述评，从而为从多个角度研究、假设与论证董事会结构的影响因素提供理论基础。

一、经济学视角下的董事会结构：委托代理理论

　　委托代理理论是契约理论的重要分支之一（Williamson，2002）。该理论在 20 世纪 70 年代初取得突破性进展并迅速成为当代经济研究的主流学派。委托代理理论研究的是契约的委托人与代理人之间由于契约的不完备性而产生的利益冲突问题。

委托代理理论认为，现代企业的基本特征是各类生产要素的所有权与经营权相分离，企业的本质是各类要素所有者之间错综复杂契约关系的集合，以及由这些契约带来的多层次委托代理关系。这些契约关系有些是由法律规定的，有些是由书面签订合同约定的，有些是由当事人口头约定的，有些是约定俗成的。契约关系规定了基于契约之上的委托人与代理人之间的权力与义务。由于契约具有不完备性、代理人存在自利性、信息不对称，现代企业普遍存在着委托代理问题。管理层经济人的自利性特征，决定了管理层与股东之间的目标函数不一致，管理层并非完全从股东利益最大化的角度选择自己的行为。同时，由于信息不对称，这些非股东利益最大化的行为通常是股东不能充分观察与控制的隐蔽行动。最终，管理层为追求个人利益而滥用职权，损害了股东的利益。

董事会由股东选举，代表股东权力与利益，它是在公司治理中起到关键作用的一种制度安排。委托代理理论关注的是董事会的监督职能。Fama 和 Jensen（1983）还认为，董事会通过选择、监督、考核、激励和惩罚管理层等行为，可以降低股东与管理层之间的信息不对称程度，并且确保管理层的行为能够不偏离股东价值最大化。从委托代理理论的角度看，董事会的存在价值是其在一定程度上解决现代企业委托代理关系中存在的股东无法对管理层进行有效监督的问题。因此，委托代理理论认为董事会的结构是二元的，其包括被监督的内部董事与实施监督方的外部董事。

在委托代理理论看来，董事会是应对组织设计问题的市场结果，是一个有助于缓解现代企业存在的委托代理问题的内生性制度，或者说，董事会是公司面对代理问题的均衡解（Hermalin and Weisbach，1998）。委托代理理论强调董事会的监督职能，但并不是说更小的董事会或者更高的外部董事比例就意味着对公司更好，而是说董事会的结构特征是内部特征不同的公司平衡监督收益与监督成本的结果。因此，从委托代理理论的角度出发，董事会构建的过程是对外部董事监督行为的成本与收益评估的过程，同时该过程还受到其他治理机制效率的影响。总体而言，这是公司代理成本最小化的过程。

（一）委托代理理论

1. 企业的性质：契约

（1）契约。

契约是什么？《现代汉语词典》对契约的定义是"证明出卖、抵押、租赁等关系的文书"。1932年，美国律师学会在《合同法重述》中对契约的定义是"一个诺言或一系列诺言，法律对违反这种诺言给予救济，或者在某种情况下，认为履行这种诺言乃是一种义务"。在经济学的研究文献中，学者们使用不同的词语如合同、合约、契约（以下合称"契约"）来泛指任何两个实体在经济交往中达成的正式的或者非正式的协议或者允诺。

契约是伴随着交易而产生的。从人类社会交易的产生与发展历史中，可以深切地理解二者的关系。自然禀赋与人类个体禀赋之间的差异激发了人类社会生产中分工、协作与交换的需要。随着交换行为的不断发展，交易成为一种重复发生的高频行为。人类逐步意识到交换中存在一些共同法则，依据这些法则可以在交易发生前对交易的过程与结果做出合理的预期。为了提高交易的效率，人们对交易中的方式、秩序和结构进行总结和归纳，从而形成了公共预期、惯例与习惯，促使交易成本下降，契约由此产生。契约作为人们规制交易的一种手段或者方式，是人们对交易形成的惯例的一种总结和抽象。雷光勇（2004）总结了契约的形成与演进、基本分类与基本功能，认为契约的基本内涵是"两个或者两个当事人之间，在自由平等、意愿自治的前提下，为改进各自的经济状况或者经济预期所达成的关于经济权利流转的协议或者约定"。因此，任何两个实体之间的双边关系，都可以称为"契约关系"。例如，组织之间的关系、政府与企业之间的关系、两个企业之间的关系、集团总部与分部之间的关系、部门之间的关系、股东与管理层之间的关系、管理层与公司雇员之间的关系都可以被视作经济学的问题，并从契约的角度进行分析。契约是当代主流经济学的研究起点与分析框架。

（2）企业的契约性质。

现代企业理论的基本命题是，企业是一系列契约的组合。Coase是"企业的契约理论"的开创者（张维迎，1996），其开创性地运用交易费用的概念来解释企业的本质。在Coase看来，市场与企业作为实现资源配置与调节经济运行的两种手段，是可以相互替代的；选择企业还是选择市场，取决于市场定价的成本与企业内部组织的成本之间的比较。当市场交易费用大于企业内部组织费用时，企业就比市场更有效率，企业也有了存在的必要，因此，Coase（1937）认为，企业的本质是对价格机制的取代，"一系列的契约被一个契约替代了"。当存在企业的时候，契约不会被取消，而是被大大减少，因为单一生产要素的所有者不必同企业内部的其他要素——签订契约。

Alchian 和 Demsetz（1972）利用团队生产和信息成本的概念进一步明确了企业的契约性质。他们认为企业的实质是一种特殊的契约，这种契约能增进团队的生产效率，因为这种契约拥有以下 6 个要素：①联合投入的生产；②由几个生产要素所有者投入；③所有联合投入的契约所共有的团队；④与任何投入的契约进行再谈判的权利，并独立于其他投入者的契约；⑤剩余权益；⑥出售这一集中契约的剩余权益的权力。

Jensen 和 Meckling（1976）则明确指出，企业的本质是一系列契约的组合（nexus of contracts）。这些契约不仅包括股东与雇员的契约，还包括与消费者、供应商、债权人之间的契约。

CHEUNG（1983）在 Coase 的基础上发展了企业理论。他认为，企业是要素交易的契约，市场是产品交易的契约。企业的出现，是因为生产要素的所有者按照契约把生产要素的使用权转让给企业的代理者，并服从企业家的指挥，从而无须再计较市场产品价格而后决定自己的行为；当产品的市场交易费用高于生产要素的交易费用时，企业的存在就是有意义的。从这个角度看，企业是由多个独立的要素所有者因契约联结而成。这些要素所有者可以分为两大类：一类是提供人力资本的所有者，一类是提供物质资本（非人力资本）的所有者。不同资本的产权特征对进一步理解企业的契约本质是非常重要的（张维迎，1996）。周其仁（1996）在解读人力资本的产权特征的基础上，提出了对企业本质的新理解。周其仁认为，企业是一个人力资本与非人力资本共同订立的特别契约。其特别之处在于，不能在事前完全规定各要素及其所有者的权利与义务，需要留一部分在契约的执行中再规定。产生这一特性主要是因为企业契约离不开人力资本的参与，而人力资本与其所有者不可分离。人力资本与其所有者不可分离的产权特性是现代企业理论的基本假设前提。如果人力资本与所有者可以分离的话，那么人与资本、工厂、土地、机器这些物质就无区别了，企业就成为古典经济学中的"生产函数"，也就不存在代理问题、激励问题了。人力资本与其所有者不可分离的特性意味着人力资本所有者可以通过"偷懒"来提高自己的效用，所以"即使是奴隶主也不能无视奴隶的积极性问题"，企业契约不可能在事前规定好一切情况，而必须保留一些内容由激励机制来调节。换句话说，解决激励问题是企业契约优于市场契约的根本原因。

综上所述，从经济学的视角出发，企业是为了节约交易费用而由要素的所有者（人力资本所有者与物质资本所有者）共同签订的一系列契约组合。企业关注的焦点是企业参与者之间的利益冲突在契约关系的框架中达到均衡的复杂过程（Jensen and Meckling，1976）。从这一点来看，企业无异于市场，即企业既是要素交换的场所，也会有复杂均衡的产出。

2. 不完备契约

企业的契约性质揭示了企业与市场的共性。企业与市场的区别是什么呢？张维迎（1996）认为，企业与市场的区别在于契约的完备性（completeness）程度不同，"尽管绝对完备的契约几乎没有，但相对而言，市场可以说是一种完备的契约，而企业则是一种不完备的契约"。

完备的契约是指缔约双方都能完全预见契约期内可能发生的重要事件，愿意遵守双方所签订的契约条款。当契约双方对契约条款产生争议的时候，第三方诸如法院能够强制其按契约执行。完备的契约需要准确地描述与交易有关的所有未来可能出现的情况，以及各种情况下契约各方的权力与责任。Joskow（1985）对煤矿企业与发电厂之间契约的描述体现了这一点。煤矿企业与发电厂之间的长期供货合同需要规定准确的供货时间与地点、煤炭的质量标准与价格，以及当生产成本变化时价格如何调整、货款支付方式和不能履约时的赔偿办法。然而，完备的契约建立在无外部效应（即契约对缔约各方以外的任何人都不产生影响）、完全信息（缔约各方都知道与交易有关的一切信息）与交易成本为零的假设上，这在现实世界中是不可能存在的。既然实际能够达成的契约不可能将未来发生的事件，以及当这些事件出现时缔约各方的权力、责任与应该采取的行动全部囊括并做出明文说明与解释，那契约就总是有漏洞与缺陷的，总是需要根据实际情况不断协调与修正。因此，不完备的契约才是现实世界中交易的基础。

不完备的契约是指由于人的有限理性、外部环境的不确定性与信息的不对称性，缔约各方或者仲裁者都无法证实、观察或者预见其具体执行情况的契约。1937 年 Coase 在《企业的本质》中提出"由于预测的困难，关于商品或者劳务供给的契约期限越长，那么对买方来说，明确规定对方应该做什么就越不可能，也越不合适"。这是在企业理论中首次提到契约的不完备性。不完备契约理论是对 Coase 的企业理论与交易费用理论的继承与发展，该理论的开山之作分别是 Grossman 和 Hart（1986）与 Hart 和 Moore（1990）。不完备契约理论认为，契约的不完备性是指人们无法对复杂的与不确定的未来进行准确预测；就算能够准确地预测可能出现的全部情况，也无法找到共同的语言进行描述与沟通；就算能够使用共同的语言进行描述与沟通，也无法在出现纠纷的时候被外部仲裁者所理解与判定。所以，对契约不完备性来源的研究，是该理论的重要研究内容。Tirole（1999）认为，契约的不完备性源于以下几种因素的组合：不可预见的可能性（unforeseen contingencies）、契约签订成本（cost of writing contracts）与契约实施成本（cost of enforcing contracts）。Rasmusen（2001）认为，契约的不完备性不仅来自契约的签订成本（contract-writing costs），也来自契约的阅读成本（contract-reading costs）。Segal（1999）认为，环境的复杂性是契约不完备的主要原因。Hart（2001）认为，不完全的知识（incomplete knowledge）是契约不完备的主要原因。综上所述，不完备契约的成因可以归纳为内因与外因两个方面。内因是来自契约缔结各方的有限理性与机会主义本性，外因则来自经济活动天然的外部性、未来事件的不可预见性、交易成本的存在与信息不对称的现实。

不完备契约理论打破了古典经济分析中的完全理性假设、交易费用为零假设，以及市场的一般均衡假设，提供了一种更贴近现实世界的分析工具，该理论发现企业正是一个典型的不完备契约。当不同类型的要素所有者共同订立契约来组建企业时，企业契约的不完备性体现在以下四个方面：第一，每位参与者都是有限理性的。有限理性是指人们信息加工的能力是有限的。人们试图按照理性行事，但达到理性选择的能力是有限的。第二，不能排除有些人是机会主义的。人的自私性是经济学最基本的假设，机会主义行为只不过是个人利益最大化的后果。第三，外部环境的不确定性和复杂性。第四，现代企业所有权与经营权分离（即两权分离）的特性带来的信息不对称性。企业要在充满不确定性的现实世界生存，就得随机应变。正因如此，现实中不存在完备的契约。张维迎（1996）总结道："一个完备的合同无异于否定企业的存在。"

3. 委托代理理论

委托代理理论是契约理论的重要分支之一，它研究的是契约的委托人与代理人之间由契约不完备性导致的利益冲突问题。那么，什么是委托代理关系呢？Ross（1973）认为，当契约一方根据契约规定代表另一方的利益行使某些决策权时，委托代理关系随之产生。Jensen 和 Meckling（1976）认为，委托代理关系来自契约。根据契约的规定，一个或者多个行为主体制定雇佣其他行为主体为其提供服务，并根据最终提供的数量与质量支付相应的报酬。Pratt 和 Zeckhauser（1985）将委托代理关系简化为一个人依赖另一人的行动。因此，在现实世界中，只要一个人或者一个组织通过契约授权他人代表自己执行某项工作或者行使某些权力时，契约双方就构成了委托代理关系。随着规模化大生产的出现与劳动分工效率的提高，当委托人由于知识、能力与精力的原因不能胜任某项工作或者行使某种权力，而同时又存在一大批具有专业知识、具备接受委托能力的劳动力时，委托代理关系就产生了（Hart and Moore，1988）。

委托代理关系的基础是专业化分工以及委托代理关系带来的委托人与代理人双方收益的增加。专业化分工能够提高生产力。柏拉图在公元前380 年就论述了专业化分工对增进社会福利的意义。亚当·斯密认为，人与人之间的绝对优势导致了分工与交易的产生。Becker（1985）认为，专业化分工可以避免每个人重复学习每个生产过程，使学习与训练的投资利用率得到提高。杨小凯和黄有光（1998）进一步认为，专业化分工可以增加整个社会获得知识和累积知识的能力。因此，在专业化分工基础上的委托代理关系是促成委托人和代理人双方利益增加的最优选择。在完备契约的委托代理关系中，契约双方充分理性并且相互间信息完全对称，委托人与代理人的行为可以被直接观察到，委托人可以根据代理人的工作效率给予准确的薪酬激励与惩罚，代理人也可以根据委托人的行为决定去留与努力程度，契约双方都可以达到帕累托最优状态。然而如本章前文所述，由于人的有限理性、外部环境的不确定性与信息的不对称性等，现实世界的契约都是不完备的：契约双方的行为特别是代理人的行为难以被观察到；人的自私天性使得代理人会追求自我利益最大化，倾向于自我服务；同时，外部环境充满了不确定性。这些都使得契约的执行与委托代理关系的运行面临很大的问题。

委托代理理论将不完备契约面临的问题称为"委托代理问题",并主要着眼于企业内部的组织结构与企业中的委托代理关系(杨林,2004)。对企业委托代理问题的研究可以追溯到亚当·斯密。他在《国富论》中提出:"在钱财的处理上,股份公司的董事为他人尽力;而私人公司的合伙人,则纯粹为自己打算。所以,要想股份公司的董事们监视钱财用途,像私人公司的合伙人那样用心周到,是很难做到的。疏忽和浪费,常常是股份公司业务经营上多少难以避免的弊病。"

亚当·斯密已经意识到企业所有权与经营权分离可能导致的管理者与股东利益冲突的问题。Berle 和 Means(1932)对美国200家大公司的股权结构进行了分析,发现股权结构呈现广泛分散的特征,而且数量占44%、价值总量占58%的企业是由不拥有公司股权的管理层控制的。他们认为,现代企业股权的高度分散导致了企业控制权集中在管理层手中。由于管理层的利益与股东的利益不一致,管理层往往会采取背离股东财富最大化的机会主义行为,从而对股东利益带来损害。基于股权结构广泛分散的实际特征,他们开启了委托代理理论研究的先河,"所有权与经营权相分离"成为公司委托代理问题研究的逻辑起点。随后,在 Coase(1937)的企业理论与交易费用理论、Jensen 和 Meckling(1976)的代理成本理论、Grossman 和 Hart(1986)与 Hart 和 Moore(1990)的不完备契约理论等的基础上,委托代理理论逐步形成了逻辑严密的研究框架。在这个框架下,委托代理理论始终要解决的焦点问题是:委托人如何选择和设计最优契约以约束管理层的机会主义行为,保证管理层的行为不偏离股东的利益,解决"所有权与经营权相分离"命题带来的现代企业的委托代理问题。

在所有权与经营权相分离的现代公司里,委托代理问题主要体现为以 CEO 为代表的高层管理者与股东之间的利益冲突,其根源在于管理层与股东之间契约的不完备性。企业契约的不完备性主要体现在两个方面:一是在理性经济人假设基础上形成的管理层自利性行为问题;二是在所有权与经营权相分离的背景下,委托人与代理人之间存在的信息不对称问题。

(1)管理层自利性行为问题。

经济人假设是西方经济学中的基本假设,其有两个内涵:一是人的利己心,二是利益最大化。经济人的思想最早由亚当·斯密在 1776 年的《国富论》中提出。他的经济人假设是从"利己心"出发,把经济人的利己心看作一切经济现象和经济过程的本源。他认为,人类的交换行为起源于人类自利的本性。经济人的基本特征是：以自利为动机，以追求自身利益最大化为目标，进而增加社会利益。穆勒发展了经济人假设。他认为，经济人假设是进行经济学分析必须要做的抽象假设。帕累托运用边际分析的数学工具把经济人假设模型化为效用最大化原则。从此，经济人假设——会计算、有创造性并且能获取最大利益的人，成为进行一切经济分析的基础。

经济人假设假设，所有人都会追求自我利益最大化，倾向于自我服务。Jensen 和 Meckling（1976）认为，在委托代理关系中，如果委托人和代理人都追求个人效用最大化，则代理人不会总为了委托人的最佳利益行动。由于企业所有权的分散，CEO 拥有大量的自由与权力。如果缺乏监管，管理层会追求那些可能与所有者利益相悖的目标，即管理层可能牺牲所有者的利益为自己谋求私利。这就是公司不完备契约中的管理者自利性行为问题。

（2）信息不对称问题。

信息不对称是指在市场交易中，当签订契约的一方无法观察和监督对方的行为，或者无法获知对方的完全信息，或者观察和监督的成本过于高昂时，交易双方就处于信息、不对称的状态。Arrow（1985）在契约的理论框架上，将信息不对称带来的问题分为两类，一类是签订契约前的信息问题，另一类是签订契约后的信息问题。该框架又把实体间交易活动与信息不对称产生的问题按照契约阶段分为两大类。在签订契约之前，签约主体的行动主要是在市场中寻找交易对象，受市场机制的制约。在这一阶段产生的问题主要是由合约双方隐蔽私有信息带来的"逆向选择"问题。在签订契约之后，签约主体之间的关系通过契约内化为组织内部的委托代理关系，签约主体的行动主要是组织内部协调，受到组织机制的制约。在这一阶段产生的问题主要是由一方隐蔽行为带来的"道德风险"问题。

在签订契约之前，双方因一方拥有私人信息而达到自己的私利，而对契约另一方的利益造成不利影响。这种由信息不对称引发的投机行为所产生的问题称为"逆向选择"问题，如 Akerlof（1970）对"旧车市场"的经典分析。在签订契约以后，合同的一方拥有私人信息且其行为又不能被另一方在无成本的情况下观察到时，其以投机行为损害对方而获得私利所产生的问题称为"道德风险"问题。这类问题在充分竞争市场假设条件下是不会出现的，因为充分竞争市场上的竞争可以有效约束这些投机行为。

然而在签订契约后，签约双方已经根据契约缔结了委托代理关系，脱离了市场的约束。这种隐蔽行为产生的信息不对称意味着契约双方将面临道德风险问题。

企业契约的信息不对称问题体现在管理层掌握着关于企业生产经营的全部信息，具有信息优势，而委托人将企业控制权授予管理层之前与之后在掌握信息方面都明显处于劣势端。这意味着委托人在契约签订之前无法全面了解代理人所具有的才能，在契约签订之后也无法准确了解代理人工作的努力程度。

委托代理理论将代理人因剩余控制权实施有悖于委托人利益的自利行为时给委托人造成的损失称为"委托代理成本"（Ribstein and Letson，2003）。Jensen 和 Meckling（1976）认为，委托代理成本有如下三个组成部分：①委托人的监督成本。为了限制代理人的越轨活动从而降低自身利益的损失，委托人需要采用有效的监督机制和激励机制，需要为之付出一定的成本。②代理人的保证成本。对代理人而言，通过花费成本向委托人保证不会进行损害委托人利益的行动，或者向委托人保证如果他进行了这种行动将给予委托人补偿，通常是有利可图的。③剩余损失。在假设委托人与代理人已经实施最优监督活动与最优保证活动的情况下，代理人的决策与最大化委托人财富的决策之间存在的偏差，被称为"代理成本中的剩余损失"。

因此，在委托代理关系中，为了保证企业契约各方获得的收益大于支出的成本，从而达成企业的整体效率最优，委托代理理论关注的核心问题是，如何设计一系列合理有效的激励约束机制，既可以监督激励代理人，又可以使其按照委托人的利益行事，最终使得企业的委托代理成本最小化、经济效益最大化（Stiglitz，1975）。公司治理机制就是委托代理理论为解决现代企业的委托代理问题而提出的基本策略。

（二）委托代理理论的策略：公司治理

1. 公司治理

公司治理一直是理论界与实务界关注的焦点。一个好的公司治理机制与制度安排可以大大降低企业的委托代理成本，保护企业各类契约委托人的利益，提高企业经营效率，进而提高整个资本市场的资源配置效率。尽管从 20 世纪 80 年代就开始出现关于公司治理的研究，但是，对公司治理的概念迄今没有形成一个公允的标准定义。费方域（1998）认为，像公司治理这样复杂的概念是不可能也不应该用一句话就给出完整定义。本书在前人研究的基础上开展研究，认为公司治理的含义可以从如下三个角度进行阐述。

第一，公司治理的目标是解决委托代理问题。哈特（1996）认为，公司治理之所以必要，关键在于企业有两个问题：一是委托代理问题，即契约的委托人与代理人存在利益冲突；二是不完备契约。如本章前文所述，不完备契约也是导致委托代理出现问题的主要原因之一。所以，公司治理机制就是要解决企业契约的不完备性与随之而来的委托代理问题。Jensen和 Meckling 等（1976）认为，公司治理的焦点是解决所有者与经营者之间利益不一致的问题。Fama 和 Jensen（1983）认为，公司治理研究的是所有权和经营权分离情况下的委托代理问题。

第二，公司治理是一系列制度安排。公司治理是一套指导与控制公司的制度体系（Cadbury，1993）。柯林·梅耶认为，公司治理是公司赖以生存并服务于其投资者利益的一种组织安排，包含从公司董事会到管理层激励计划的一切东西（转引自费方域，1996）。钱颖一（1995）认为，公司治理是一套制度安排，用以指导若干与公司有着重大利害关系的团体之间的关系，并从这种联盟中实现经济利益。林毅夫、李周（1997）认为，公司治理就是所有者对公司的经营管理和绩效进行监督与控制的一整套安排。张维迎（1996）认为，从狭义上看，公司治理是指有关公司董事会功能、结构、股东的权利等方面的制度安排，从广义上看，公司治理是指有关公司控制权与剩余索取权分配的一整套法律、文化和制度性安排。因此，我们可以说，公司治理是董事会决策和监督、大股东监督、债权人监督、外部审计、内部控制、控制权市场、产品市场、经理人市场等一系列制度安排的集合体，目的是降低公司委托代理成本、实现生产经营效率有效提升。

第三，公司治理的核心内容是配置权力、责任和利益。现代企业具有所有权与经营权分离的特征。谭劲松（2003）认为，权力的分离必然带来权力的重新分配。将企业的权力分解为所有权、决策权、经营权、监督权以后，这些权力分别应该由谁拥有？这些权力具体有多大？合理的权力分配机制要求其既保证不同权力的主体能够有效行使权力，又保证一方权力主体的权力不能过大而失去控制，即不同的权力既能独立发挥作用又能互相钳制。权力的重新分配带来了责任分配的问题。合理的责任分配机制一方面要求各主体承担的责任与其拥有的权力对等，既不能拥有权力而不履行其职责，又不能只要求其承担责任而不予以授权；另一方面要求责任与责任之间既界限分明又互相弥补，避免出现责任空白区的现象。权力的分配与责任的承担进一步带来利益分配的问题。承担一定的责任就应该享有一定的利益（谭劲松，2003）。费方域（1996）认为，由于控制权已经在不同的利益相关者之间分配，因此，公司的剩余索取权也会有相应的分配，如公司利润会由其利益相关者分享。然而，各种行为人都有其个体利益，这些个体利益之间，以及个体利益与公司整体利益之间常常存在矛盾与冲突，因此，合理的公司治理机制要安排与协调这些利益关系，让利益分配与权力分配、责任分配有机匹配起来，以达到公司委托代理成本最小化、公司效率最大化的目的。

2. 公司治理机制

公司治理机制包括外部治理机制与内部治理机制。外部治理机制是通过公司外部环境发挥作用的各种控制机制的统称，主要有法律与管制制度、产品与要素市场、资本市场与控制权市场等。公司内部治理机制是通过公司内部结构发挥作用的各种控制机制的统称，主要有董事会、激励机制、信息系统与大股东监督制度等（Agrawal and Knoeber，1996）。

法律监管在公司治理机制中发挥着重要作用。有利的法律制度与法治环境能够约束机会主义行为，保护投资者利益，进而提高资本市场效率，降低融资成本，为企业成长提供源泉（Levin and Zervos，1998）。如果公司内部人利用信息优势与经营权掏空上市公司并损害了股东的利益，法律将是外部股东的最终武器。当股东发现管理层利用经营权侵犯股东利益时，股东可以通过法律获得赔偿，使做出不当行为的管理层受到法律制裁。这些都是管理层机会主义行为将要面对的法律风险。公司所在地区的法治环境越好，管理层面对的法律风险越高，公司的委托代理成本越低。La、Lopez-de-Silanes 和 Shleifer 等（1997，1999a，1999b，2002）的一系列经验研究结果表明，不同法律根源与体系具有不同的投资者法律保护水平，而不同的投资者法律保护水平决定了公司的融资选择、股利政策、股权结构、治理结构与公司价值。若投资者保护水平越高，则公司治理结构越完善，公司的经营效率也越高。

Alchian（1950）认为，来自产品市场的竞争可以一劳永逸地解决公司的委托代理问题。竞争性的产品与要素市场作为硬预算约束与激励机制，时刻考验着公司的生存能力，给予优秀企业利润并淘汰不合格企业，给管理层带来了极大的外部压力（Hart，1983）。破产清算的威胁使得公司管理层们尽量减少偷懒与懈怠，在一定程度上降低了不完备契约带来的委托代理成本，而且充分竞争的产品市场还可以传递公司业绩的信号，作为公司绩效评价的标准（林毅夫、李周，1997）。因此，从极端的情况来看，充分的市场竞争将可以完全解决委托代理问题；或者说，当产品市场充分竞争时，交易成本为0，委托代理成本不复存在。这就是在委托代理理论产生之前新古典经济学假设中的理想市场状况。Aghion 等（1999）基于新制度经济学的理论模型指出，市场竞争对企业和管理层产生财务压力，从而对公司治理机制产生替代作用。Schmidt（2000）认为，产品市场竞争对管理层的压力有两种不同的结果：一方面竞争产生的清算压力可以促进管理层积极工作，另一方面竞争又会降低利润水平从而降低管理层积极工作的动力。因此，Schmidt 认为，产品市场竞争与公司治理机制之间可能存在某种依存关系，最优的公司治理机制应该与产品市场竞争有机结合。

资本市场的公司治理作用源于股票的两个基本特点——自由可转让性和代表的投票权。股票的自由转让性赋予了股东随时"以脚投票"的退出机制，可以有效地分散与转移委托代理问题带来的风险。而且，在有效的资本市场中，股票价值能够随时反映当前公司管理层决策的资本化价值：当公司管理层经营水平上升时，股票价格上升，吸引投资者买入；当公司管理层经营失败时，股票价格下降，股东随时将股票卖出。因此，资本市场堪称一种监督机制，可监督公司的经营管理绩效与委托代理水平。随着市场流动性的提高，其监督功能也越强（Holmström and Tirole，1993）。然而，资本市场的监督机制取决于资本市场的有效性，这种监督机制对解决公司委托代理问题只能起到一定的辅助作用。资本市场对公司治理最重要的作用，是利用股票的投票权功能创造控制权市场。控制权市场是指通过收集公司股权或者投票代理权而取得对公司的控制，以达到接管与更换不合格管理层的目的。Manne（1965）认为，公司控制权市场作为一种外部治理机制，主要有两方面的作用：一是敌意接管作为一种外部威胁，可以约束现任管理层的无节制自利性行为；二是一旦管理层的无能导致公司走向失败，资本市场的价格信号会促成敌意接管的实施，并淘汰与更换原有的劣质管理层团队。因此，资本市场和控制权市场可以在一定程度上缓解股东与管理层之间的委托代理问题。

董事会是公司依照法律规定、按照公司章程设立、由股东选举并由全体董事组成的，对内掌管公司事务、对外代表公司的最高权力机构。在现代企业的委托代理关系中，全体股东是终极委托人，管理层是终极代理人，董事会是连接二者的桥梁。面对公司全体股东，董事会是代理人；面对管理层，董事会又是委托人。在委托代理理论看来，董事会是一个由股东选举的，代表股东权力与利益的，在公司治理中起到关键作用的制度安排。

委托代理理论认为，现代企业所有权和经营权分离带来的委托代理问题，是由信息不对称与经济人行为造成的。经济人假设使得所有者与管理层的目标函数不同，股东追求股东价值最大化，而管理层追求个人收益最大化。简单的合同薪酬不足以激励管理层最大限度地为股东利益服务，Jensen 和 Meckling（1976）认为，导致公司出现委托代理问题的另一个重要原因是管理层不能参与公司剩余收益的分配，从而缺乏尽力工作的必要激励。Jensen 和 Murphy（1990）认为，按照业绩支付的报酬结构可以将管理层利益与公司利益协调起来，从而降低因利益冲突而产生的委托代理成本。这些激励机制包括按照业绩计发的工资与津贴、股票（或者期权）。

公司委托代理问题产生的原因之一是委托代理双方的信息不对称。如果能够对公司管理层行为施加足够的监督，就能够有效降低由此诱发的道德风险。Shleifer 和 Vishny（1986）认为，分散的股东往往缺乏监督管理层的激励，而大股东则有这种激励。Demetz 和 Lehn（1985）认为，在存在大股东的公司中，大股东因为要承担管理层做出有损公司价值的决策带来的大部分成本，所以大股东有动力也有能力去收集信息以监督管理层的决策过程与决策结果，不惜承担监督行为带来的全部成本。而收益则由所有股东共同分享，这在一定程度上避免了股权分散带来的搭便车问题。随着大股东拥有的公司股票份额的增加，大股东可以有足够的投票权对经理层施加压力，或者通过代理权争夺甚至通过接管来替换不合格的管理层。当大股东拥有 50% 的股票份额后，大股东通过所有权拥有对公司与管理层的绝对控制权，进一步保证股东利益得到尊重与保证。Shleifer 和 Vishny（1986）通过建立理论模型，论证了大股东作为监管者能够为股东创造价值。来自大股东的监督行为，可以有效降低管理层偷懒或者机会主义行为的可能性，有大量实证证据支持了大股东监督的积极作用。Mikkelson 和 Ruback（1985）发现，大股东的形成与股票的超额收益正相关。Agrawal 和 Mandelker（1990）研究发现，美国上市公司的投资者持股比例与股东财富之间存在正相关关系。Mitton（2002）发现，在亚洲金融危机中，大股东提高了公司的绩效。Franks 和 Mayer（2001）发现，对于德国公司而言，大股东的存在提高了董事撤换的频率。

综上所述，公司治理机制是针对公司的委托代理问题，配置公司权力、责任和利益的一系列制度安排，目的是降低公司委托代理成本、提升公司经营效率。在委托代理理论看来，董事会是公司治理机制的重要一环（Fama and Jensen，1983；Williamson，1983，1984）。

（三）委托代理理论视角下的董事会及其结构成因

1. 董事会职能

董事会职能（board functions），也被称作"董事会角色"（board roles），是指董事会在公司运作过程中所处的地位、扮演的角色、施加的功能和承担的职责。董事会作为公司的最高权力机构，究竟应该承担何种职能是学术界研究董事会问题的起点，不同的职能定位会导致不同的逻辑推断与结论。随着市场的深化与公司竞争的日趋复杂化，学术界对董事会职能的认识也不断深化。Lipton 和 Lorsch（1992）认为，尽管已经存在大量关于董事会的研究，但是业界对于董事会的基本职能尚未达成共识。这使得目前不同理论派对董事会的讨论从董事会职能定位开始就形成争论不休的局面。Johnson 等（1996）认为，从某种程度上讲，各个理论关于董事会职能的分歧可以看作对管理层控制董事会程度的争论的函数。

委托代理理论激发了学术界对董事会职能的探讨。Fama 和 Jensen（1983）认为，董事会的主要职能在于选择、监督、奖赏与惩罚管理层。随着学术研究的深化，更多其他的理论被引入对董事会治理的研究，越来越多的学者意识到虽然监督是董事会的主要职能，但不是唯一的职能，董事会也可以通过提供战略规划、吸引外部资源、提出管理建议以及进行危机管理等来提高公司绩效（Daily et al.，2003）。Brickley 和 James（1987）认为，董事会中的外部董事通过提供商业经验、技术以及市场知识的方式，发挥了重要的战略职能。Pfeffer（1972，1973）认为，董事会是公司处理外部环境制约与确保资源供应的机制。Agrawal 和 Knoeber（2001）认为，对受政治因素影响较大的公司，具有政府背景或者法律背景的外部董事可以利用其经验知识、个人关系以及相关的洞察力来预测政府行为，并凭借自身的影响力来左右政府的决策方向，最终有利于公司经营。事实上，董事会在通过各种职能影响公司业绩的过程中，其各种职能之间并不是相互排斥的（Pfeffer and Salancik，1978），只是各个理论出于立论与推理的需要对不同的董事会的职能有所提炼与侧重而已。综上所述，公司董事会具有以下四种不同的职能。

第一，监督职能。理论界对董事会职能的关注，起源于委托代理理论对现代企业公司治理问题的讨论。在现代企业的委托代理关系中，全体股东是终极委托人，管理层是终极代理人，董事会是连接二者的桥梁。面对公司全体股东，董事会是代理人；面对管理层，董事会又是委托人。Fama和Jensen（1983）认为，董事会通过选择、监督、考核、激励和惩罚管理层等行为，可以降低股东与管理层之间的信息不对称程度，并且确保管理层的行为能够不偏离股东价值最大化的目标。在委托代理理论看来，董事会的两大工作内容都体现了监督：一是决策。上市公司的董事会与管理层的决策职能是不同的（Fama and Jensen，1983），董事会是决策控制机构，负责决策的审核与批准；管理层是决策管理机构，负责决策的提案与执行。二是监督。这体现在两个基本方面：一是在日常工作中对上市公司管理层的工作绩效进行监督、评价与激励，二是在特殊时期聘用与解雇管理层。因此，董事会是公司内部治理机制的权力中枢与核心部分。从委托代理理论的角度看，董事会能够缓解现代企业委托代理关系中股东无法对管理层进行有效监督的问题。董事会的监督职能是公司内部治理机制的关键。

第二，战略职能。本书对董事会战略职能的界定与研究主要来自管理学的文献，主要考察了董事会在界定公司业务、规划公司愿景与使命、扫描公司业务环境、选择和实施战略方面的作用（Tricker，1984；Pearce and Zahra，1991；Hilmer，1993）。Goodstein等（1994）认为，董事会的战略职能体现为在组织战略变革中做出重要决策从而使组织适应重要的环境变化。Judge和Zeithaml（1992）认为，董事会的战略职能体现为董事会在那些非例行的、能够影响组织长期绩效并且涉及组织全局的资源配置决策中的重要作用。Andrews（1980）认为，董事应该参与制定公司战略决策，因为董事所具有的专业化知识与经验有助于提升战略制定的水平。

Brickley 和 James（1987）认为，董事会中的外部董事可以通过提供丰富的商业经验、技术以及市场方面的知识，指导管理层的经营管理活动，帮助企业制定与策划重要战略，从而提高企业效率。

第三，咨询职能。董事会的咨询职能是指董事会中的外部董事凭借自身丰富的商业经验就公司的经营管理等问题向管理层提供咨询建议（Anderson and Anthony，1986）。事实上，董事会的咨询职能与战略职能之间并没有很清晰的界限，二者最大的区别可能在于董事会提供的建议是关于公司日常经营的，还是事关企业未来发展战略的。因此，有些研究认为，董事会的战略职能与咨询职能可以合二为一，称为"辅助职能"。Lorsch 和 MacIver（1989）在研究中发现，董事的大量时间都花在了为 CEO 提供建议上面，这也解释了很多 CEO 退休之后依然在公司董事会中供职的原因。这正是因其作为咨询专家的价值。Mace（1979）对公司董事日常工作进行访谈调研后发现，董事日常所作所为与理论中的假设有很大差距：董事们做什么？咨询（advice）、维持纪律（discipline value）与危机管理（act in crisis situation）；董事们不做什么？日常管理与战略（management and strategies）、质询（ask discerning questions）、选择 CEO（select CEO）与实施控制（powers of control）。Adams 和 Ferreira（2007）构建了友好董事会理论（a theory of friendly board），分析了董事会同时肩负监督与咨询两种职能的理论后果。董事会拥有监督与咨询的双重身份，CEO 将面临信息披露的两难境地：只有充分披露信息，才能收到来自董事会的更好的咨询建议；然而，信息披露将导致其要接受来自董事会的更严格的监督。如果外部董事监督力度太大，CEO 将尽量避免私人信息的披露。因此，Adams 和 Ferreira（2007）认为，监管力度较弱的友好董事会才是公司的最优选择，相对于委托代理理论与资本市场监管层强调董事会的监督职能，在现实生活中，咨询才是董事们工作的重要内容。

第四，资源职能。理论界对董事会资源职能的关注，起源于资源依赖理论的创立者 Pfeffer 对董事会结构的研究。Pfeffer（1972，1973）指出，公司在选择董事会成员的时候，主要考虑的是其能够最大化地向公司提供重要资源。董事作为重要的"边界扳手"（boundary spanners），与公司的外部环境相互作用，一方面有助于管理层及时获取外部信息，另一方面利用自身在外部组织中的地位与声望，能帮助公司获取生存所需的关键资源。具体而言，能够为公司提供合法性保障、树立良好的公共形象

（Selznick，1949），能够为公司提供发展所需的专业知识（Baysinger and Hoskisson，1990），能够帮助公司管理层与重要股东、重要合作伙伴建立和保持良好关系（Burt，1980；Hillman et al.，2001），能够帮助公司构建外部关系、推广创新成果（Haunschild and Beckman，1998）等。

综上所述，委托代理理论关注的是董事会的监督职能。

2. 委托代理理论视角下的董事会结构特征及监督职能

基于委托代理理论的研究认为，董事会的结构特征可以在一定程度上表征董事会的监督能力，进而影响董事会的工作效率与公司价值。因此，对董事会结构特征与职能效率的研究成为委托代理视角下董事会研究的中心问题（Kor and Misangyi，2008）。其中，又以董事会规模与外部董事比例作为董事会结构特征的核心内容（Rosenstein and Wyatt，1990；Yermack，1996）。

第一，董事会规模。董事会规模历来被认为是董事会治理效率的关键特征之一，然而学界因对董事会咨询与监督职能的侧重不同一直存在两种不同的看法。重视董事会咨询职能的学者认为，大规模的董事会能够为公司提供较为全面的咨询，提高企业获得必要资源的能力，提升企业在商界的形象与地位。一方面，企业之间广泛的合作需求使得企业之间互派董事、母公司与债权人向公司派出董事，所以大公司的董事会规模相对较大（Koontz，1967；Pfeffer，1972；Juran，1966）；另一方面，随着公司的发展壮大，公司的战略决策所需的专业知识日益增加，发挥董事会的咨询职能也变得日趋复杂，公司对董事的专业知识要求会变高，董事会规模也会日趋变大。Changanti 等（1985）以零售业公司的破产案例为研究对象，发现较大的董事会能够吸收更多具有不同专业知识与背景的董事，从而提高董事会决策的效率，因此公司破产的概率与董事会规模的大小成反比。Kiel 和 Nicholson（2003）以澳大利亚公司为研究对象也支持了上述观点，发现董事会规模与公司绩效之间呈现显著的正相关关系。然而，委托代理理论从董事会的监督职能出发却得到了相反的结论。Lipton 和 Lorsch（1992）发现，虽然董事会规模与其获取公司外部资源的能力成正比，但是大规模的董事会也必然带来更多的沟通成本与协调成本。当董事会规模增大带来的资源收益小于这种内部沟通协调成本时，大规模的董事会必然会对公司绩效产生负面影响。Jensen（1993）指出，随着董事会规模的增大，董事会中的委托代理问题（如董事之间沟通协调成本的增加问题、搭便车问题）变大，将导致董事会监督职能的执行以及公司治理的效率降低。Yermack（1996）以 1984—1991 年在福布斯杂志上公布的美国 500 强公司的数据作为研究样本，以 Tobin's Q（托宾 Q 值）作为因变量来衡量公司绩效，实证检验了董事会规模与公司绩效之间的关系。研究发现，在控制了其他变量的情况下，董事会规模与公司业绩之间呈现显著的负相关关系。Eisenberg 等（1998）的研究支持了 Yermack（1996）的结论，发现中小型芬兰公司的董事会也呈现了同样的特征。因此，在委托代理理论的视角下，董事会规模与公司价值负相关。

第二，外部董事比例。委托代理理论认为，相对于内部董事，外部董事能更有效地监督与激励管理层、为 CEO 设计合理的薪酬计划、替换不合格的 CEO、提高公司信息透明度等，从而提高公司业绩。因此，委托代理理论视角下的董事通常被分为内部董事与外部董事两类。当董事是或曾经是公司的全职雇员时，他被定义为内部董事；反之，则是外部董事，即通常在公司外拥有另一份全职工作，比如银行家或者律师。因外部董事具有独立于管理层的特性，又被称为"独立董事"。Jensen 和 Meckling（1976）从委托代理理论出发，论证了外部董事与公司业绩的关系。他们认为，外部董事以股东利益最大化为目标，承担着监督管理层的重要职能。当股东与管理层的利益发生冲突时，相对于内部董事，外部董事更能代表股东监督管理层行为、评价管理层业绩并淘汰不合格高管，充分发挥董事会的监督职能。因此，委托代理理论认同外部董事的监督能力，认为董事会中的外部董事比例越高，越能发挥出对公司的监督作用。出于对委托代理理论的认可，各国的公司治理原则都陆续对外部董事人数与比例做出了一定的要求。英国 Hample 报告要求上市公司董事会中大多数非执行董事应该为独立董事，美国商业圆桌会议要求上市公司的董事会中的实质性多数应为独立董事，澳大利亚投资经理协会要求上市公司董事会中大多数董事为独立董事，日本公司治理论坛（Japan Corporate Governance Forum, JCGF）认为上市公司的董事会中独立董事应该占据 1/2 以上席位，法国《维也纳特报告》认为独立董事至少占 1/3，比利时《卡顿报告》要求上市公司至少应该有 2 名独立董事（转引自李维安，2009）。中国证监会在 2001 年发布的《指导意见》中也对中国上市公司董事会中的独立董事数量做出规定，要求中国全部上市公司在 2003 年 6 月底之前，必须引入至少 1/3 的外部独立董事。

Hermalin 和 Weisbach（2003）在对董事会研究的综述中谈道："在关于董事会的研究中，关注最多的问题就是，更多的外部董事提高公司业绩了吗？"然而这个领域的研究至今没有得出统一的结论。相对而言，只有少数实证结果支持了外部董事比例对业绩的正向作用（Rhoades et al.，2000；Hossain et al.，2001；Peng，2004）。Rosenstein 和 Wyatt（1990）研究了宣布在公司董事会引入外部董事当日的市场反应，发现宣布日当天股票价格平均有 0.2% 的涨幅。这用相对直接与干净的方法验证了外部董事对公司价值的正向作用。然而，大多数实证研究的结果并没有发现这种正相关关系，有些研究甚至发现二者呈现显著负相关关系。Yermack（1996）发现，当以增加外部董事的方式扩大董事会规模时，公司股票获得负的异常回报，说明这一举动在一定程度上损害了公司价值。Barnhart 和 Rosenstein（1998）的研究也支持了 Yermack（1996）的结论。Fosberg（1989）发现，外部董事比例与 Tobin's Q 之间呈负相关关系，与公司其他业绩指标之间没有显著的相关关系。Agrawal 和 Knoeber（1996）以美国的上市公司为样本，分析了多种公司治理机制之间的内生性及治理效率。他们研究发现，在控制其他治理机制的影响后，公司外部董事的增加反而损害了公司业绩。因此，他们认为，公司外部董事比例的增加并不是出于公司自身的监督需求，而是出于资本市场监管制度的强制要求。中国资本市场的外部董事与公司绩效的关系研究也没有得出一致的结论。

有很多原因导致了关于外部董事与公司业绩关系研究结论的不一致，如实证方法的差异（牛建波、李胜楠，2007）、内生性的问题（Adam et al.，2010；Hermalin and Weisbach，2003）、其他治理机制的综合影响（Agrawal and Knoeber，1996）等。其最根本的原因在于，董事会并不直接参与公司的日常经营管理，也不对公司业绩负责。为此，Kosnik（1987）认为，相对于分析董事会结构与公司业绩之间的关系，考察董事会结构与董事会行为的关系更有意义，如 CEO 变更、管理层薪酬等，因为这些才是董事会完成受托责任、降低公司代理成本的具体职能，而且通过对这些职能的研究才能了解董事会结构究竟通过什么途径影响了公司业绩。

大量研究发现 CEO 变更与公司经营业绩负相关（Warner et al.，1988）。Denis 和 Denis（1995）发现，随着 CEO 的变更（更多的是被强制变更），公司业绩普遍提高了。因此，选择、监督与替换不合格的 CEO，一直是董事会监督职能中的重要工作内容。委托代理理论认为，相对于内部董事，外部董事更加独立于公司 CEO。因此，委托代理理论认为外部董事在评价 CEO 工作绩效与考虑 CEO 去留时，更加关注的是公司绩效与股东价值。Weisbach（1988）认为，来自外部董事的压力更有可能促使不胜任的 CEO 退出公司。他的实证研究结果显示，相对于由内部董事主导的公司，由外部董事主导的公司 CEO 变更与公司业绩之间的关系更加强烈。Borokhovich 等（1996）发现，外部董事比例与选择 CEO 外部继任者频率之间呈现显著正相关关系。Dahya 等（2002）以英国上市公司为样本，研究了在公司治理准则发布前后 CEO 变更与公司业绩之间的关系。他们发现，准则发布后 CEO 变更的频率增加了，外部董事的增加加强了 CEO 变更与公司业绩的敏感度。这证明外部董事的增加有助于董事会更有效率地替换不合格 CEO，董事会结构也会影响 CEO 变更。Yermack（1996）研究了董事会规模对 CEO 变更与公司业绩之间关系的影响，其实证结果显示，董事会规模越小，公司业绩与 CEO 变更之间的关系越显著。这支持了委托代理理论认为小董事会更有利于监督 CEO 的推论。

设计公司的薪酬制度并监督其实施，是董事会监督职能的另一项重要工作内容。然而 Berle 和 Means（1932）指出，CEO 可以通过对董事会的控制榨取过量的报酬，因此董事会的独立性显得尤为重要。Mehran（1995）的实证研究结果显示，外部董事比例越高，董事会给予 CEO 的激励性报酬就越低。Core 等（1999）研究了董事会结构与 CEO 薪酬之间的关系，发现董事会的独立性与 CEO 薪酬负相关，而董事会的独立性随着由 CEO 任命的外部董事、69 岁以上董事、董事会以及繁忙董事（busy directors）人数的增加而降低。Yermack（1996）研究了董事会规模对 CEO 薪酬的影响，发现 CEO 薪酬与公司业绩之间的相关关系随着董事会规模的增加而降低。这意味着，董事会规模越小，其对 CEO 的薪酬监督效率越高。

3. 委托代理理论对董事会结构的解释

委托代理理论下关于董事会经济后果的研究表明，"董事会结构是有经济后果的"，在心理上、经济上都彻底独立于公司管理层的外部董事能够履行董事会的监督职责，审议管理层提议、监督战略启动、独立判断管理层业绩并给予适当的薪酬激励。在保持其他因素不变的情况下，公司的董事会越独立，该公司的业绩越好；公司的外部董事越多，该公司的业绩越好。因此，按照此逻辑，最优董事会似乎应该全部由独立董事组成。

然而事实上，资本市场上的公司董事会结构普遍呈现分散化的特征，哪怕在一小撮大型公司中，董事会的特征如内部董事相对外部董事的比率、外部董事的组织关系、董事个别的独立性与集体的独立性等都差别很大①（Baysinger and Butler，1985）。为什么资本市场上的公司董事会会呈现这些差异？为什么市场没有淘汰拥有大规模董事会的公司？为什么有些公司的外部董事比例很小却依然很健康？董事会结构来自何处？公司间迥异的董事会结构是如何被建立的？

现实世界中，分散化的董事会结构特征以及对董事会经济后果逻辑推论的疑问，催生了对现代董事会结构影响因素的研究。尽管 Pfeffer（1972，1973）、Hermalin 和 Weisbach（1988）很早就探讨过公司董事会结构的形成原因，但是由于当时学术界还沉浸在对董事会职能及其经济后果的理论建设和实证检验中，董事会结构内生性的问题并没有引起足够的重视。随着相关研究的深入与积累，关于董事会经济后果的研究逐步遭遇了内生性的困扰，特别是实证研究并没有与理论预期中的结论一致，学术界逐步意识到对董事会效率的探讨离不开对董事会结构成因的解释，因为二者是彼此影响且"联合内生"（jointly endogenous）的（Adams et al.，2010）。

委托代理成本理论对董事会结构成因的解释是一个标准的经济学回答。

第一，市场会迫使管理层实施最优董事会治理结构。如果大型公司董事选聘过程没有将委托代理成本最小化，那么其将很难在与其他公司的竞争中生存下来。假设目前资本市场现存的公司都是成功的，董事选聘实践已经在大型公司中产生与实现了公司治理均衡（最优），那么公司必须采用最合适自己的董事会，否则必将面对竞争劣势（Baysinger and Butler，1985）。

第二，董事会结构是内生的，因为公司治理机制都是因应每家公司面临的治理问题而生的（Adams et al.，2010；Demstez and Lehn，1985；

---

① 如果单纯从独立董事比例的角度看，中国上市公司董事会结构是一个例外：95%以上的上市公司的独立董事比例都是1/3，看起来大家都一样。但是如果仔细翻阅中国上市公司的董事简历可以发现，除了法定聘任的独立董事，这些公司还有高管兼任的内部董事、大量控股董事的代表董事、其他大股东的代表董事的身影。因此，结合中国上市公司的实际情况，如果将高管董事定义为内部董事、非高管董事定义为外部董事的话，中国上市公司董事会结构也呈现差异化的特征，详见本书第四章的描述性统计。

Baysinger and Butler，1985）。董事会作为公司治理机制的重要组成部分，在公司间是有区别的。各公司所处的发展阶段、盈利模式与经营能力上的不同，产生的代理成本与所需的监督力度也不同。理想的董事会结构应该顺应公司的具体特征来提供合理的监督程度。例如，零售类企业的商品流通特性导致其内部自由现金流很大，管理层有很大的自由度进行在职消费或者非法挪用现金，公司的委托代理成本很大，董事会应该增大规模或者增加外部董事比例来对管理层加强监督。然而，并不是外部董事比例越高，董事会的监督效果就越好，因为其监督行为是需要监督成本的，如信息成本、协调成本和因决策错误带来的机会成本。因此，只有当董事会的监督成本能够被监督管理层产生的收益弥补时，增加外部董事的决策才是理性的。

第三，其他的治理机制（如法律监管、经理人市场、资本市场、大股东监督等）也在起作用，都可以作为董事会机制的替代品（Williamson，1983）。从公司治理机制的综合效用来看，Lewellen 和 Emery（1986）认为，企业绩效是多种治理机制在控制委托代理成本上的综合作用，不会依赖于某个特定的手段，这些不同的机制能够相互替代、此消彼长。Rediker 和 Seth（1995）在现有研究成果的基础上，设计了董事会与可替代治理机制的替代效应模型，发现在管理层持股的激励效应、外部大股东的监督水平以及管理层之间的相互制约三种机制中，任何一种机制的监督水平越高，董事会监督水平就会越低。因此，当其他治理机制成本更低、更有效的时候，公司对董事会监督的需求就会下降，外部董事比例就可以降低。此时，公司总的治理水平并不会因此下降，始终保持总体成本最低、效果最好的均衡状态。

综上所述，在委托代理理论看来，董事会是应对组织设计问题的市场结果，是一个有助于缓解现代企业存在的委托代理问题的内生性制度，或者说，董事会是公司面对代理问题的均衡解（Hermalin and Weisbach，1998）。委托代理理论强调董事会的监督职能，是说董事会的结构特征来自内部特征不同的公司对监督收益与监督成本的平衡。

因此，本书认为，从委托代理理论的角度出发，董事会构建的过程是对外部董事监督行为的收益与成本评估的过程，其还受到了其他治理机制效率的影响。总体而言，董事会构建的过程是公司代理成本最小化的过程。

二、社会学视角下的董事会结构：资源依赖理论

委托代理理论为在公司实践中蓬勃兴起的公司治理机制的设计与实施提供了理论基础，也为分析董事会结构的成因提供了有力的解释，然而这种解释具有一定的片面性。首先，这种解释局限于董事会的监督职能，忽视了董事会其他职能对公司的价值；其次，即使只考虑董事会的监督职能，委托代理理论的解释过于强调股东利益，完全没有考虑 CEO 作为被监督者的反应与策略。面对外部董事有力的监督行为，CEO 会主动自律、"束手就擒"么（Mace，1979）？现实世界中，一个不容忽视的现象是，CEO 通常可以介入董事聘任过程。已有的实证研究结果显示，无论是英美这样的发达资本市场的上市公司还是中国这样的新兴市场的上市公司，除了衡量监督成本与监督收益，其管理层权力（Hermalin and Weisbach，1998；杨青 等，2012）和大股东权力（邹风，2006；段云 等，2011）也都强烈地影响了董事聘用的过程与董事会结构特征。Guest（2008）在对比了英美市场制度背景之后发现，相对于美国，英国上市公司董事会的监督职能较弱，因此，其董事会结构不是来自监督的收益与成本的衡量，而是由管理层权力决定的。权力是什么？为什么有些 CEO 拥有强大的权力，而有些 CEO 没有？为什么权力会影响董事会结构？这些问题很难用理性、市场、效率等经济学概念来解释，而来自组织社会学的资源依赖理论可以对此进行更好的解释。资源依赖理论起源于社会学对组织权力结构的研究（于东智，2004），其创始人 Pfeffer 和 Salancik（2003）谈道："资源依赖理论发展的初衷就是对公司兼并与董事会提供一种经济学之外的解释，帮助人们更好地理解在'市场失灵'过程中起着重要作用的组织间关系的类型。"尽管长期以来，大多数的研究都用代理成本理论解释董事会结构的成因与经济后果，但是董事会也是资源依赖理论影响最大的研究内容。资源依赖理论认为，董事会有助于公司获得外部资源以及降低对资源的依赖性（Pfeffer，1972）。这种观点比其他视角的观点都得到更多的支持，经验研究数据也表明资源依赖理论更有助于我们理解董事会的本质（Hillman et al.，2009）。

资源依赖理论的核心观点是：组织是一个开放的系统，其行为有赖于其所处的社会外部环境。因为外部环境往往是不确定的、不可控制的，如

何提高自身对外部环境的控制力以及降低对外部资源的依赖性就成为组织结构、行为的根本目的与核心内容。资源依赖理论认为，衡量一个组织对另外一个组织的依赖水平可以从两个方面展开：一是特定资源对组织生存的重要性（essentiality），二是资源的可替代性（substitutability）。只有当外部资源对组织来说非常关键，而且这种资源的所有权被某个组织集中持有或者说很难找到该资源的替代来源时，组织对该资源提供方的依赖才处于较高的水平。社会交换导致组织间相互依赖，而依赖产生权力（Emerson，1962），相互依赖的不对称性带来了权力的分化。因此，在相互依赖的社会环境中，组织的有效性取决于其从环境中获取资源并保持自主性的能力（Mindlin and Aldrich，1975）。这就促使组织尽量提高外部组织对他的依赖水平，尽量减少对外部组织的依赖水平，从而降低组织所受的外部制约与控制。关于组织应对外部控制的策略，资源依赖理论认为，组织应该选取成本最低的方法来协调同其他组织的关系，以减少交换关系带来的依赖性，最大化组织外部资源的稳定供应。这些策略包括"自强"策略（如扩张与多元化等战略）以及"适应"策略［如共同决策（董事会）、联盟、合并等］。任何策略的选择，都是组织在主动变革与被动适应之间、稳定性与确定性之间、成本与收益之间的取舍。扩张与多元化都是有成本的；合并成本高，约束大，有时候还受到法律约束；联盟意味着要建立"组织间的组织"，"丧失对自己行为的控制与自主权是加入任何集体结构的代价"（Pfeffer and Salancik，1978：261）。正是由于这些策略的成本太大，通常都是不得已而为之，因此，董事会是组织管理外部环境的日常手段。

资源依赖理论关注董事会的资源职能。Pfeffer 和 Salancik（1978）认为，董事可以通过四个途径为组织带来资源：一是带来忠告、建议形式的信息，二是能够提供公司和外部环境之间的信息通道，三是赋予组织取得资源的优先权，四是组织形式的合法性。组织在选择董事会成员的时候，主要考虑到其能够最大化地向组织提供重要资源。董事会成员是组织所在环境的代表，因此，相对于委托代理理论下董事会的二元结构（内部董事、外部董事），资源依赖理论下的董事会结构是多元的，其维度取决于外部资源的种类。

从利用董事的"边界扳手"角色来处理组织之间相互依赖的角度看，一个组织的董事会构成受到了该组织生存所需外部资源的类型与数量的影响。资源依赖理论重视董事会的资源职能，但并不是说所有的资源提供方均可以派代表进入董事会，或者最重要的资源提供方就可以独占董事会，而是说由于组织生存所需的资源有所侧重而又缺一不可。因此，董事会的席位是稀缺的，董事会的成员是复杂的，董事会的结构是董事会席位与外部权力相匹配的结果。从资源依赖理论的角度出发，董事会的构建过程是组织吸纳外部资源的过程，是为了更好地适应当前的环境条件，将董事会席位与外部资源提供方的权力进行匹配的过程。总体而言，董事会结构是公司所依赖资源结构的微观体现。

（一）资源依赖理论

资源依赖理论起源于 Pfeffer 和 Salancik 在 1978 年出版的著作《组织的外部控制：基于资源依赖的视角》（*The External Control of Organizations：A Resource Dependence Perspective*），该著作确立了资源依赖理论在组织理论、战略管理、社会学中的重要地位（Hillman et al.，2009）。基于 Emerson（1962）的权力依赖理论与 Blau（1964）的社会交换理论，资源依赖理论是作为对传统组织学的封闭系统研究范式的回应出现的，关注组织的资源获取过程与随之而来的资源依赖关系，研究组织如何提高自身的独立性、降低对外部资源的依赖、确保外部环境的资源供应以实现组织的生存与发展。资源依赖理论通过以下三个核心观点来阐述组织如何处理与外部环境及资源的关系。

第一，组织是一个开放的系统。资源依赖理论以开放系统的视角来研究组织。组织作为一种开放的系统，其生存的关键是获取与维持资源的能力。没有一个组织可以完全自给自足或者对自己生存所需的资源具有完全的控制力，大量关系到组织生存的稀缺资源掌握在由其他组织组成的外部环境中。如果外部环境中的资源能够源源不断地供给组织，那么组织的生存就不存在问题，然而问题就在于，组织所处的环境是不确定的。环境时刻在发生变化，不断会有新的组织进入、旧的组织退出，使得组织生存所需的资源或多或少都存在稀缺性与不稳定性。因此，当环境变化的时候，组织的生存能力取决于其与外部组织之间的关系。

第二，社会交换导致组织间相互依赖，依赖产生权力。为了满足生存的需要，组织必须从外部环境中获取包括资本、土地、能源等物质资源，人力资源、信息、服务等非物质资源，以及社会与政治方面的合法性资源等在内的各种资源。这就要求组织必须同环境中拥有这些资源的外部组织展开以资源为内容的交换行为。资源交换行为是组织与环境中的外部组织之间的纽带。

因为交换都是在资源稀缺的条件下进行的（Wheeler et al.，1980），资源需求方对资源提供方的依赖随之产生。基于 Emerson（1962）的权力依赖理论与 Blau（1964）的社会交换理论，资源依赖理论认为，衡量一个组织对另外一个组织的依赖水平可以从两个方面展开，一是特定资源对组织生存的重要性，二是资源的可替代性。只有当外部资源对组织非常关键，而且这种资源的所有权被某个组织集中持有或者说很难找到替代来源的时候，组织对该资源提供方的依赖才处于较高的水平。权力是指一方凭借某些特定优势而对他人具有的控制力、支配力与影响力的总称。依赖产生权力（Emerson，1962）。当组织依赖于资源提供方的时候，资源提供方就对组织具有权力。

事实上，在社会交换关系中，只要参与者不能完全控制对方实现某一行动及其预期成果的所有必要条件，交换关系带来的依赖就是相互的。Buchanan（1992）将相互依赖细化为对称性与不对称性。如果双方依赖程度类似的话，就是对称性相互依赖。在现实生活中，对称性依赖关系是不现实的，因为依赖取决于资源的重要性与可替代性，而这两点很难在两个不同的组织之间对等。在现实生活中的社会交换关系中总有一方更依赖另一方。不对称性依赖意味着，一方依赖于对方提供的资源来达成目标，却缺乏同等重要性的资源去回报对方；为了继续获得这些资源，同时又无法从别处获得它们时，只有一个选择——"他必须服从于资源提供方，遵循后者的意志，将对自己的权力作为奖赏来诱导对方继续提供所需的资源"（Blau，1964：21－22）。因此，社会交换过程通过不对称的依赖关系最终导致了差异化的权力结构。当组织更依赖于外部组织提供的资源时，就意味着组织的生存将取决于外部组织的控制。

总之，资源依赖理论的第二个核心观点是，社会交换导致组织间相互依赖，依赖产生权力（Emerson，1962），相互依赖的不对称性带来了权力的分化。在相互依赖的社会环境中，组织的有效性取决于其从环境中获取资源并保持自主性的能力（Mindlin and Aldrich，1975）。这就促使组织尽量提高外部组织对他的依赖水平，尽量减少其对外部组织的依赖水平，从而降低组织所受的外部制约与控制。因此，资源依赖理论认为，除了理性与效率，权力也是理解组织内部活动、内部结构与对外行动的重要因素。强调权力以及组织获取权力的途径，是资源依赖理论的标志性特征（Scott and Davis，2007）。

第三，组织将采用策略以应对外部控制（资源依赖）。资源的稀缺性与依赖的不对称性导致组织之间权力的分化，当面临关键资源的外部控制时，组织必须对这种外部控制进行管理与应对。资源依赖理论的核心观点是，组织应该选取成本最低的方法来协调同其他组织的关系，以减少交换关系带来的依赖性，最大化组织外部资源的稳定供应。组织处理外部关系的策略大体可分为两类：一类是"自强"策略，包括扩张与多元化等战略，目的是降低组织因交换关系带来的依赖性，或者说是提高自身在交换关系中的地位；另一类是"适应"策略，包括共同决策（董事会）、联盟、合并等，目的是协调自己同外部组织之间的行动，确保资源的稳定供应。组织在处理与环境的关系时的这种积极性与主动性是资源依赖理论的重要贡献之一。

资源依赖理论的具体阐释包括如下三个方面。

1. 开放系统下的组织

在社会学的视角下，企业只是社会众多组织的一种；在社会学家的眼里，组织是现代社会最突出的特征，组织的存在影响到当代生活的几乎每一个方面（Scott and Davis，2007）。什么是组织？组织的本质是什么？这两个问题是组织社会学的基础，每一个新的理论都起源于对组织本质的思考。20世纪以来，组织社会学逐步发展出以下三种关于组织的定义，体现了理解与研究组织的不同视角与范式。

第一种，理性系统视角。Barnard（1938：4）认为，正式组织是一种人与人之间有意识、经过协商和有目的的协作；March和Simon（1958：4）认为，组织是互动的人群集合，是一种具有集中协作功能的系统……与非组织人员之间和组织之间的松散且常变关系不同，组织内部具有高度专门化和高度协作的结构，这使得组织成为一种社会学单元，就像生物学中的有机个体一样；Blau和Scott（1962：5）认为，正式组织是为了实现特定目标而正式建立的。这些定义强调了组织区别于其他社会集体的两个根本特征：一是拥有具体追求目标，二是拥有高度正式化的结构。因此，从理性系统视角出发，组织的定义为：组织是意在寻求特定目标且具有高度正式化社会结构的集体。

第二种，自然系统视角。尽管组织通常有特定的目标，但其参与者们的行为往往有所偏离。组织的目标并不能总是正确的预示组织的行为，其往往会被追求系统目标的力量削弱或者扭曲，特别是对生存的企求。组织寻求生存的力量远远大于其追求目标的力量（Barnard，1938）。Barnard（1938）强调，组织的存在依赖于参与者为其做贡献的意愿，组织必须得到参与者的充分贡献才能生存。March 和 Simon（1958）指出，组织通过提供诱使因素来吸引社会成员加入组织，其通过各种激励措施来诱导参与者，从金钱、物质，到声望、荣誉，直至权力、控制。作为对这些诱使因素的报答，参与者做出贡献，这些贡献随后又转化成为其他成员的诱使因素。因此，组织本身就是一种值得获取的重要资产和宝贵资源。根据这一观点，一个组织只要其现有的诱使因素足以吸引必要的资源就能生存下去；组织是通过不断整合足够的支撑条件来继续生存的过程。因组织具有生存本能，且被看作一种自然系统，故可以得到组织的第二种定义：组织是这样一种集体，其参与者追求多重利益，既有共同的利益，也有不同的利益，但他们认识到组织是一种重要资源以及值得保持其永续长存的价值（Scott and Davis，2007）。

第三种，开放系统视角。前两种视角都将组织看作与环境相隔离的封闭系统，是由一系列稳定而且容易辨识的参与者组成的。但组织并不是这样的封闭系统，它依赖于同外界的人员、资源和信息的交流。没有一个组织可以完全自给自足或者对自己生存所需的资源具有完全的控制力。[①] 组织为了生存，必须从环境中获取资源。环境是对组织生活和成果有影响的世界上的任何事物。组织在获取资源的时候不可避免地与社会环境相互作用，这不仅要求组织能够进行积极有效的内部调整，而且要求组织能够很好地适应环境和处理环境。从开放系统的视角看，如果想真正了解组织的

①　参照 Pfeffer 和 Salancik（1978）对中世纪繁荣昌盛的女修道院的描述，这些修道院在设计时打算完全自给自足：需求被压缩到最低程度，食物是自己耕种所得，必需的工具、器具和衣物是由修道院现有的劳动力制作的……这些做法是有意识地使自己尽可能脱离外部的世俗世界而独立生存。然而，修道院的人员通常为单一性别的，而人总是要死的，这意味着组织的新的成员必须从"外部的世俗世界"中招募。这使得修道院不得不与监狱、有私生子的富裕家庭等可能的招募来源之间保持联系，也迫使修道院花费精力向"外部的世俗世界"宣传其使命与教化的程序。此外，这些宗教组织拥有赖以生存的土地、建筑物等大宗财产，为了保有其所有权不被其他利益集团觊觎，他们还必须向"外部的世俗世界"进行自我宣传以确保具有一定的社会合法地位并获得政治上的认可。

决策与行动，应该更多地关注组织所处的位置，以及其在此位置上所承受的压力与受到的制约，而不是组织内部的动力机制和领导的价值观与信念（Pfeffer and Salanic，1978）。组织是植根于由其他组织组成的环境中的，由于其对资源的需求而对其他组织具有依赖性。组织通过联盟、协会、供求关系、合作关系、竞争关系等以及限定与控制这些关系的性质和界限的社会制度一起，与环境中的其他组织发生联系；组织为了获取生存所需的资源，必须与资源提供方进行交换。对公共组织或者私人组织、大型组织或者小型组织、营利组织或者非营利组织来说，包括政府官僚结构，这都是事实（Pfeffer and Salanic，1978）。Buckley（1967）认为，一个系统是开放的，不仅是指它与环境之间存在着交换关系，还指这种交换关系是系统存活的关键。从开放系统的视角看，环境决定、支撑和渗透着组织。因此，开放系统视角下的组织的第三种定义为：组织是相互依赖的活动与人员、资源和信息的集合体，其与植根于广泛的物质资源和制度环境中的参与者同盟联合在一起。

总之，资源依赖理论认为，组织是一种开放的系统，其生存的关键是获取与维持资源的能力。而环境是不确定的，且时刻在发生变化，不断会有新的组织进入与旧的组织退出，这使得组织生存所需的资源或多或少都存在稀缺性与不稳定性。因此，当环境变化的时候，组织的生存能力取决于与外部组织之间的关系。

2. 资源依赖与权力

权力（power）是什么？在英语中，power 一词源于拉丁文的 potestas 或者 potenia，意指"能力"。因此，能力一直被认为是权力的基本内涵。德国著名社会学家马克斯·韦伯认为，"权力是把一个人的意志强加在其他人的行为之上的能力"，"我们所理解的权力，就是一个人或者若干人在社会生活中即使遇到参与该活动的其他人的抵制，仍然有机会实现他们自己的意愿"。Robert Dahl（1963）在 *Modern Political Analysis*（《现代政治分析》）一书中将权力定义为：A 影响 B 在某些方面改变自己或者倾向的能力。Blau（1964）认为："权力是指一个人（或者一群人）按照他所愿意的方式去改变其他人或群体的行为以防止其他人的行为按照一种他不愿意的方式被改变的能力。"

以上关于权力的解读，有助于直接体会"权力"这一概念表现出的鲜明的强制性，这一特性表现在权力的主体与客体之间的关系中。在这种关系中，权力主体拥有不顾权力客体的意志、愿望和利益而有效改变其行为的特殊能力，同时潜伏着权力主体不顾客体意志而侵害客体权益的可能性。也就是说，权力的主体与客体的关系是不对等的，是有主次之分、支配与被支配之分、优势与劣势之分的。

关于"权力"的以上定义，都是从权力的后果来解释的。这种解释的局限性在于，权力在其经济后果的研究中无法成为一个可以被衡量的变量。这局限了有关权力的研究，形成了这样一个矛盾的局面：一方面，在社会学的文献中，充斥着大量关于权力的讨论（Cartwright and March，1965）；另一方面，因为衡量的局限性，"权力在社会科学研究中声明不佳，文献中经常见不到它的身影"（Pfeffer，1997：137）。Emerson（1962）的权力—依赖理论拯救了权力的概念，在该理论框架中，权力被视作依赖的函数。Emerson（1962：32）对权力的定义是："控制或者影响他人的权力来自对后者所珍视的事物的控制，这些事物可以是石油资源，也可以是对个人利益的支持，具体是什么取决于所考察的具体关系。简言之，权力隐匿在对方的依赖之中。"

Emerson（1962）认为，权力不能简单地看作能力，而是特定需求与特定资源的函数：权力因组织所依赖的资源的重要性与该种资源的可替代程度的变化而变化。在 Emerson（1962）的权力—依赖理论中，权力被视作依赖的函数，A 对 B 的依赖赋予了 B 支配 A 的权力。衡量一个组织对另外一个组织的依赖水平可以从两个方面展开：一是特定资源对组织生存的重要性，二是资源的可替代性。只有当外部资源对组织来说非常关键，而且这种资源的所有权被某个组织集中持有或者说很难找到替代来源的时候，组织对该资源提供方的依赖才处于较高的水平。Emerson（1962）基于依赖的概念，为衡量关系中权力的大小提供了说明。A 对 B 的权力一是与 B 对自己受 A 制约的目标的重要性成正比；二是与 B 在 A – B 关系之外实现这些目标的可能性成反比。简言之，A 对 B 的权力与 A 对 B 的重要性成正比，与 A 的可替代性成反比。

综上所述，社会学认为，权力存在于对他人的依赖之中。因此，对权力的研究，自然地甚至是有必要地围绕着依赖这一概念展开（Emerson，1962）。从本质上说，是依赖关系决定了被影响者的行为。权力只有被社会依赖衡量的时候，才是一个有意义的科学变量（Brill，1992）。或者说，依赖性对权力的解释使得权力具有可衡量性，否则只能用行使权力的结果来衡量权力。在这个概念下，抽象的权力变成了可衡量的资源与基于关系、情境之上的依赖性。基于依赖的权力概念体现了关系性、情境性与相互性三个基本属性。

权力概念的关系性，是指权力具有社会关系属性，而不是个体属性。权力的概念必须基于两个及以上主体之间的关系之上。如果认为某个主体拥有权力，而不指出针对谁有权力，就是毫无意义的。基于这种关系属性，考察权力不仅要考虑权力的上位者的特征，还必须考虑权力的下位者的特征。Scott 和 Davis（2007）用极端的例子来说明权力的关系属性：持枪者在不怕死的人面前是没有权力的，有钱人对于对金钱不感兴趣的人来说是没有权力的。因此，研究权力必须将其放入关系背景中来考察。

权力概念的情境性，是指 A 对 B 的重要性取决于特定的情境。A 对 B 的权力来自 A 可用于帮助或者制约 B 实现目标的资源，如物质类的金钱、能源、土地，以及非物质类的知识、技能、体力，然而 B 在不同的情境下实现目标所需的资源是不同的。例如，如果公司重视决策的质量，那么管理层的专业知识就是重要的资源；如果公司重视生产设备的持续运转，那么维修工人的专业技术就是重要的资源。拥有相应的资源者因而拥有一定的权力。因此，权力的情境性体现在，随着外部环境条件的改变，处于组织控制地位的主体在变化。Fligstein（1987）跟踪研究了一个世纪以来美国大公司的控制主体特征的变化。为了研究组织内部权力的转移，Fligstein 考察了 216 家大型公司在 1919—1979 年 CEO 背景的变迁。Fligstein（1987）发现，1880—1920 年，CEO 以创业者为主；1920—1940 年，CEO 更多来自制造部门；1940—1960 年，CEO 更多来自销售部门；1960 年以后，CEO 更多来自财务部门。Fligstein（1987）认为，CEO 背景的变迁史反映了当时公司面临的最主要的挑战：在 20 世纪二三十年代，公司生存的主要问题是生产问题；在四五十年代，公司面临的主要生存问题是销售问题；60 年代之后，公司面临的主要是财务问题。Thornton 和 Ocasio（1999）对出版类公司所做的类似研究显示，越来越多的 CEO 出身于经销部或者市场部，而不是出版业务部，反映了这个行业竞争环境的变化。

权力概念的相互性是基于依赖的相互性之上的。在社会交换关系中，只要参与者不能完全控制对方实现某一行动及其预期成果的所有必要条件，交换关系带来的依赖就是相互的。依赖是相互的，意味着权力是相互的，权力的主客体关系可以从两个方向切入。Buchanan（1992）将相互依赖细化为对称性与不对称性。如果双方依赖程度类似的话，就是对称性相互依赖。在现实生活中，对称性依赖关系是不现实的。根据 Emerson（1962）对依赖水平的衡量，依赖取决于资源的重要性与可替代性，而这两点很难在两个不同的组织之间对等，在现实生活中的社会交换关系中总有一方更依赖于另一方。不对称性依赖意味着，一方依赖于对方提供的资源来达成目标，却缺乏同等重要性的资源去回报对方；为了继续获得这些资源，同时又无法从别处获得它们时，只有一个选择——"他必须服从于资源提供方，遵循后者的意志，将对自己的权力作为奖赏来诱导对方继续提供所需的资源"（Blau，1964：21 – 22）。因此，社会交换过程通过不对称的依赖关系最终导致了差异化的权力结构。当组织更依赖于外部组织提供的资源时，意味着组织的生存将取决于外部组织的控制。

3. 外部控制下的组织对策

资源的稀缺性与依赖的不对称性导致组织之间权力的分化。当面临关键资源的外部控制时，组织必须对这种外部控制进行管理与应对。资源依赖理论的核心观点是，组织应该选取成本最低的方法来协调同其他组织的关系，以减少交换关系带来的依赖性，最大化组织外部资源的稳定供应。组织处理外部关系的策略大体上分为两类：一类是"自强"策略，包括扩张与多元化等策略，目的是降低组织因交换关系带来的依赖性，或者说是提高自身在交换关系中的地位；另一类是"适应"策略，包括共同决策（董事会）、联盟、合并等，目的是协调自己同外部组织之间的行动，确保资源的稳定供应。组织在处理其与环境的关系时的这种积极性、主动性是资源依赖理论的重要贡献之一。

扩张策略是通过提高自身在交换关系中的地位来增强组织的生存能力。无论采用什么方式扩大组织的规模，如合并或者是直接追加投资，都可以提高组织向外输出的资源的重要性与不可替代性（un-substitutability），在与外部组织的相互依赖中，地位也随之升高。这种状况能够改善原有的权力结构，使得外部更依赖于组织，提升组织对外部环境的控制力，有利于外部资源的供应，进而提高组织的生存能力。例如，因为巨大的订单与产量，大公司通常拥有强大的力量左右价格、控制产量以及影响外部组织决策。Pfeffer 和 Salancik（1978）对规模的优势进行了总结："大型组织对于他们的环境拥有更多的权力与杠杆手段，拥有更强大的力量对抗环境变化的直接压力，拥有更多的时间认识并适应外部的威胁。组织的扩张增加其生存的价值，大型组织通过缓冲与冗余抵御衰败。"

多元化策略是通过降低组织因交换关系产生的依赖性来增强组织的生存能力。组织的多元化努力，包括将资源的需求分散化、为组织寻找或创造资源替代方、环境多元化等行为，将组织置于一系列新的关系中，以缓冲现有环境条件下组织因不平等依赖关系产生的外部控制问题。具体而言，多元化策略包括产品多元化、市场多元化、投资区域多元化（地理多元化）、资产多元化组合等具体策略。通过这些策略，组织可以增加关键资源的可替代性，从而降低对单个资源供应方（如单个供应商、单个消费者、核心技术人员等）的依赖，提高组织在相互依赖中的地位，进而提高生存能力。Pfeffer 和 Salancik（1978）认为，当资源交换高度集中并且合并行为受到法律限制或者环境限制时，多元化是最有可能被使用的策略。

合并是组织解决因不对称相互依赖关系产生的外部控制问题的最为彻底的对策。合并可以分为三种主要的类型：①纵向合并，指组织沿着产业链与相邻环节组织的合并，以降低因过度依赖产生的外部控制问题，如钢铁公司合并煤炭企业、纸业公司合并木材公司、石油公司合并石油分销系统等；②横向合并，指具有类似功能的组织通过合并扩大规模，一方面可以减少竞争性的相互依赖关系，另一方面可以通过扩大规模加速行业的集中化、提升在环境中的地位，如互联网视频网站"优酷"与"土豆"的合并；③多元化并购，即组织合并一个既不存在直接的交换关系，也不属于同一个行业的组织。组织通过并购实现多元化，从而降低对单一、关键资源交换的依赖性。例如，腾讯通过合并与扶植金山软件，降低了360在杀毒软件领域的地位，是腾讯应对360以极高的市场占有率制约腾讯软件的策略。腾讯公司于2014年对京东的投资，是这种策略在腾讯管理电商领域的依赖性的又一次应用。

联盟，常被称作"合作协议"。通过合作协议，两个或者更多的独立组织联合起来，资源共享、互惠互利。相对于合并，联盟始终保持原有组织的独立性，这就形成了联盟策略相对于合并策略的优点与缺点。其优点之一是合作要比合并更灵活，通过交流与协商一致来进行组织间的协调；优点之二是合作要比通过合并进行组织间的整合更加容易建立、重新议定与重新确立，组织之间很容易建立联盟。联盟为组织提供信息、促进联盟内组织之间的交流、给予资源支持的承诺等，增强了组织对环境的控制能力。其缺点是合作缺乏对组织完全的控制力，联盟关系固有的不稳定性、难以管理的特性以及身处集体中自主性的丧失问题，使得联盟的失败率非常高。

董事会作为组织重要的"边界扳手"，帮助组织连接环境中的其他组织，协调与他们的关系和行动，以确保组织所需资源的稳定供应。通常认为，一个组织允许其他组织的代表进入董事会并参与组织的决策，目的就是争取与这些重要的外部组织在行动与目标上协调一致。"组织实际上是在利用主权换取支持。"（Selznick，1949）这些代表可能非常强势（如外部控制性组织派驻的控制董事），有些代表是起着传递信息作用的普通信使，有些代表提供了组织所需的专家服务，还有些代表体现了制度环境中的合法性（如依法聘请的独立董事）。这些外部资源的代表有以下四类作用：一是带来忠告、建议形式的信息；二是能够提供公司和外部环境之间的信息通道；三是能赋予组织取得资源的优先权；四是组织形式的合法性。在组织应对不对称依赖问题的所有策略中，董事会是一种最为灵活和最容易实施的方式，这些优点使它至今还很流行（Pfeffer and Salancik，1978）。

扩张、多元化、合并、联盟与董事会等，都是组织对环境中的相互依赖关系的回应。这些回应并不是不可避免的，也不是一成不变的，而是当这些相互依赖关系产生问题时，比如不确定性以及外部控制，组织必须处理好这些相互依赖的关系，否则将面临生存的威胁。根据环境的情况、组织的状态与资源的水平，组织会采用不同的策略。任何策略的选择，都是组织在主动变革与被动适应之间、稳定性与确定性之间、成本与收益之间的取舍。扩张与多元化都是有成本的；合并的成本高、约束大，且要受到法律约束；联盟意味着要建立"组织间的组织"，"丧失对自己行为的控制与自主权是加入任何集体结构的代价"（Pfeffer and Salancik，1978：261）。相较于这些因为成本太大而通常是不得已而为之的策略，董事会是组织管理外部环境的日常手段。

（二）资源依赖理论视角下的董事会及结构成因

1. 资源依赖理论视角下的董事会

资源依赖理论的创立者 Pfeffer 对董事会结构的研究，引发了学术界对董事会资源职能的关注。Pfeffer（1972，1973）指出，组织需要与外部环境中的重要组织交换资源，通常通过董事会来处理外部环境的依赖问题与不确定性问题。组织在选择董事会成员的时候，主要考虑的是能够最大化地向组织提供重要资源。

早期对董事会资源职能的研究主要集中在对董事会结构成因的研讨。其基本的逻辑是，如果公司对外部资源的依赖性越高，董事会规模则越大；如果公司对某项资源的需求越高，某类资源的代表董事比例则越高。Pfeffer（1972）发现，董事会的规模与公司对外部环境中的资源需求有关，对外具有高度依赖性的公司需要更高比例的外部董事。在资源依赖理论的框架下，Sander 和 Carpenter（1998）认为，国际化的公司必须面临更加复杂的环境与更高的外部资源需求。公司国际化水平越高，越需要扩大董事会规模以保证外部资源的供应。他们针对 1992 年 258 家上市公司进行了研究，实证结果支持了以上推论。因此，Pfeffer（1972：226）认为，"董事会规模并不是随机的、独立的变量，而是组织对外部环境依赖的理性反应"。Pfeffer 和 Salancik（1978）发现，管制行业企业的外部董事比例比其他行业企业的高，特别是聘请了拥有相应行业工作经验的外部董事。Agrawal 和 Knoeber（2001）对制造业的公司研究发现，如果公司大部分产品需要销售给政府或者供应出口，董事会中具有政治背景的董事比例就比较高；如果公司所处的环境中法律成本较高，公司将会聘请更多的律师董事；如果公司规模较大，那么政治董事与律师董事的比例都比较高。Luoma 和 Goodstein（1999）发现，处于高度管制行业的企业，其董事会中利益相关者的代表比例更高；利益相关者董事比例越高，企业的社会效益越高。Lester 等（2008）研究了前任政府官员被聘为董事的概率，发现前任政府官员的个人资本与社会资本在各个维度的区别决定了他们提供资源的能力以及被聘为董事的概率。Mizruchi 和 Stearns（1988，1994）发现，公司的融资需求越高，董事会中越容易出现金融机构的代表董事。Kor 和 Misangyi（2008）研究发现，管理层的行业经验与董事会整体的行业经验负相关。这巧妙地验证了董事会能够提供咨询与建议的资源职能。Hillman 等（2007）发现，当公司规模更大、多元化水平更高、有更多女性雇员以及关联公司中拥有女性董事时，公司将体现出对女性资源的依赖，而女性董事的比例也相应变高。

更多的学者采用更加直接的方法，通过考察拥有特别资源的董事对公司行为与绩效的影响来研究董事会的资源职能。

具有资深从业经验的董事特别是已经退休的 CEO 担任董事能够为公司提供多方面的资源，如创业经验、管理能力、广泛的人际关系以及良好的声誉。Johnson 等（1996）指出，具有行业专长的董事能够以专业的角度在公司的战略决策中发表意见。Brickley、Linck 和 Coles（1999）研究发现，相较于退休后完全离开公司的 CEO，退休后依然留在公司担任董事的 CEO 会使公司的股票年收益上升 10.9%、年度财务业绩上升 2%。Rosenstein 和 Wyatt（1990）发现，如果公司聘请的董事拥有超出一般董事的行业专业水平，则在该董事聘用公告的窗口期内，公司的股票价格会上涨。董事的行业专长在公司的新创阶段显得更为重要（Kroll et al.，2007；Kor and Misangyi，2008）。Kor 和 Misangyi（2008）以高科技企业为对象进行研究并发现，在多家董事会任职、具有本行业管理经验以及创业经验的外部董事，对公司的成长具有重要的附加效应。

Pfeffer（1972）认为，具有金融背景的董事是公司融资环境的"净化剂"与"润滑剂"。其研究发现，董事会中有金融机构人员任职，则其任职比例与公司的融资水平正相关。Lee 等（1999）检验了资本市场对聘用新董事资源背景的反应，研究发现，即使董事会中的外部董事占大多数，市场对具有金融背景的人员担任外部董事的反应依然很强烈，而且呈现显著的正相关关系。Booth 和 Deli（1999）认为，金融机构的代表进入公司董事会有助于公司经营，表现在两个方面：一方面，金融董事可以通过职务关系及其社会关系，为公司带来更多的融资渠道；另一方面，金融董事可以提供专业的融资与财务意见，有助于公司优化资本结构。Booth 和 Deli（1999）的实证研究结果发现，如果公司只有一位外部董事是金融机构的管理者，则该公司能比其他公司多得到 1% 的融资额。Lee 等（1999）做了类似的研究，结果显示任命金融机构管理者作为董事对该公司的经营业绩和公司价值有显著的正向作用，这种相关关系在规模较小的公司里更加明显。这进一步支持了资源依赖理论下的董事职能假设。事实上，委托代理理论关于金融背景董事对公司融资与业绩的影响的解释是，具有金融背景的董事对公司的作用在于他们能够提供更为专业的监督。而基于组织间相互依赖关系，金融机构管理者进入公司董事会也许是为了金融机构的利益，以防公司从竞争者那里取得贷款（Adams et al.，2010）。Pugachev 和 Schertler（2021）将"非金融公司与银行共用一名董事"定义为"共享董事"（shared directors）。他们发现，共享董事能将银行受到的冲击传递给非金融公司。总之，具有金融背景的董事对公司的影响还处于一个开放式的研究领域。

Hillman 等（1999）以美国上市公司为对象研究并发现，如果公司董事是政府前官员或者与政府能够建立联系，公司的股票价格会受到正面的影响；而且因为具有政府资源的董事的存在，公司将较容易获得相关信息。Coles 等（2008）以国防工业企业为例进行研究，发现波音公司的董事会中有美国参谋长联席会议（the Joint Chief of Staff）的前主席 John Shalikashvili 与前助理国务卿 Rozanne Ridgway，两位政府大员进入董事会有助于波音公司取得政府订单。

Pfeffer 和 Salancik（1978）指出，具有法律从业经验或者从业背景的董事能够为公司提供法律帮助。虽然具有财务背景的董事能够为企业制定融资计划、财务管理以及在信息披露方面提供咨询与帮助，但在研究中，学者们更关注具有财务背景的董事的治理监督作用。Park 和 Shin（2004）针对加拿大上市公司的实证研究发现，具有财务背景的外部董事能够显著降低公司的盈余管理水平。公司会计信息质量的提升，究竟归结于财务董事的咨询建议职能，还是监督职能，是此类研究不能给予明确解释的。因此，对具有财务背景董事的研究尚不成熟。

2. 资源依赖理论视角对董事会结构的解释

第一，董事会成员是组织所在环境的代表。组织是不能自给自足的，其为了生存必须与外部环境中的重要组织交换资源。在资源依赖理论的视角下，董事会作为组织重要的"边界扳手"，帮助组织连接环境中的其他组织，协调与他们的关系和行动，以确保组织所需资源的稳定供应。通常认为，一个组织允许其他组织的代表进入董事会并参与组织的决策，目的就是争取与这些重要的外部组织在行动与目标上协调一致。"组织实际上实在利用主权换取支持。"（Selznick，1949）这些代表可能非常强势（比如外部控制性组织派驻的控制董事），有些代表则是传递信息作用的普通信使，有些代表提供了组织所需的专家服务，还有些代表体现了制度环境中的合法性（如依法聘请的独立董事）。资源依赖理论认为，董事会成员是组织所在环境的代表，组织通过董事会处理外部环境的依赖问题与不确定性问题。董事会结构并不是随机的、独立的变量，而是组织依赖外部环境的理性反应。

第二，董事会结构是公司所依赖资源结构的微观体现。从资源依赖理论看，组建董事会的决定事项主要包括两个：一是董事会是否吸纳外部资源代表进入；二是董事会中外部资源的代表董事数量。

董事会是否吸纳外部资源的代表取决于组织与资源提供方的权力结构。在组织在与外部组织进行资源交换过程中，当该外部资源对组织非常关键，而且这种资源的所有权被集中持有或者说很难找到替代来源时，这意味着组织依赖于资源提供方，则资源提供方对组织具有权力；如果组织无法提供同等重要且稀缺的资源作为回报，那么组织对资源提供方的权力就弱于资源提供方对组织的权力。这种权力结构的后果就使组织必须服从于资源提供方，遵循后者的意志，吸纳资源提供方的代表进入董事会作为奖赏来诱导对方继续提供所需的资源（Blau，1964：21-22）。

外部资源的代表董事数量取决于该资源提供方与其他资源提供方的相对权力大小。权力来自组织对其提供资源的依赖：所有者的权力来自其投入公司的物质资本（如现金、投资、信用、声誉等有形资产和无形资产）的所有权与使用权，管理层与工人权力的基础是人力资本（如个人素质、技能、教育、经验等）。此外，那些占据"边界扳手"角色的董事们的权力还来自社会资本。社会资本是指"促进双方的协调与合作的各种组织属性，如网络、规范、信任等"（Putnam，1993）。社会资本藏匿于董事的社会关系网络中，有利于公司获得外部的资源与信息。组织生存有赖于多种资源，每种资源的重要性、可替代性以及公司所需的数量是不同的。因此，每个资源提供方对组织的权力是不同的。权力越大，组织越需要优先协调与该资源提供方的关系，该资源提供方能派驻的代表董事越多，在组织的决策控制机构中拥有更多的话语权。以此类推，董事会席位按照资源提供方的权力进行分配，是在资源稀缺性背景下确保外部资源供应最大化的行为。

因此，从利用董事的"边界扳手"角色来处理组织之间相互依赖问题的角度看，一个组织的董事会构成受该组织生存所需外部资源的类型与数量的影响。Pfeffer（1972）的核心观点是，优质的董事会结构应该与公司所需资源的结构相匹配。Boyd（1990）认为，组建董事会时应该特别关注那些代表丰富资源的董事（resource-rich directors），无论是数量还是类型都很重要。

第三，董事会结构与组织对资源的依赖均受到外部环境条件的影响。环境[①]对二者的影响来源于权力概念的情境性。权力的情境性是指 A 对 B

---

① 此处的外部环境条件是狭义的环境概念，指组织生存所在的情境，如所在行业、产品市场、法律环境等。

的权力来自 A 可用于帮助或者制约 B 实现目标的资源，比如物质类的金钱、能源、土地，非物质类的知识、技能、体力。然而，B 在不同的情境下实现目标所需的资源是不同的。例如，如果公司重视决策的质量，那管理层的专业知识就是重要的资源；如果公司重视生产设备的持续运转，那维修工人的专业技术就是重要的资源。重要资源的占有者因此拥有一定的权力。权力对组织结构的影响也体现在内部权力结构中，内部权力结构与外部条件存在着相关性（Greenwood and Hinings，1996）。随着外部环境条件的改变，处于控制地位的主体也在变化。Boeker 和 Goodstein（1991）利用加利福尼亚州 290 个医院 7 年的数据研究了董事会结构与环境变化之间的关系。他们发现，随着环境中医师供应量的下降以及医院床位供应量的上升，在医院提供医疗服务过程中医师的重要性提高了，医师在医院董事会中所占的比例也在上升；随着医院床位供应量的上升以及环境中保健组织（healthy maintenance organizations，HMO）数量的增加，医院所在行业的竞争加剧了，管理层的经营能力对医院的重要性提高了，管理层在医院董事会中所占的比例也随之显著上升。该研究发现，医院改变董事会的结构以适应环境的改变，而且业绩较差医院的董事会结构变化更大，由此可见环境对组织生存与内部结构的压力。Lang 和 Lockhart（1990）用航空业的数据同样验证了董事会结构与环境变化之间的关系。事实上，外部环境条件对董事会结构的影响也体现了组织对资源的依赖与董事会结构之间的关系。

综上所述，从利用董事"边界扳手"的角色来处理组织之间相互依赖问题的角度看，一个组织的董事会构成受该组织生存所需外部资源的类型与数量的影响。资源依赖理论重视董事会的资源职能，但并不是说所有的资源提供方均可以派代表进入董事会，或者最重要的资源提供方就可以独占董事会，而是说，由于组织生存所需的资源有所侧重而又缺一不可，因此，董事会的席位是稀缺的、董事会的成员是复杂的，董事会的结构是董事会席位与外部权力相匹配的结果。

因此，本书认为，从资源依赖理论的角度出发，董事会的构建过程是组织吸纳外部资源的过程，是公司为了更好地适应当前的环境条件，将董事会席位与外部资源提供方的权力进行匹配的过程。总体而言，董事会结构是公司所依赖资源结构的微观体现。

三、本章小结

本章分别从经济学与社会学两个角度出发，回顾、总结与分析了董事会结构成因的相关理论基础（见表3-1）。

表3-1　董事会结构影响因素的理论基础

维度	经济学视角	社会学视角
理论基础	委托代理理论	资源依赖理论
企业性质	一系列契约的组合	开放系统下的利益联盟
关注焦点	公司内部委托代理关系	公司与外部环境、资源的关系
研究问题	委托代理问题	外部控制问题
问题根源	契约的不完备性	依赖的不对称性
理论内容	①管理层自利性行为；②信息不对称	①资源的重要性；②资源的可替代性
组织对策	采用成本最低、收益最高的公司治理机制	采用代价最低、稳定性最高的策略应对不对称依赖的问题
具体策略	法律监管、产品市场与要素市场的竞争、资本市场与控制权市场，董事会、激励机制、大股东监督等	①自强策略：扩张与多元化；②适应策略：董事会、联盟、协会、兼并收购
董事会定位	治理机制	协调机制
董事会的职能	监督管理层的行为以保护所有者的权益	确保对公司生存至关重要的外部资源的稳定供应
董事的分类	二元	多元
董事会结构	规模外部董事比例/内部董事比例	规模各类董事比例
董事进入公司的方式	聘用	派驻
结构的动力机制	各类市场的竞争	各类资源的权力
基本论断	董事会的构建过程是公司代理成本最小化的过程	董事会的构建过程是董事会席位与外部资源提供方的权力相匹配的过程

接下来，将分别评价两个理论基础对董事会研究的意义，为本书后续从两个角度研究、假设与论证董事会结构的影响因素做好准备。

（一）对委托代理理论的评价

总体而言，在经济学视角下，企业的本质是各类要素所有者之间的错综复杂的契约关系的集合，以及由这些契约带来的多层次的委托代理关系。由于契约的不完备性、代理人自利性以及信息不对称问题，现代企业普遍存在委托代理问题。公司治理机制是委托代理理论为解决现代企业的委托代理问题而提出的基本策略。Fama 和 Jensen（1983）认为，董事会是现代企业最重要的内部治理机制，是公司监督与控制体系的顶点。董事会的存在能够缓解现代企业委托代理关系中股东无法对管理层进行有效监督的问题。因此，委托代理理论认为，董事会结构是二元的，是由被监督的内部董事与实施监督的外部董事构成的。从经济学的角度看，董事会是应对组织设计问题的市场结果，是一种有助于缓解现代企业存在的委托代理问题的内生性制度。委托代理理论强调董事会的监督职能，认为董事会的结构特征来自内部特征不同的公司对监督收益与监督成本的平衡。从委托代理理论的角度出发，董事会的构建过程是对外部董事监督行为的成本与收益评估的过程，其还受到其他治理机制效率的影响。总体而言，董事会的构建过程是公司代理成本最小化的过程。

在公司财务研究领域，委托代理理论致力于研究何种机制应该用来协调管理层与股东的利益以及这些机制如何有效实施；在董事会研究领域，委托代理理论致力于研究董事会在何时、何地以及如何实施监督职能。从这一点来看，委托代理理论并不能提供一个关于董事会的完整理论框架。然而，不能否认的是，委托代理理论是关于董事会研究的最重要的理论基础，也是最广为接受的理论（Zahra and Pearce，1989）。更重要的是，委托代理理论可以通过研究不同治理机制之间的替代作用将董事会引向更广阔的研究领域，将对董事会监督职能的需求与评价也上升到更为宏大的研究框架中，为现实世界中多样的公司治理机制的存在与应用提供更准确的判断与指导。

委托代理理论关注董事会的监督职能，但其并不认为更独立的董事会结构就会带来更好的监督，而是认为董事会需要提供的监督力度取决于有效市场的选择。出于经济学的基本逻辑，委托代理理论认为市场会迫使管理层实施最优董事会治理结构，公司必须采用最适合自己的董事会结构，否则必将面对竞争劣势（Baysinger and Butler，1985）。委托代理理论过于信任"市场之手"，对 CEO 作为被监督者对监督行为的反应关注不足。大量的案例研究表明，管理层作为被监督者也在努力摆脱董事会的压制，而且事实上经常介入董事的选聘环节，有时候甚至可以完全控制董事会的组建（Herman，1981；Whisler，1984；Mace，1986）。进一步来看，委托代理理论也忽视了法律压力、政治压力以及社会压力等因素对公司治理结构的影响。例如，目前各国对独立董事价值的特别认同以及对外部董事比例的强制要求，都会改变董事会构建过程中市场的作用。

但至少，委托代理理论给予了一个研究董事会的稳定起点，该理论现有的局限性不妨碍后续的研究者们在其基础上，放松原先的假设、拓宽董事的职能、融合与吸纳其他领域的研究成果，最终为解释董事会结构的成因搭建一个全面的理论框架。

（二）对资源依赖理论的评价

在社会学的视角下，组织是一个开放的系统，其行为有赖于其所处的社会外部环境。因为外部环境往往是不确定的且是不受控制的，如何提高组织自身对外部环境的控制力以及降低其对外部资源的依赖性就成为组织结构与行为的根本目的与核心内容。在相互依赖的社会环境中，组织的有效性取决于其从所处环境中获取资源并保持自主性的能力（Mindlin and Aldrich，1975）。这就要求组织尽量提高外部组织对其的依赖水平，尽量减少对外部组织的依赖水平，从而减少组织所受的外部制约与控制。关于组织应对外部控制的策略，资源依赖理论认为，组织应该选取成本最低的方法来协调同其他组织的关系，以减少交换关系带来的依赖性，最大化组织外部资源的稳定供应。而董事会则是组织管理外部环境的日常手段。组织在选择董事会成员的时候，主要考虑的是能否最大化地向组织提供重要资源。董事会成员是组织所在环境的代表，因此，相对于委托代理理论下董事会的二元结构（内部董事、外部董事），资源依赖理论下的董事会结构是多元的，其维度取决于外部资源的种类。从社会学的角度看，一个组织的董事会构成受到该组织生存所需外部资源的类型与数量的影响。资源依赖理论重视董事会的资源职能，但并不是所有的资源提供方均可以派代表进入董事会，或者最重要的资源提供方就可以独占董事会，而是由于组织生存所需的资源有所侧重而又缺一不可，因此，董事会的席位是稀缺的、董事会的成员是复杂的，董事会的结构是董事会席位与外部权力相匹配的结果。从资源依赖理论的角度出发，董事会的构建过程是组织吸纳外部资源的过程，是为了更好地适应当前的环境条件，将董事会席位与外部资源提供方的权力进行匹配的过程。总体而言，董事会结构是公司所依赖资源结构的微观体现。

与经济学中的委托代理理论不同，社会学中资源依赖理论并不信奉有效市场的作用，因而也不需要有效市场假设、利润最大化假设以及利益相关者之间权力平等假设等严格的假设来构建董事会结构成因的模型。资源依赖理论认为，组织为了生存会使用各种策略降低环境的不确定性、提高自身的自治权（autonomy）与自由裁量权（discretion）。这些策略（包括董事会的构建）取决于组织对环境的感知，以及法律力量、政治力量、市场力量和社会力量等对组织环境的影响（Pfeffer and Salancik，1978）。因此，当公司的外部资源提供者们的权力不对等，股东权力、CEO权力、债务人权力等高于公司谈判权时，公司就会有受对方制约的风险。资源依赖理论通过董事会的资源职能，解释了公司如何通过董事会顺应权力方的控制、协调资源提供方的行动，进而实现自身的生存和经济增长。从这一点来看，资源依赖理论比委托代理理论对董事会结构的解释能力更强，因为资源依赖理论对董事会资源职能的解释涵盖了监督职能、战略职能、咨询职能（从广义上看，这些职能都是某种资源）。因此，本书认为，对董事会结构成因的理论构建应该综合考虑委托代理理论与资源依赖理论，从更多的角度探寻董事会结构成因的核心逻辑。

第四章　文献综述

本章在介绍与总结有关董事会结构成因的理论基础上，分别从委托代理理论与资源依赖理论两个视角，对国内外现有研究文献进行综述。首先从以下三个方面对委托代理理论视角下的相关研究进行回顾：一是根据传统委托代理理论下的解释，董事会结构取决于上市公司对监督收益与监督成本的平衡，以及其他治理因素的影响；二是基于董事会的监督职能，分析信息因素对董事会结构的影响；三是分析作为被监督者的 CEO 对董事会构建过程的操纵。然后，对资源依赖理论视角下的研究成果进行回顾。最后，在本章的结尾对现有研究的成果进行总体评价，从现有研究的逻辑基础、研究框架以及我国研究存在的研究机会进行述评，延伸出本书的研究意义，并为本书后续的实证检验提供文献支持。

一、董事会结构的影响因素：委托代理理论视角下的研究综述

Fama 和 Jensen（1983）认为，董事会是现代企业最重要的内部治理机制之一，是公司监督与控制体系的顶点。董事会由股东选举、代表股东权力与利益，它是在公司治理中起到关键作用的一种制度安排。委托代理理论关注的是董事会的监督职能。Fama 和 Jensen（1983）还认为，董事会通过选择、监督、考核、激励和惩罚管理层等行为，可以降低股东与管理层之间的信息不对称程度，并且确保管理层的行为能够不偏离股东价值最大化目标。从委托代理理论的角度看，董事会的存在能够缓解现代企业委托代理关系中股东无法对管理层进行有效监督的问题。委托代理理论认为董事会结构是二元的，包括被监督的内部董事和实施监督的外部董事。因此，本书将关于以内部董事与外部董事的比例衡量董事会结构的研究视为委托代理理论视角下的研究。将董事会结构的影响因素分为三大类：一是上市公司对监督收益与监督成本的平衡，以及其他治理因素；二是信息因素；三是 CEO 作为被监督者对董事会构建过程的操纵。

（一）监督收益、监督成本与其他治理机制

在委托代理理论看来，董事会是组织应对设计问题的市场结果，是一个有助于缓解现代企业存在的委托代理问题的内生性制度。委托代理理论强调董事会的监督职能，认为董事会的结构特征来自公司内部特征不同的公司对监督收益与监督成本的平衡。Demsetz 和 Lehn（1985）认为，嘈杂的经营环境增加了监督成本。Lehn 等（2009）跟踪研究了 81 家长寿公司在 1935—2000 年的董事会结构特征后发现，因为监督成本比较高，高成长的公司呈现董事会规模小与内部董事比例比较高的特征。因为外部董事不能对高科技公司进行低成本的有效监督。Coles 等（2007）针对 1500 家上市公司在 1992—2001 年董事会结构特征的实证研究发现，内部董事的比例与公司 R&D（研发）支出正相关。Linck 等（2007）支持了委托代理理论对董事会结构的解释，认为董事会结构取决于董事会监督与咨询职能发挥时成本与收益的平衡。他们研究发现，公司的信息不对称程度越高，其董事会规模就越小、外部董事比例就越低。Boone 等（2007）研究了美国上市公司自 IPO（首次公开幕股）后十年内的董事会结构变迁情况，发现董事会规模是董事会咨询职能的收益与董事会监督职能的成本之间的平衡。他们以公司 R&D（研发）支出作为监督成本的代理变量，将公司分为两组：一组是 R&D 支出较高的公司，一组是 R&D 支出较低的公司。实证结果显示，R&D 支出较高的那组公司的外部董事的比例较低。Schmidt（2015）使用董事与 CEO 之间的社会关系来衡量董事会的独立性。他发现，当组织对董事会提供建议的利益需求比监督 CEO 带来的利益需求更大时，董事会的独立性越弱，即董事会成员与 CEO 的社会关系更紧密；当对董事会监督 CEO 的需求越大时，董事会的独立性越强。

委托代理理论认为，管理层的持股比例越低，与股东之间的代理问题越严重（Jensen and Meckling，1976），董事会监督能够为公司带来的收益就越高，外部董事比例也越高。Weibach（1988）、Pincus 等（1989）、Pearce 和 Zahra（1992）支持了上述的推论。Bathala 和 Rao（1995）讨论与研究了董事会的外部董事比例与管理层持股、股利政策、债务治理之间的关系。该研究发现，管理层持股，债务、股利政策的效率也影响了公司对董事会监督职能的需求，说明公司最优的董事会结构取决于该公司治理机制对代理成本方面的控制程度。Pearce 和 Zahra（1992）、Beatty 和 Zajac

（1994）从监督、激励与风险的均衡关系出发进行研究并发现，公司经营环境的不确定性、针对管理层的激励机制与风险承担机制影响了公司总体的代理成本水平，进而影响到董事会的构成。Mayers 等（1997）针对保险行业的研究证明了外部接管机制与董事会监督职能之间的替代关系。研究发现，保险公司的外部董事比例显著高于证券公司，这主要是因为美国法律规定保险公司的股权不能随意转让。而这在一定程度上限制了外部控制权市场的监督作用，因此，提高外部董事比例可以视作对外部控制权市场监督职能的替代。

改变外部监管政策有助于减少代理成本。Lin 等（2019）考察了董事和高管责任保险合同中强制个人免赔额的激励效应。在董事和高管责任保险合同中实行强制免赔额后，董事的履职责任感、受约束感得到加强，受此影响，公司也会有正向的回报。

委托代理理论认为，大股东、外部控制权市场、资本结构、管理层激励政策与董事会的监督职能之间是可以相互替代的。黄张凯等（2006）研究发现，股权集中度与独立董事比例负相关。因为如果股东的监督能力很强，那么对董事会监督职能的需求较低，独立董事的比例也较低；如果股东的监督能力较弱，那么对董事会监督职能的需求较高，独立董事的比例也就较高。王华等（2006）发现，管理层持股比例与独立董事比例显著负相关，这显示了董事会监督与股权激励之间的替代作用。Renneboog（2000）认为，这些机制之间并不是完全替代的关系，在特定的情况下，总有某种机制起到主导作用。他利用布鲁塞尔交易所（Brussels Stock Exchange）的数据对此进行了实证检验。研究发现，大股东的存在对 CEO 变更与绩效之间的关系没有显著影响，但控制权交易的过程往往伴随 CEO 的变更。这证明了控制权市场的监督作用；资产负债率的提高以及流动性的降低，增加了外部董事的比例，证明了董事会的监督作用。Ferreira 等（2018）发现，在公司违反信贷协议的约定后，公司董事会中的独立董事人数增加了约24%，且新董事大多与债权人有联系。该现象体现了，在公司违约后，债权人在谈判中对公司拥有的非正式权力、议价能力的提高；而债权人给予管理层与大股东的压力，也能直接影响董事会的组成。

（二）内部董事的信息作用

传统的委托代理理论对董事会结构的解释着眼于外部董事的监督成

本，即外部董事监督是有成本的，外部董事数量并非越多越好，而董事会结构是对外部董事监督成本与监督收益的平衡。还有一类学者关注内部董事的角色，认为内部董事因为参与公司的日常经营管理，具有一定信息优势，而外部董事职能的发挥一定程度上有赖于内部董事的信息披露。因此，这类研究从信息的角度出发，认为内部董事的存在是有意义的，董事会的结构也会受到内部董事的信息作用的影响。

Harris 和 Raviv（2008）构建了一个模型以决定公司董事会的最优控制结构，外部董事的数量以及基于内部董事/外部董事的信息重要性、代理问题的程度以及其他问题综合影响企业业绩。在模型中，董事会由内部董事与外部董事构成：外部董事的核心职责是决定公司投资的最佳规模；内部董事拥有关于投资的私人信息，但是自利性导致他们偏好的投资规模不是以利润最大化为目标。外部董事致力于公司利润最大化（假设外部董事与股东之间没有代理成本），但缺乏关于投资项目的专业的私人信息。董事会的控制权意味着控制方（内部董事）可以自己做决定也可以授权给对方董事（外部董事）做决定，而是否授权则取决于其掌握的项目信息量。也就是说，项目的决策者必须基于自身拥有的信息以及对方披露出来的信息做决策。然而，因为内部董事与外部董事之间的委托代理问题，双方都不会将信息主动披露给对方。以该决策模型为基础，Harris 和 Raviv（2008）的观点与认为外部董事主导的董事会更有利于公司业绩的传统观点相反，他们发现，在大多数情况下，内部董事主导的董事会是最优的。因为通常而言，内部董事拥有关于公司的重要信息，而外部董事主导的董事会通常会降低内部董事向董事会传递信息的意愿，这使得外部董事很难获得充分的、完全的、准确的公司内部信息，从而影响董事会的决策效率以及外部董事作用的发挥。简言之，外部董事主导董事会带来的信息损失高于内部董事主导董事会产生的代理成本。只有当公司代理问题非常严重的时候，以外部董事为主导的董事会才是最优的。Gillettee 等（2003）通过理论与实验模拟方法进行研究并发现，当公司出现非常严重的代理问题时，缺乏信息的外部董事主导的董事会也会有害于公司业绩。

Adams 和 Ferreira（2007）研究了 CEO 向董事会披露信息与董事会监督效率之间的关系，基于公司内部信息的披露与外部董事的履职效率的相互影响构建了友好董事会理论。该理论基于两个基本假设：一是董事会的监督职能与咨询职能均有赖于 CEO 提供的公司内部信息；二是当董事会能够更为充分地获得公司内部信息时，董事会的监督职能与咨询职能将更加有效。在这两个假设的基础上，Adams 和 Ferreira（2007）分析了董事会同时肩负监督与咨询两种职能的理论结果。给定董事会监督与咨询的双重身份，CEO 将面临信息披露的两难境地：只有充分披露信息，才能接收到更好的咨询建议，然而，信息披露将引来更严格的监督。如果外部董事监督力度太大，CEO 将尽量避免公司内部信息的披露；同时，由于缺乏有效信息，外部董事也无法发挥有效的监督与咨询作用。由此可见，过度强调董事会的独立性不仅不能改善公司的治理问题，反而有可能带来负面影响。因此，Adams 和 Ferreira（2007）认为，监管力度较弱的友好董事会才是公司的最优选择。Almazan 和 Suarez（2003）通过研究得到了类似的结论，认为在特定的情况下，独立性较差的董事会是公司的最优选择。

Balsam 等（2016）研究外部董事任董事长的决定因素和绩效影响，发现外部董事长更有可能出现在规模较小、股票波动性较大、研发强度较大、内部董事人数在董事会的占比较低、机构所有权较弱的公司；当 CEO 任期较短、所有权较弱时，外部董事担任董事长的可能性更大。在绩效影响上，外部董事任董事长与公司绩效正相关。当内部董事与外部董事之间的信息不对称程度较高时，该正相关关系也较强；在运营复杂的企业中，该关联性较弱。

Aghamolla 和 Hashimoto（2021）认为，股东可以利用董事的信息作用加强公司治理。股东选择激进的董事会（如认为 CEO 的更替对绩效有显著作用），能增加 CEO 的职业担忧，从而促进 CEO 与董事的有效沟通。

（三）CEO 权力

委托代理理论认为，董事会结构来自公司为降低代理成本对董事会监督职能的需求，市场机制迫使公司在一定成本下采用监督力度最大的董事会结构。然而，大量的案例研究表明，管理层作为被监督者也在努力摆脱董事会的压制，而且事实上其经常介入董事选聘环节，有时候甚至可以完全控制董事会的组建（Herman，1981；Whisler，1984；Mace，1986）。Mace（1986）发现，CEO 掌握着董事会成员的提名权。当 CEO 的利益目标与股东不同时，CEO 倾向于提名一些支持其决策的外部董事；董事会内部的复杂关系会削弱外部董事质疑 CEO 的动力，特别是当该公司的 CEO 是一位资深管理者时；有些外部董事因其拥有某一专业特长而被聘任，当

CEO 的决策超出其专业特长的范畴时，外部董事实施监督的动力与能力都不足。1989 年，Lorsch 和 MacIver 在图书 *Pawns and Potentates：The Reality of America's Corporate Boards* 中综合已有的研究证据后指出，CEO 对董事会成员的选聘施加了重要的影响。

Hermalin 和 Weisbach（1998）通过构建理论模型证实了董事会的结构是 CEO 与其他董事会成员谈判的结果。他们的谈判模型（bargaining model）构建在董事会具有的决定 CEO 人选与工资的基本监督职能之上。他们首先构建了董事会选聘并评价 CEO 的动态博弈过程，董事会从经理人市场中任选一人担任 CEO，公司的每一期收益取决于 CEO 的经营能力与不确定性因素。第一期收益实现后，董事会将基于第一期收益重新评估 CEO 的能力，并决定该 CEO 的工资以及考虑是否更换现有的 CEO。董事会是否能做出正确的决定取决于其在评估过程中获取信息的能力，而这个能力取决于董事会的独立性。Hermalin 和 Weisbach（1998）认为，董事会的独立性来自董事会与 CEO 之间的谈判博弈（bargaining game）：CEO 青睐独立性更小的内部董事，而董事会则倾向于保持其独立性。因此，CEO 与董事会的谈判博弈立足于由谁决定董事会的人选。CEO 的谈判能力来自其可被观察的相对于潜在继任者的能力优势。CEO 越是通过优秀的经营业绩证明他的经营能力稀缺的，其谈判能力就越强；CEO 任职期限是其经营能力的另一个表现，任职期限越长，其谈判能力越强。CEO 在谈判过程中的强势地位提高了内部董事在董事会中的比例，降低了董事会的独立性，有助于 CEO 以高工资的形式从公司利润中攫取尽可能多的租金，并且能够在职业生涯中尽可能地保持一个独立性较弱的董事会；与此相反，如果 CEO 的经营业绩较差，CEO 在新任董事人选的谈判地位就会下降，CEO 干预董事会的能力降低，董事会的独立性就会增强，进而增强了董事会更换 CEO 的可能性。简而言之，Hermalin 和 Weisbach（1998）的谈判模型认为，CEO 的谈判能力决定了董事会的独立性，进而决定了董事会的监督效力——CEO 是否会因经营业绩不佳而被解雇。Arthur（2001）通过实证研究检验了 Hermalin 和 Weisbach 的谈判模型并发现，董事会中外部董事的占比与 CEO 的谈判能力（CEO 任期以及持股比例）之间存在显著的负相关关系。

Baker 和 Compers（2003）基于 Hermalin 和 Weisbach 的谈判模型研究了 IPO 公司董事会结构的形成过程。首先，该研究对比了有风险投资者

（以下简称"风投"）入股的公司董事会结构与没有风投入股的公司董事会结构并发现，有风投入股的公司董事会的内部董事比例比没有风投入股的公司内部董事比例低 27%，其专家董事（投资银行或者商业银行的银行家董事、律师董事、财务董事、咨询董事等，因与公司具有一定的业务关系，独立性较低）比例比没有风投入股的公司专家董事比例低 20%。这证明了风投为他们的投资公司提供了有价值的服务以及积极有效的监督职能。第二，基于 Hermalin 和 Weisbach 的谈判模型，Baker 和 Compers（2003）研究了 CEO 与外部投资者讨价还价行为影响下的董事会结构。Baker 和 Compers（2003）在有风投入股的公司样本中，用 CEO 任期与 CEO 投票权来衡量 CEO 的谈判能力，用风投公司的声誉来衡量外部投资者的谈判能力，结果发现，CEO 的任期越长、投票权越多，则风投代表所占据的董事席位越少；风投公司的声誉越好，则风投代表所占据的董事席位越多。他们进一步研究发现，当风投公司的声誉上升时，创始人保持 CEO 职位的可能性下降。Baker 和 Compers（2003）对 Hermalin 和 Weisbach 模型提供了实证支持，他们利用特殊的样本控制了公司治理、董事会与公司业绩之间的内生性的交叉影响，严谨地验证了 CEO 与外部投资者关于公司控制权的谈判过程与 IPO 公司董事会结构的形成过程。该研究结果是该领域中的优秀成果。

最近兴起的关于董事会结构影响因素的研究热潮对 Hermalin 和 Weisbach（1998）的谈判模型提供了大量的实证证据支持。在控制了公司经营环境、董事会监督成本与监督收益的影响后，Linck 等（2007）以公司过去的经营业绩、CEO 的任期、CEO 的年龄是否大于 60 岁、CEO 是否同时兼任董事长以及 CEO 的持股比例来衡量 CEO 的谈判能力，由此展开研究并发现，公司业绩［过去两年的行业调整后的 ROA（资产回报率）均值］与外部董事比例负相关；CEO 的任期越长（或者 CEO 的年龄大于 60 岁以上），内部董事的比例越高；如果 CEO 兼任董事长，也会提高公司内部董事的比例；CEO 的持股比例与外部董事的比例负相关。这些研究结论在整体上验证了 Hermalin 和 Weisbach（1998）对 CEO 权力与董事会结构的推论。Boone 等（2007）基于美国上市公司自 IPO 后十年内的董事会结构变动也得出了相似的结论。他们发现，外部董事的比例与 CEO 的谈判能力呈负相关关系，而与制约这种谈判力的因素正相关。Guest（2008）在对比了英、美两国上市公司董事会的制度差异后发现，相对于美国资本市场，英国上市公司的董事会所发挥的监督职能更弱。他对 3,227 家英国上市公司在 1981—2002 年的董事会结构数据进行实证分析后发现，董事会实施监督的成本与收益不能解释公司间董事会结构的差异，而英国上市公司董事会结构的影响因素更多则来自对董事会咨询职能的需求与 CEO 的谈判力。Huang 和 Hilary 发现，董事会任期与公司价值之间存在倒 U 形关系：当 CEO 权力增加（如任期更长、兼任董事长等）时，其长期任职会对董事会产生更严重的负面影响。

还有一类研究是通过 CEO 权力变化与董事会结构变化的动态关系来验证 CEO 对董事会构建过程的影响。这些研究的基本逻辑是，当公司经营业绩急速下滑或者遭遇重大挫折时，CEO 的谈判能力下降，其对董事会的影响会变小。Hermalin 和 Weisbach（1988）、Denis 和 Sarin（1999）、Gilson（1990）、Kaplan 和 Minton（1994）以及 Morck 和 Nakamura（1999）都对公司发生大事件（big event）时董事会结构的变动进行了研究。他们发现，公司业绩下滑或是 CEO 变更，会降低管理层相对于董事会的谈判能力，使内部董事比例下降、外部董事比例上升，从而导致董事会的独立性提高。Hermalin 和 Weisbach（1988）发现了三个影响董事会结构的动态因素：①公司业绩。当公司业绩变差时，内部董事的比例会下降，外部董事的比例会升高。② CEO 的任职变动。CEO 的任职变动往往伴随着董事的选聘与董事会重构，当 CEO 要退休的时候，公司倾向于增加内部董事，这些内部董事包含了可能成为下一任 CEO 的候选人。当 CEO 换届后，那些落选的 CEO 候选人倾向于离开董事会，使内部董事比例下降。③产品市场变动。当公司放弃一个产品市场的时候，内部董事的比例会下降，外部董事的比例会上升。Denis 和 Sarin（1999）用更大的样本支持了 Hermalin 和 Weisbach（1988）的研究结论，发现当公司业绩异常下降或 CEO 变更时，董事会结构会发生大幅度的变动。该研究也发现，外部董事的比例与 CEO 的持股比例显著负相关。对这一结论有两个潜在的解释：一是 CEO 权力的解释，当 CEO 的持股比例下降时，其相对于其他所有者的投票权力下降，其对董事会结构的影响力也会下降；二是委托代理理论的解释，当 CEO 的持股比例下降时，股权激励机制对公司代理成本的控制降低了，公司对董事会监督的需求上升，外部董事的比例会因此上升。Gilson（1990）研究了破产对董事会结构的影响并发现，在公司破产或者私有化重组的过程中，银行扮演了很重要的角色并委派给公司一定数量的外部董事。Gilson（1990）在对 1979—1985 年 111 家破产或者债务重组的上市公司的实证研究中发现，当破产或者债务重组结束时，平均来看，只有 46% 的现任董事选择留任，那些很少在其他公司董事会任职的董事更有可能离开。Kaplan 和 Minton（1994）以及 Morck 和 Nakamura（1999）针对日本上市公司的董事会结构以及银行在公司治理中的角色进行了实证研究并发现，当公司业绩变差时，银行在公司治理中扮演了更加积极的角色，包括指派一定数量的外部董事进入公司董事会，公司的外部董事的比例因此会升高。Graham 等（2020）使用跨越 1920—2011 年的纵向面板数据集研究 CEO 与董事会的动态关系并发现，董事会外部董事的比例随着 CEO 任期的延长而下降、随着 CEO 更替而增加、随着 CEO 绩效的提高而下降。

Warther（1998）也通过设立模型研究了 CEO 对董事会的影响。但与 Hermalin 和 Weisbach（1998）的谈判模型不同，Warther 的模型关注的不是 CEO 对董事选聘环节的事前的（ex ante）影响，而是事后的（ex post）影响。Warther（1998）构建了三人董事会的投票模型，一个是 CEO（同时担任董事长）以及两位外部董事；每位董事必须独立投票决定是否更换现任 CEO，而现任 CEO 是否被更换取决于少数服从多数原则下的董事会整体的投票结果；一旦某董事的投票决定与董事会整体的投票结果不一致，该董事将被解雇。Warther（1998）假设董事的效用是公司业绩与继续留任董事会的函数。因为公司业绩影响着董事的声誉与薪酬，董事的留任关系到其专业联系（professional contacts）与职业声望（professional prestige），因此，每位董事在投票时都需要在投票决策是否能够提高公司业绩与投票决策是否能保住董事职位之间进行抉择。模型假设反对 CEO 的董事将被赶出董事会，而外部董事为了避免得罪管理层，一般不会公开反对管理层；除非 CEO 的业绩非常差而且投票董事确信大多数董事都会反对 CEO 的时候，董事才会投票反对 CEO。Warther 的这一模型表明，董事会只有在公司出现危机的情况下才发挥监督作用。与 Warther（1998）的逻辑一致，Tejada（1997）的研究发现，如果公司的外部董事经常批评管理层，那么在其任期结束后常常会被解聘；与此相反，那些对公司管理层不进行挑剔的外部董事将继续被聘任。

Shivdasani 和 Yermack（1999）提供了 CEO 影响董事选聘及董事会构建的直接证据。他们以公司是否设立提名委员会以及 CEO 是否为提名委员会委员来衡量 CEO 是否介入董事选聘的过程，发现当 CEO 直接参与董事选聘时，倾向于聘请较少的外部董事和相对较多的灰色董事（gray directors），这些灰色董事不是内部董事，而是与公司保持着联系或者与CEO本人有较深的私人关系的董事。他们进一步研究发现，当CEO介入董事选聘过程时，市场对外部董事任命的反应显著下降了。

二、董事会结构的影响因素：资源依赖理论视角下的研究综述

资源依赖理论是从研究董事会结构的影响因素开始的，其基本的逻辑是，公司对外部资源的依赖程度越强，董事会的规模越大；对某项资源的需求越高，某类资源的代表董事的比例越高。Pfeffer（1972）发现，董事会的规模与公司对外部环境中的资源需求有关，对外具有高度依赖性的公司需要更高比例的外部董事。在资源依赖理论的框架下，Sander和Carpenter（1998）认为，国际化的公司必须面临更加复杂的环境与更高的外部资源需求，公司的国际化水平越高，越需要扩大董事会规模以保证外部资源的供应。Sander和Carpenter（1998）对1992年258家上市公司进行了研究，实证结果支持了以上推论。因此，Pfeffer（1972：226）认为，"董事会规模并不是随机的、独立的变量，而是组织对外部环境依赖的理性反应"。Giannetti等（2015）发现，由于具有海外经历的董事能采用从国外学习到的高级管理方式、在外国有社会关系等，他往往能改善新兴市场公司的绩效。Chen等（2020）选择了2000年10月的美国国会授予中国永久正常贸易关系地位（permanent normal trade relations，PNTR）为冲击事件，研究发现：PNTR通过后，美国公司任命了更多具有中国相关经验的外部董事；拥有此类董事的公司在宣布涉及中国公司的投资后获得了更高的回报，交易后的经营业绩也更好。

Pfeffer和Salancik（1978）发现，管制行业企业的外部董事比例比其他行业企业的高，特别是聘请了拥有相应行业工作经验的外部董事。Luoma和Goodstein（1999）发现，处于高度管制行业的企业，其董事会中利益相关者的代表比例更高。Johnson和Greening（1999）发现利益相关董事比例越高，企业的社会效益越高。Agrawal和Knoeber（2001）对制造业的公司研究发现，如果公司大部分产品需要销售给政府或者供应出口，董事会中具有政治背景的董事比例就比较高；如果公司所处的环境中的法律成本较高，就会聘请更多的律师董事；如果公司规模较大的话，那么政治

董事与律师董事的比例都比较高。Lester 等（2008）研究了政府前任官员被聘为董事的概率，发现政府前任官员的个人资本与社会资本在各个维度的区别决定了他们提供资源的能力以及被聘为董事的概率。Mizruchi 和 Stearns（1988，1994）发现，公司的融资需求越高，董事会中越容易出现金融机构的代表董事。Kor 和 Misangyi（2008）研究发现，管理层的行业经验与董事会整体的行业经验负相关。这巧妙地验证了董事会能够提供咨询与建议的资源职能。Hillman 等（2007）发现，当公司规模更大、多元化水平更高、有更多女性雇员以及关联公司中拥有女性董事时，公司将体现出对女性资源的依赖，则女性董事的比例也相应变高。Field 和 Mkrtchyan（2017）发现，独立董事收购经验有助于提高收购绩效；有此类独立董事的收购方更能避免损失大的收购，收购经验更丰富的独立董事能帮助选择具有更高协同效应的目标。因此，当企业具有特殊决策目的（如收购、更换 CEO 等）时，具有相关活动经验的董事会成员能为企业提供相应的资源，企业更倾向于增加此类董事的比例。

在针对中国资本市场的研究中，也有相关证据表明资源依赖理论有助于解释董事会结构的成因。在董事会规模方面，邓建平等（2006）发现，对于在存续分立与多家重组方式下改造的企业，往往将原有的多家企业打散并重新组合，新企业是多个完整的、或部分旧企业的联盟，为了留住每位联盟成员并维持这个联盟的运转，新企业不得不以提供董事会席位的方式吸引每位联盟成员，这就是资源依赖理论对不完整改制企业董事会规模较大的解释。储一昀和谢香兵（2008）发现，公司业务越复杂，董事会规模越大。因为业务越复杂的公司越依赖于具有监督职能与咨询职能的董事提供的各种专业信息。这也体现了董事的资源职能。在董事会结构方面，祝继高等（2015）指出，企业聘请银行关联董事是其规避制度环境的不利影响的重要手段。谭劲松等（2019）发现，企业所在生命周期阶段越成熟，对外部资源的依赖程度越弱，外部董事的比例就越低。谭劲松等（2019）针对高校校办上市公司的研究发现，母体高校利用自身资源优势而在附属上市公司占据超额董事席位，并为公司带来相关资源收益。

三、本章小结

通过对已有文献进行梳理可以发现，关于董事会结构影响因素的研究正在不断深入，研究范围在逐渐加大——从公司业绩，到监督成本收益，到其他内部治理机制的替代作用，到 CEO 权力的影响，到法律监管与产品市场的影响；其研究方法也在更新，早期的研究集中于实证分析，现在有越来越多的关于董事会理论模型的构建（Raheja，2005；Harris and Raviv，2008；段云 等，2011）；对理论的应用也更加自如，特别是以委托代理理论为基础的研究。这些研究从董事会监督收益成本的均衡开始，拓展到其他治理机制的替代作用，现在已经超出委托代理理论能解释的范畴，如 CEO 权力谈判模型。针对世界各国资本市场的研究结论形成对比，各理论相互交融，如 Guest（2008）加深了我们对董事会结构成因的理解。然而，目前还有很大的空间有待未来进一步深入研究。

第一，需要考虑对不同理论的整合应用。从董事会结构研究的发展思路来看，大多数研究都以委托代理理论作为基础开展研究，但关于公司业务复杂性与 CEO 权力的解释，其实已经超越了委托代理理论的解释范畴。未来的董事会研究需要将不同的理论进行整合，才能为解释董事会及其职能的研究提供一个更完整的框架，为更好地解释董事会构建的成因提供指导。

第二，需要综合考虑董事会的不同职能。在现实世界的公司实践中，董事会是多种职能（监督职能、战略职能、咨询职能与资源职能）的载体，监督职能固然重要，但是其他职能也是董事职能的重要组成部分，有时候比其监督职能更重要。Mace（1979）对公司董事日常工作进行实地访谈调研后发现，董事的所作所为与理论中的假设有很大差距：董事们在做什么？咨询、维持纪律与危机管理。董事们没有做什么？管理与战略、质询、选择 CEO 与实施控制。这一事实与我们的理论、资本市场的期待中对董事会职能的判断有很大差距。正是对董事会监督职能的过度期待与强调，限制了研究者们对董事会构成、董事履职的思考。如果仅从监督职能的视角来研判对董事会的需求与董事会构建过程，由此得到的研究结论可能很难拟合真实世界里董事会的实际构建过程。未来的研究需要放松对董事会监督职能的假设，只有综合考虑董事能够为公司提供的各种职能和公司构建董事会的实际需求，以及公司在不同阶段时最需要董事会发挥的职能和每位董事会成员因何而来，才能实现对董事会构成及其未来履职效能的深入理解。

第三，关于中国上市公司董事会结构成因的研究相对较少。2001 年，证监会引入独立董事制度，激发了学术界与实务界关于独立董事以及董事会职能的激烈探讨，董事会的治理有效吗？独立董事监督了吗？独立董事能够提高公司价值吗？这些问题确实都非常重要，为中国上市公司的公司治理与董事会制度建设提供了很多证据以及改革思路，比如独立董事在关联交易方面的职能设计等，大多是董事会结构的经济后果类研究。近些年来，各国资本市场的研究都发现，董事会结构特征与公司价值之间不存在显著的相关关系，于是人们开始追溯更本源的问题。既然董事会结构如此重要，那么董事会结构是怎么形成的？只有真正理解董事会结构是如何形成的，才能推论这些结构特征会对公司产生什么影响。目前针对中国资本市场上市公司的董事会结构成因的研究较少，研究对象也局限于董事会结构特征且主要集中在董事会的规模与不同类型董事的比例。虽然文献中通常将董事区别为内部董事与外部董事两类，但对中国上市公司董事会而言，实际情况更为复杂。中国上市公司的控制权相对集中，普遍存在控制性的大股东，而大股东派代表进入董事会的现象非常普遍。因此，中国上市公司董事会成员不仅有内部与外部的分别，还有大股东派驻董事、非控制性大股东派驻董事、高管董事与独立董事这几大类有明显区别的董事。在这种情况下，如果延续以往的研究惯例，以独立董事比例来衡量董事结构，相当于把股东董事与高管董事混为一谈，变相提高了公司内部董事的比例，而事实上这两类董事的动机与行为模式有很大区别。因此，关于中国上市公司的董事会结构研究需要具体到每个类别的董事比例，才能得到稳健的研究结论（祝继高、叶康涛和陆正飞，2015）。

第五章　中国上市公司董事会结构的现状分析

本章对中国上市公司董事会的结构特征进行定义并对其现状进行描述性分析。本章首先对董事会结构特征变量进行详细的定义，董事会特征包括董事会规模与各分类董事比例。其中，分类董事比例则从两个视角展开：从委托代理理论的角度看，以董事来自公司内部还是外部为标准，将董事分为内部董事与外部董事；从资源依赖理论的角度看，根据董事日常供职的集团，将董事分为高管董事、控股董事、制衡董事与独立董事。根据这些定义，本章以中国 A 股主板全体上市公司在 1999—2020 年的董事会数据为样本，对中国上市公司的董事会结构特征现状进行了描述性统计与分析。

一、研究样本与数据来源

（一）样本选取

本章以中国资本市场 A 股主板全部上市公司的董事会及董事数据为研究对象。为保证研究数据的可比性和研究结果的可靠性，本研究在初始样本选择的基础上按如下三个标准对样本进行筛选：①剔除金融、保险行业的上市公司。该行业的上市公司适用的会计准则以及面临的监管环境和要求与其他行业的上市公司存在较大差异，可能会对董事会及其影响因素的关系产生影响，故予以剔除。②剔除在样本期间内被退市风险警示及退市的上市公司。该类公司因相关数据或指标存在极端值或异常值，如资产负债率过高出现资不抵债现象、公司因个别原因连续停牌达半年以上等，因为在分析中包含这些数据容易造成结果的不稳健，故予以剔除。③剔除在样本期内董事会数据不全的上市公司。经过上述剔除程序，本章最终得到 4,161 家公司样本。在 1999—2020 年，共有 40,390 家公司－年度样本。在本章以及之后各章的实证研究中，都以上述样本作为基础研究样本，并根据其他变量与研究方法的要求调整实际研究样本。

（二）数据来源

本研究使用的数据主要来源于 CSMAR[①] 国泰安系列研究数据库，董事个人简历数据源于"CSMAR 中国上市公司治理结构研究数据库"，存在遗漏或缺失时，使用如下三种方式进行补充和完善：①从万得（Wind）数据库获取数据；②在中国证监会指定的上市公司信息披露网站——巨潮资讯网[②]下载财务报告，并手工翻阅；③如上市公司董事的资料存在缺失，利用搜索引擎进行搜索并整理获得。对从上述来源获得的董事背景资料进行翻阅并判断每家公司每位董事所代表的集团，得到本研究所需的上市公司董事会结构数据。

二、董事会结构特征的定义与测度

发达资本市场的研究通常将董事区别为内部董事与外部董事两类。当董事是或曾经是公司的全职雇员时，其被定义为内部董事；反之，则是外部董事，其通常在公司外拥有另一份全职工作，如银行家或者律师。Hermalin 和 Weisbach（1988）认为，有一类外部董事，虽然不是公司雇员，但也并不完全独立。例如，来自上市公司的供应商，或者大量持有公司股票者，此类董事应该区别于外部董事，称为第三类董事——关联董事（或灰色董事）。事实上，由于法规的要求与市场的压力，英美资本市场的上市公司董事会都以外部董事为主，结构也呈现简单的内部董事和外部董事的二元结构。

中国的资本市场起步较晚，现代企业制度仍处在完善过程中，公司治理体系与观念还处于由监管方推动的阶段。2001 年 8 月，中国证监会发布《指导意见》，宣告境内上市公司须按照指导意见要求实施独立董事制度，拉开了董事会结构改革的序幕。《指导意见》要求上市公司建立独立董事制度，并按照该指导意见的要求修改公司章程，聘任适当的人员担任独立董事，其中至少包括一名会计专业人士；在 2002 年 6 月 30 日前，上市公司董事会成员中应当至少包括 2 名独立董事；在 2003 年 6 月 30 日前，上

---

① 中国经济金融研究数据库（China stock market & accounting research database，CSMAR）。

② 网址为：www. cninfo. com. cn。

市公司董事会成员应当至少包括 1/3 的独立董事。监管者希望通过优化董事会结构、加强董事会的法律责任、提高董事会的权力与地位，以期董事会在公司治理中发挥应有的作用。

因为证监会的这一强制性要求，2003 年以后，独立董事在中国上市公司的董事会中普遍占有 1/3 以上的席位；但是因为大部分上市公司建立独立董事制度仅仅是为了满足监管部门的行政命令，在此之后，大多公司的独立董事比例并没有像监管者期待的那样持续增加，而是停留在这一及格线，占比压缩至 2/3 的董事会其他席位引来公司内部权力的新一轮博弈。而民营企业与国有企业有着截然不同的权力结构。民营企业的实际控制人往往亲自列席董事会并担任董事长。在民营企业的董事会中，除独立董事以外的其他席位通常全部由上市公司高管占据。相对而言，国有企业的董事会结构较为复杂，因为"所有者缺位"的问题，国有企业的最终控制人只能派遣其母公司（政府机构或者上一级国有企业）的高管列席董事会，有些国有企业的董事会全部由母公司的高管担任，有些全部由上市公司自己的高管担任，而有些国有企业董事会成员分布呈现均衡状态。

因此，为了准确衡量中国上市公司董事会结构，本章将从两个视角对董事会成员进行划分。从委托代理理论的角度看，以董事来自公司内部还是外部为标准，董事可分为内部董事与外部董事；从资源依赖理论的角度看，根据董事日常供职的集团，董事可分为高管董事、控股董事、制衡董事与独立董事。高管董事是指由公司高管兼任的董事，通常是公司的总裁、财务总监、总会计师、党委书记等，与西方研究中的"内部董事"一致，也属于本章的内部董事大类。控股董事是指由上市公司最终控制人派驻的代表担任的董事，通常体现了实际控制人的意志。有时候控股董事是由实际控制人本人担任，有时候是由实际控制人的公司高管兼任。制衡董事是指由上市公司的非控制性大股东派驻的代表担任的董事，通常体现非控制性大股东的意志。有时候制衡董事由非控制性大股东的实际控制人担任，有时候由非控制性大股东的公司高管兼任。独立董事即上市公司依法聘请的外部独立董事。控股董事、制衡董事与独立董事构成了外部董事大类。基于以上判断，本章构建了衡量董事会结构的具体指标（见表 5 - 1）。

表5-1 董事会结构特征的变量定义

变量名称	变量符号	变量定义
董事会规模	*Boardsize*	董事会成员数量
高管董事	*Executive_Director*	该董事由上市公司高管兼任，通常是总裁、CEO、总会计师、党委书记等
高管董事数量	*N_Executive_Director*	董事会成员中高管董事的数量
高管董事比例	*R_Executive_Director*	董事会成员中高管董事所占的比例
超额高管董事	*D_Executive_Director_Over Half*	是虚拟变量，当上市公司董事会中高管董事的数量超出非独立董事席位的半数，赋值为1；否则赋值为0
控股董事	*Assigned_Executive_Director*	该董事由上市公司的控股股东派驻，通常兼任控股股东高管，有时是实际控制人本人
控股董事数量	*N_Assigned_Executive_Director*	董事会成员中控股董事的数量
控股董事比例	*R_Assigned_Executive_Director*	董事会成员中控股董事所占的比例
超额控股董事	*D_Assigned_Executive_Over*	是虚拟变量，当上市公司董事会中控股董事的数量超出了控股董事的持股比例对应的最大数量，赋值为1；否则赋值为0
实际控制人董事	*Ca_Controler*	是虚拟变量，当上市公司的实际控制人列席董事会，赋值为1；否则赋值为0
制衡董事	*Non_ControlHolder_Director*	该董事是由上市公司的非控制性大股东派驻，通常是由第二大股东、第三大股东等对第一大股东具有制衡能力的大股东派驻，并兼任其派驻公司的高管

续表 5 - 1

变量名称	变量符号	变量定义
制衡董事数量	N_Non_ControlHolder_Director	董事会成员中制衡董事的数量
制衡董事比例	R_Non_ControlHolder_Director	董事会成员中制衡董事所占的比例
制衡董事会	D_Non_ControlHolder_Director	是虚拟变量，当上市公司董事会中有制衡董事的时候，赋值为1；否则赋值为0
独立董事	Independent_Director	该董事为上市公司依法聘请的独立董事
独立董事数量	N_Independent_Director	董事会成员中独立董事的数量
独立董事比例	R_Independent_Director	董事会成员中独立董事所占的比例
超额独立董事	D_Independent_Over	是虚拟变量，当上市公司董事会中独立董事的数量超出了法律规定的最低数量，赋值为1；否则赋值为0
外部董事	Outsider_Director	由公司外部人员兼任的董事，即本章所定义的控股董事、制衡董事与独立董事
外部董事比例	R_Outsider_Director	董事会成员中外部董事所占的比例，即控股董事比例、制衡董事比例与独立董事比例之和

三、董事会结构特征的描述性统计

（一）中国上市公司董事会的结构特征

表 5 - 2 是对 1999—2020 年中国上市公司董事会结构特征的描述性统计结果。

表 5-2 董事会结构特征的描述性统计（1999—2020 年）

（N = 40, 390）

结构特征	均值	标准差	5%分位值	中位数	95%分位值
董事会规模	9.808	2.378	7.000	9.000	15.000
控股董事数量	2.104	1.643	0.000	2.000	5.000
制衡董事数量	0.859	1.140	0.000	0.000	3.000
高管董事数量	3.409	1.714	1.000	3.000	6.000
独立董事数量	3.410	1.339	0.000	3.000	6.000
外部董事数量	6.405	6.000	2.340	3.000	11.000
控股董事比例	0.213	0.153	0.000	0.182	0.500
制衡董事比例	0.085	0.108	0.000	0.000	0.308
高管董事比例	0.351	0.159	0.100	0.333	0.600
独立董事比例	0.349	0.111	0.000	0.333	0.500
外部董事比例	0.649	0.667	0.159	0.400	0.900
实际控制人董事比例	0.188	0.391	0.000	0.000	1.000
超额控股董事比例	0.194	0.395	0.000	0.000	1.000
超额高管董事比例	0.497	0.500	0.000	0.000	1.000
制衡董事会比例	0.483	0.500	0.000	0.000	1.000
超额独立董事比例	0.175	0.380	0.000	0.000	1.000

从数量特征看我国上市公司的董事会结构，董事会规模的中位数为 9 人、平均约 10 人。其中，控股董事平均约 2 人、制衡董事平均约 1 人、高管董事平均约 3 人以及依法聘请的独立董事平均约 3 人。

从比例特征看我国上市公司的董事会结构，高管董事比例（即内部董事比例）平均值为 35.1%，标准差为 0.159。相对于其他类型的董事比例而言，公司间的差异较大。控股董事比例平均值为 21.3%，制衡董事比例平均值为 8.5%，依法聘请的独立董事比例平均值为 34.9%，外部董事比例均值为 64.9%。

除此之外，平均有 18.8% 的上市公司其最终控制人（自然人）列席董事会、有 19.4% 的控股股东派驻了超越其持股比例所对应的董事人数、有 49.7% 的公司高管董事人数超过了非独立董事的半数（insider-dominated）、有 48.3% 的公司存在制衡股东代表、有 17.5% 的公司聘用了超过公司法规定的独立董事比例下限的独立董事。以上数据表明，中国上市公司董事会的独立董事占比较低，独立董事的比例往往是刚好满足法律监管的要求，并没有改变大股东与高管控制公司董事会的实质。这在一定程度上回答了 Adams 等（2010）在综述中的疑问："在投资者保护力度较弱的市场中，董事会独立性有用吗？更需要独立性吗？更独立吗？"为了更好地研究这些问题，本章将检验在中国上市公司中的董事会机制与公司特征以及其他治理机制的相关关系。

（二）中国上市公司董事会结构特征的年度变化趋势

中国证监会于 2001 年 8 月 16 日颁布的《指导意见》，是中国首次以部委规章的形式对独立董事聘任以及董事会结构的特征进行强制性规定。该指导意见明确规定了上市公司独立董事的任职条件、权利与义务、聘任程序以及所占席位的最低要求。《指导意见》第一章第三条明确规定："各境内上市公司应当按照本指导意见的要求修改公司章程，聘任适当人员担任独立董事，其中至少包括一名会计专业人士（会计专业人士是指具有高级职称或注册会计师资格的人士）；在 2002 年 6 月 30 日前，董事会成员应当至少包含两名独立董事；在 2003 年 6 月 30 日前，上市公司董事会成员中应当至少包含三分之一的独立董事。"根据这一规定，截至 2003 年年底，中国全部上市公司都聘请了独立董事并基本达标，董事会结构在 2001—2003 年经历了重大的变化。

图 5-1 显示了董事会规模随年度变化的细节，董事会规模总体上在 10 人上下小幅度波动。但受《指导意见》影响，董事会规模于 2001—2002 年有较大幅度的增长。其原因在于，如果公司引入独立董事，却不削减其他类型董事的数量，那么势必要增加董事会规模。2002 年以后，随着公司内部治理结构的调整，董事会规模略有下降。

图 5-2 显示了董事会结构特征随着年度变化的细节。2001 年出台的《指导意见》打破了中国上市公司董事会原有的均衡，无论是出于效率的考虑还是出于权力的考虑，董事会席位中可供公司自由选择的空间都变小了。在政策的推动下，独立董事比例发生了显著变化：2001 年以前，独立董事比例的均值不到 10%；2002 年，独立董事比例的均值骤然由上一年的 6.6% 提升至 24.3%；2003 年，其均值达到 32.8%；截至 2004 年年底，独立董事比例均值已经达到证监会要求的 1/3 以上，为 34.2%；之后该比例均值保持了缓慢上升的趋势。

人数/人

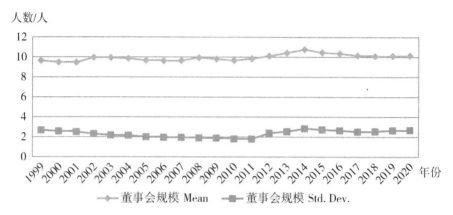

图 5-1 董事会规模年度趋势 （1999—2020 年）

比例

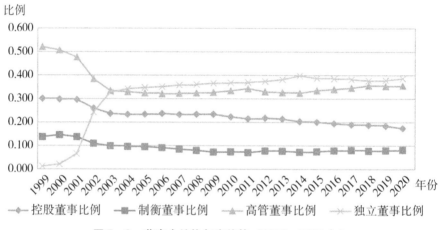

图 5-2 董事会结构年度趋势 （1999—2020 年）

然而，除独立董事外，中国上市公司其他类型董事的基本格局并没有改变，依然是高管董事比例最高、制衡董事比例最低。但高管董事比例因独立董事的加入而产生急剧变化。相较于独立董事制度对高管董事比例的显著影响，控股董事比例的变化要和缓得多。总体来看，控股董事比例长期呈下降趋势。这个现象与同期中国 A 股主板上市公司控股股东的持股比例逐年下降趋势相吻合。

（三）董事会结构的行业分布特征

中国上市公司 1999—2020 年董事会结构特征按行业分布的描述性统计结果见表 5-3。根据申银万国一级行业分类标准（2014）（共 28 个行

表5-3 董事会结构特征按行业分布的描述性统计（1990—2020年）

序号	行业代码	行业	样本数/个	样本数/%	董事会规模		控股董事比例		制衡董事比例		高管董事比例		独立董事比例	
					均值	标准差	均值	标准差	均值	标准差	均值	标准差	均值	标准差
1	110000	农林牧渔	1,208	2.99%	9.568	2.475	0.210	0.155	0.085	0.116	0.359	0.172	0.346	0.122
2	210000	采掘	719	1.78%	10.929	3.097	0.305	0.179	0.062	0.095	0.291	0.160	0.343	0.105
3	220000	化工	3,987	9.87%	9.754	2.286	0.209	0.153	0.082	0.109	0.368	0.158	0.341	0.115
4	230000	钢铁	633	1.57%	10.926	2.773	0.336	0.170	0.052	0.105	0.281	0.146	0.332	0.114
5	240000	有色金属	1,408	3.49%	10.136	2.312	0.250	0.164	0.092	0.116	0.309	0.154	0.349	0.096
6	260000	机械设备	3,913	9.69%	9.515	2.211	0.189	0.147	0.087	0.113	0.366	0.154	0.358	0.108
7	270000	电子	2,221	5.50%	9.318	2.163	0.182	0.144	0.087	0.110	0.360	0.151	0.371	0.096
8	280000	汽车	1,665	4.12%	10.041	2.732	0.238	0.159	0.082	0.109	0.334	0.160	0.346	0.112
9	330000	家用电器	789	1.95%	9.535	2.300	0.209	0.151	0.085	0.104	0.364	0.166	0.343	0.126
10	340000	食品饮料	1,109	2.75%	9.958	2.397	0.203	0.150	0.088	0.107	0.373	0.164	0.335	0.123
11	350000	纺织服装	1,276	3.16%	9.612	2.247	0.191	0.134	0.082	0.108	0.378	0.156	0.349	0.121
12	360000	轻工制造	1,370	3.39%	9.343	2.164	0.181	0.142	0.075	0.106	0.381	0.162	0.362	0.110
13	370000	医药生物	3,338	8.26%	9.769	2.306	0.189	0.147	0.086	0.112	0.371	0.157	0.354	0.105
14	410000	公用事业	1,900	4.70%	10.938	2.945	0.245	0.154	0.117	0.120	0.306	0.165	0.333	0.110
15	420000	交通运输	1,571	3.89%	10.514	2.783	0.274	0.157	0.098	0.108	0.296	0.159	0.332	0.108
16	430000	房地产	1,979	4.90%	9.609	2.446	0.249	0.166	0.077	0.113	0.335	0.172	0.338	0.128

续表 5-3

序号	行业代码	行业	样本数/个	样本数/%	董事会规模 均值	董事会规模 标准差	控股董事比例 均值	控股董事比例 标准差	制衡董事比例 均值	制衡董事比例 标准差	高管董事比例 均值	高管董事比例 标准差	独立董事比例 均值	独立董事比例 标准差
17	450000	商业贸易	1,651	4.09%	9.760	2.360	0.226	0.150	0.074	0.106	0.381	0.166	0.319	0.126
18	460000	休闲服务	481	1.19%	10.324	2.557	0.221	0.126	0.129	0.127	0.331	0.173	0.319	0.129
19	510000	综合	701	1.74%	9.502	2.429	0.270	0.168	0.079	0.112	0.334	0.176	0.317	0.141
20	610000	建筑材料	1,094	2.71%	9.559	2.251	0.207	0.161	0.086	0.113	0.374	0.176	0.332	0.120
21	620000	建筑装饰	1,072	2.65%	9.866	2.340	0.188	0.121	0.062	0.088	0.367	0.143	0.383	0.102
22	630000	电气设备	1,675	4.15%	9.619	2.147	0.169	0.136	0.089	0.114	0.370	0.150	0.373	0.086
23	650000	国防军工	507	1.26%	10.728	2.843	0.288	0.172	0.064	0.099	0.290	0.141	0.359	0.088
24	710000	计算机	2,109	5.22%	9.411	2.289	0.182	0.151	0.097	0.116	0.353	0.154	0.367	0.105
25	720000	传媒	1,087	2.69%	10.330	2.880	0.207	0.146	0.079	0.109	0.351	0.148	0.363	0.093
26	730000	通信	927	2.30%	9.686	2.806	0.194	0.149	0.086	0.117	0.345	0.166	0.374	0.104
		总计	40,390	100.00%	9.831	2.468	0.214	0.155	0.085	0.111	0.352	0.161	0.349	0.112

业），本章在样本中删去了银行（行业代码：480000）与非银金融（行业代码：490000）两个行业，所以一共显示 26 个行业的上市公司董事会结构特征。表 5 - 3 的数据显示，董事会结构表现出了行业间的差异：公用事业、采掘和钢铁行业中的上市公司董事会规模最大，平均都在 10.9 人以上；钢铁、采掘、交通运输和综合行业的上市公司控股董事比例最高，而商业贸易、轻工制造、纺织服装、建筑材料和食品饮料行业的上市公司中高管董事比例最高。相对于其他结构特征的行业差别，独立董事比例并没有体现出行业差别，呈现强制政策导致的"一刀切"状态。

（四）董事会结构的地域分布特征

1999—2020 年中国上市公司董事会结构特征按地域分布的描述性统计结果见表 5 - 4。上市公司基本资料中的注册地显示，样本公司来自 23 个省、4 个直辖市和 5 个自治区共 32 个地区。由表 5 - 4 的数据可知，董事会结构表现出了一些地域间的差异：境内各地域中，注册地在广东、浙江、江苏、北京与上海的上市公司数目最多，山西、重庆与内蒙古的董事会规模最大，山西的上市公司控股董事比例最高，吉林上市公司的高管董事比例最高。

（五）董事会结构的板块分布特征

1999—2020 年中国上市公司董事会结构特征按上市板块分布的描述性统计结果见表 5 - 5。上市公司的所在板块根据不同的上市条件可以分成主板、中小板、创业板三大板块。表 5 - 5 的数据显示，董事会结构表现了板块间的差异：主板上市公司的董事会规模最大、控股董事比例最高；创业板上市公司的制衡董事、高管董事、独立董事的比例均为最高。

表 5-4 董事会结构特征按地域分布的描述性统计（1990—2020 年）

序号	省区市	样本数/个	样本数/%	董事会规模		控股董事比例		制衡董事比例		高管董事比例		独立董事比例	
				均值	标准差	均值	标准差	均值	标准差	均值	标准差	均值	标准差
1	广东省	5,816	14.40%	9.586	2.475	0.169	0.136	0.082	0.102	0.382	0.155	0.368	0.106
2	浙江省	4,318	10.69%	9.637	2.152	0.188	0.132	0.083	0.106	0.367	0.145	0.362	0.094
3	江苏省	3,877	9.60%	9.448	2.219	0.196	0.145	0.084	0.109	0.359	0.144	0.362	0.100
4	北京市	3,442	8.52%	10.120	2.711	0.244	0.169	0.087	0.115	0.313	0.161	0.357	0.109
5	上海市	3,396	8.41%	9.740	2.439	0.255	0.172	0.086	0.116	0.315	0.156	0.344	0.118
6	山东省	2,312	5.72%	9.963	2.521	0.207	0.148	0.074	0.103	0.370	0.154	0.348	0.105
7	四川省	1,484	3.67%	9.802	2.340	0.210	0.153	0.090	0.116	0.368	0.172	0.331	0.118
8	福建省	1,431	3.54%	9.430	2.202	0.203	0.151	0.089	0.116	0.350	0.163	0.358	0.110
9	湖北省	1,387	3.43%	10.290	2.535	0.218	0.153	0.109	0.127	0.346	0.167	0.326	0.122
10	安徽省	1,349	3.34%	9.964	2.313	0.202	0.136	0.088	0.111	0.357	0.153	0.353	0.098
11	湖南省	1,161	2.87%	9.777	2.655	0.204	0.152	0.089	0.106	0.356	0.169	0.351	0.117
12	辽宁省	983	2.43%	9.997	2.620	0.228	0.165	0.068	0.102	0.363	0.167	0.340	0.124
13	河南省	957	2.37%	9.791	2.226	0.218	0.160	0.076	0.103	0.356	0.170	0.350	0.112
14	河北省	727	1.80%	10.140	2.307	0.272	0.181	0.078	0.112	0.316	0.158	0.334	0.107
15	江西省	655	1.62%	10.020	2.336	0.235	0.165	0.095	0.131	0.328	0.186	0.342	0.109
16	天津市	654	1.62%	9.760	2.307	0.255	0.159	0.075	0.108	0.331	0.156	0.339	0.116
17	新疆维吾尔自治区	606	1.50%	10.160	2.381	0.195	0.132	0.126	0.131	0.348	0.159	0.331	0.119

续表5-4

序号	省区市	样本数/个	样本数/%	董事会规模 均值	董事会规模 标准差	控股董事比例 均值	控股董事比例 标准差	制衡董事比例 均值	制衡董事比例 标准差	高管董事比例 均值	高管董事比例 标准差	独立董事比例 均值	独立董事比例 标准差
18	陕西省	592	1.47%	10.060	2.649	0.263	0.149	0.101	0.122	0.295	0.156	0.341	0.112
19	重庆市	587	1.45%	10.690	3.201	0.230	0.145	0.082	0.097	0.361	0.166	0.327	0.126
20	吉林省	578	1.43%	9.744	2.394	0.223	0.169	0.068	0.092	0.381	0.191	0.328	0.135
21	山西省	519	1.28%	10.690	2.874	0.281	0.184	0.076	0.109	0.321	0.175	0.321	0.130
22	黑龙江省	509	1.26%	10.040	2.715	0.254	0.178	0.050	0.091	0.383	0.183	0.313	0.139
23	云南省	489	1.21%	10.250	2.552	0.244	0.156	0.095	0.110	0.322	0.186	0.339	0.122
24	广西壮族自治区	480	1.19%	10.200	2.943	0.201	0.143	0.096	0.134	0.378	0.176	0.325	0.118
25	甘肃省	412	1.02%	10.440	2.680	0.270	0.179	0.086	0.121	0.323	0.178	0.322	0.113
26	内蒙古自治区	396	0.98%	10.500	2.945	0.256	0.159	0.098	0.113	0.324	0.168	0.321	0.112
27	贵州省	388	0.96%	10.040	2.702	0.256	0.164	0.074	0.104	0.325	0.169	0.345	0.132
28	海南省	352	0.87%	9.497	2.476	0.198	0.145	0.128	0.131	0.349	0.169	0.325	0.130
29	宁夏回族自治区	190	0.47%	10.160	1.933	0.279	0.175	0.115	0.136	0.307	0.186	0.298	0.123
30	西藏自治区	181	0.45%	8.912	1.817	0.163	0.118	0.111	0.126	0.387	0.156	0.339	0.153
31	青海省	159	0.39%	10.310	2.057	0.215	0.144	0.107	0.132	0.361	0.149	0.317	0.146
32	其他（境外）	3	0.01%	12.000	3.606	0.232	0.202	0.104	0.180	0.336	0.026	0.327	0.051
	总计	40,390	100.00%	9.831	2.468	0.214	0.155	0.085	0.111	0.352	0.161	0.349	0.112

表 5-5　董事会结构特征按上市板块分布的描述性统计（1990—2020 年）

上市板块	样本数 /个	样本数 /%	董事会规模		控股董事比例		制衡董事比例		高管董事比例		独立董事比例	
			均值	标准差	均值	标准差	均值	标准差	均值	标准差	均值	标准差
主板	26,026	64.44%	10.020	2.553	0.249	0.164	0.083	0.113	0.339	0.171	0.329	0.124
中小板	9,115	22.57%	9.622	2.281	0.160	0.118	0.084	0.107	0.373	0.143	0.383	0.070
创业板	5,249	13.00%	9.249	2.222	0.132	0.099	0.100	0.110	0.375	0.132	0.394	0.074
总计	40,390	100.00%	9.831	2.468	0.214	0.155	0.085	0.111	0.352	0.161	0.349	0.112

四、本章小结

本章首先对董事会结构特征变量进行了详细的定义，董事会特征包括董事会规模与分类董事比例。而分类董事比例可从两个视角展开：从委托代理理论的角度看，以董事来自公司内部还是外部为标准，将董事分为内部董事与外部董事；从资源依赖理论的角度看，根据董事日常供职的集团，将董事分为高管董事、控股董事、制衡董事与独立董事。本章以中国A股主板全体上市公司1999—2020年的董事会数据为样本，对中国上市公司的董事会结构特征现状进行了描述性统计与分析。本章的描述性统计结果显示，中国上市公司董事会结构有如下五个主要特征。

第一，中国上市公司的董事会规模相对较大，变化趋势相对和缓。

第二，从委托代理理论出发，将董事分为内部董事与外部董事。相较于学术界惯用的"独立董事比例"这一指标，"外部董事比例"包含了更多有能力、有动机监督公司管理层的董事。而且，从统计数据来看，外部董事比例也呈现出更多的公司间差异，更适合用来度量在委托代理理论下的董事会结构。

第三，从资源依赖理论出发，可将董事细分为控股董事比例、制衡董事比例、高管董事比例与独立董事比例。统计结果显示，这些比例更精确地刻画了公司之间董事会结构的差异，而在过去的研究中这些被视作董事会结构黑箱。中国上市公司董事会结构呈现行业、地域、板块差异，在一定程度上支持了资源依赖理论的推论。

第四，2001年的《指导意见》对中国上市公司董事会结构的影响，除增加了独立董事的比例、降低了其他类型董事的比例外，关键在于不同类型董事比例下降的程度与趋势存在显著差异。高管董事比例的下降程度最高，在2006年以后趋于平衡，而控股董事一直保持逐年下降的趋势。

第五，中国上市公司董事会结构呈现行业、地域特征，在一定程度上支持了资源依赖理论的推论。

第六章　中国上市公司董事会结构的
形成机理：效率抑或权力

本书第五章关于中国上市公司董事会结构特征现状的描述性分析表明，无论是委托代理理论视角下的内部董事与外部董事比例，还是资源依赖理论视角下的分类董事比例，都呈现了公司间、年度间、行业间与地域间的差别。公司间彼此迥异的董事会结构是如何被建立的？组建董事会的真正推动力是什么？委托代理理论认为，董事会构建的过程是对外部董事监督行为的成本收益评估的过程，是代理成本最小化的过程；资源依赖理论认为，董事会构建的过程是组织吸纳外部资源的过程，是公司为了更好地适应当前的环境条件，将董事会席位与外部资源提供方的权力进行匹配的过程，因此，董事会结构就是公司所依赖资源结构的微观体现。来自发达资本市场的经验、研究证据已经很多了，但来自新兴市场的证据还很少。在中国这样的新兴市场中，公司对监督与独立性的要求如何？公司对资源与支持的要求是更高还是更低？本章分别从董事会结构的效率成因和权力成因出发，实证分析委托代理理论和资源依赖理论对中国上市公司董事会结构的解释力度，为在中国制度背景下的董事会结构形成机理提供实证。

一、效率成因视角下的实证分析

（一）实证研究假设

基于委托代理理论的研究认为，董事会的结构特征可以在一定程度上表征董事会的监督能力，其中董事会规模与外部董事比例是董事会结构特征的核心内容（Rosenstein and Wyatt，1990；Yermack，1996）。

1. 监督收益假设

董事会的监督收益，是指董事会通过雇佣、解雇以及薪酬激励与惩罚

102

管理层的职能，监督与控制管理层的机会主义行为，从而为公司股东节约下来的委托代理成本。委托代理理论认为，所有权和经营权分离的现代企业特征导致的信息不对称与利益不对称，使得管理层与股东之间存在着代理冲突以及随之产生的代理成本。如果公司特征体现了较高的代理成本，则意味着管理层侵害股东利益的可能性较高。在此种情况下，董事会的监督将为公司带来更多的收益；如果公司特征显示股东与管理层之间的代理成本很低，管理层没有机会且没有动机去侵害股东利益，那么董事会监督管理层的收益就较低。Raheja（2005）指出，当公司特征表明董事会监督管理层将会为股东带来利益时，公司对监督的需求会增加。Linck 等（2008）对美国资本市场 7,000 家上市公司在 1990—2004 年的董事会结构进行研究，发现公司董事会结构与董事会监督行为的收益正相关，当公司特征显示了更多的管理层私有收益时，公司的外部独立董事比例则更高。这一研究结果支持了公司董事会结构取决于对监督收益与成本平衡的假设。

在研究中，对代理成本的定量研究有两大类指标，一类是以可能带来代理冲突的公司特征来衡量管理层机会主义行为的可能性。例如，Boone 等（2007）、Coles 等（2008）、Linck 等（2008）的实证研究发现，公司的自由现金流等变量代表的监督收益与公司外部独立董事的比例正相关。另一类是直接计算由管理层的代理问题造成的效率损失，最常用的是由 Ang 等（2000）、Singh 和 Davidson（2003）分别提出的管理费用率和资产周转率。①管理费用率（＝管理费用/主营业务收入），即以公司发生的管理费用来计算代理成本。管理费用是公司管理层为组织和管理生产经营活动而发生的各项费用，包含公司经费、职工教育经费、业务招待费、税金、技术转让费、无形资产摊销、咨询费、诉讼费、开办费摊销、上缴上级管理费、劳动保险费、董事会会费以及其他管理费用。它是费用科目中外延最宽泛的项目。使用管理费用占主营业务收入的比重来衡量的代理成本包括管理层的在职消费、低效率行为等其他代理成本，因此，管理费用率又被称为"直接代理成本"，其数值越高，表明公司的代理成本越高。②资产周转率（＝主营业务收入/总资产均值），即以资产的无效使用（如投资不当、管理失职、偷懒或者在职消费等）造成的利润损失来替代管理层的代理成本。资产周转率越低，管理层对资产的使用效率越低，则公司的代理成本越高，聘用外部董事监督的收益越高。因此，本章提出假设1：

>   H1：在其他条件一定的情况下，公司代理成本越高，则外部董事比例越高。

2. 监督成本假设

监督成本是指董事会在监督管理层的过程中所产生的成本，不仅包含董事薪酬、津贴、董事会召开期间产生的各种费用等直接成本，也包含董事监督管理层时付出的时间成本、管理层向董事会传递信息时的信息成本以及监督行为造成的公司决策效率下降的机会成本等间接成本，还包括董事作为股东的代理人所产生的代理成本这种隐形成本（谢德仁，2004）。在董事会的实际运作过程中，监督管理层的隐形成本、间接成本远高于其直接成本。这使得董事会一直是成本很高的公司治理机制之一，优先级低于管理层持股计划等激励机制。

董事会的监督成本与监督管理层的难度有关，监督的难度越高，则监督成本越高。Demsetz 和 Lehn（1985）认为，公司经营环境的噪音大小直接影响了董事会的监督成本。Jensen（1993）认为，公司专有知识在董事会成员间传递存在昂贵的信息取得成本与信息加工成本，相对于充分掌握公司信息的内部董事而言，外部董事的存在将加大董事会决策的信息成本。因此，当公司经营环境越复杂，或者公司经营信息越专业时，则管理层与外部董事的信息不对称程度越大，董事会监督的难度越大。而 Gillan 等（2003）指出，在嘈杂的经营环境中的公司应该减小董事会监督的强度。Fama 和 Jensen（1983）观察公司股价的波动幅度后发现，股价波动幅度越大、公司的私有信息越多，则公司经营信息不对称程度越大，董事会的监督难度也越大。Jensen（1993）指出，当公司处于快速成长期时，面对风云变幻的市场环境与一无所知的前途，需要董事会快速做出专业的决策，决策所需的专业信息成本更高，施加高强度的监督带来的决策效率下降也更为显著，此时应该降低外部董事的比例与董事会的监督强度。因此，本章提出假设2：

>   H2：在其他条件一定的情况下，公司监督成本越高，则外部董事比例越低。

3. 其他治理机制的影响假设

外部治理因素中，最重要的外部治理机制是能够发挥基础性治理作用的法律监管（La Porta et al., 1997, 1998）。如果公司内部人利用信息优势与控制权掏空上市公司并损害了股东的利益，法律将是股东们的最终武器。当股东发现管理层利用控制权侵犯股东利益时，股东能否轻易地通过法律获得赔偿，同时给 CEO 施加法律制裁，这是管理层的机会主义行为可能将要面对的法律风险。一个区域的法治环境越好，则管理层面对的法律风险越高。夏立军和方轶强（2005）发现，在中国资本市场，区域的治理环境越好、体现的法律监管越强且政府干预越小时，当地上市公司的公司价值越大。罗党论和唐清泉（2007）、王鹏和周黎安（2006）、郑国坚（2011）、郑国坚等（2013）发现，法治环境、投资者保护程度都在一定程度上遏制了大股东对公司的掏空行为。辛清泉和谭伟强（2009）研究发现，中国各地区市场化改革的进程能够促进管理层薪酬契约的完善，降低代理成本。以上研究结果表明，法律监管作为所有公司共同的外部环境与约束机制，能够增加管理层机会主义行为的法律风险，且从总体上降低公司的代理成本。因此，本章提出假设 3a：

H3a：在其他条件一定的情况下，公司所在区域的法律监管效率越高，则公司外部董事比例越低。

Alchian（1950）指出，在公司内部治理机制之外，来自公司外部产品市场的竞争压力同样可以在约束与激励管理层方面产生积极的作用。来自产品市场的竞争是提高公司经济效率的最强大的动力，管理层迫于优胜劣汰的压力将自觉提高生产经营的效率，从而解决可能存在的信息不对称与代理成本问题。因此，从极端来看，充分的市场竞争可以完全解决委托代理问题，或者说当产品市场充分竞争时，交易成本为 0、代理成本不复存在——这个就是在委托代理理论产生之前新古典经济学假设中的理想市场状况。Aghion 等（1999）基于新制度经济学的理论模型指出，市场竞争对企业和管理层产生财务压力，从而对公司治理机制产生替代作用。Schmidt（1997）认为，产品市场竞争对管理层的压力有两种不同的结果：一方面，竞争产生的清算压力对管理层产生积极的作用；另一方面，竞争又会降低利润水平从而降低管理层积极工作的动力。因此，他认为，产品市场竞争与公司治理机制之间可能存在某种依存关系，最优的公司治理机制应该与产品市场竞争有机结合。来自多个国家的实证研究都发现产品市场竞争能够降低管理层代理成本（Jagannathan and Srinivasan，1999；Baggs and De Bettignies，2007；蒋荣、陈丽蓉，2007；姜付秀 等，2009）。另外一些研究发现了产品市场竞争与公司治理机制之间的替代效应。例如，Nickell（1997）发现，在英国，产品市场竞争与大股东控制之间存在相互替代的关系；Januszewski 等（2002）发现，在德国，产品市场竞争在一定程度上消除了股权集中的消极作用；张功富和宋献中（2007）发现，在竞争激烈的行业，公司治理对抑制企业过度投资的边际效应更高，产品市场竞争与公司治理机制呈现互补关系；牛建波和李维安（2007）发现，董事会治理、董事长和经营者两职兼任与产品市场竞争之间为替代关系。以上研究结果表明，产品市场竞争的压力可以约束管理层的机会主义行为，从而降低公司的代理成本。因此，本章提出假设3b：

> H3b：在其他条件一定的情况下，公司所在行业的产品市场竞争程度越高，则外部董事比例越低。

委托代理理论认为，现代企业的所有权和经营权分离带来的委托代理问题是由信息不对称与经济人行为造成的。经济人假设使得所有者与管理层的目标函数不同，股东追求股东价值最大化，而管理层追求个人收益最大化，简单的合同薪酬不足以激励管理层最大限度地为股东利益服务。Jensen 和 Meckling（1976）认为，导致委托代理问题的另一个重要原因就是管理层不能参与公司剩余收益的分配，从而缺乏尽力工作的必要激励。因此，股权激励是降低委托代理成本的有效机制。一方面，从管理层的角度看，股权激励将公司剩余索取权与经营权匹配，使管理层利益与股东利益趋于一致，管理层可以像打理自己的公司一样为股东服务；另一方面，从股东的角度看，制定薪酬合约是有成本的。如果管理层的努力水平与经营能力是可被观测的，则股东可以通过监督来避免管理层的自利行为，从而签订最优合约；但事实上，当观测成本与监督成本很高时，股东只能签订次优合约，用管理层的产出来衡量其努力与能力，作为酬劳的基础。因此，Holmström（1979）认为，在有效的资本市场中，股票价格能够较好地衡量管理层个人努力与经营水平，基于股价的薪酬计划可以较好地匹配管理层的付出，从而减少薪酬计划制定环节的代理成本。Ang 等（2000）发现，代理成本与管理层持股负相关。黄志忠和白云霞（2008）发现，民营企业的管理层适当持股有助于降低代理成本。以上研究结果表明，管理层持股可以协调管理层与股东的利益目标从而降低代理成本，减少对外部股东监督的需求。因此，本章提出假设3c：

H3c：在其他条件一定的情况下，管理层持股比例越高，则外部董事比例越低。

（二）研究设计

委托代理理论认为，董事会构建的过程是对外部董事监督行为的成本收益评估的过程，是代理成本最小化的过程。为了检验公司董事结构与代理成本、监督成本与其他治理机制之间的关系，本章以外部董事比例为衡量董事会结构的指标构建多元回归模型见式（6－1）。

$$R\_Outsider\_Director = \beta_0 + \beta_1 FCF + \beta_2 FEE + \beta_3 TURNOVER + \beta_4 MB +$$
$$\beta_5 STD + \beta_6 LEGAL + \beta_7 PMC1 + \beta_8 PMC2 +$$
$$\beta_9 CEOholding + Controls + Year + Industry + \varepsilon$$

$$(6-1)$$

其中，各变量定义见表6－1。

表6－1　委托代理理论模型的变量定义

变量名称	变量符号	变量定义
董事会结构特征变量		
外部董事比例	*R_Outsider_Director*	董事会成员中外部董事所占的比例，即控股董事比例、制衡董事比例、独立董事比例之和
监督收益假设（H1）：代理成本		
自由现金流	*FCF*	总资产调整后的公司账面现金及现金等价物，包括公司库存现金、银行结算户存款、外埠存款、银行汇票存款、银行本票存款、信用卡存款、信用保证金存款等的合计数

续表 6 - 1

变量名称	变量符号	变量定义
管理费用率	*FEE*	等于管理费用/主营业务收入。管理费用为企业为组织和管理企业生产经营所发生的费用；主营业务收入是企业经营过程中确认的主营业务的收入
资产周转率	*TURNOVER*	等于主营业务收入/总资产均值。主营业务收入是企业经营过程中确认的主营业务的收入
监督成本假设（H2）		
成长机会	*MB*	等于公司资产的市场价值/账面价值。市场价值＝股权市值＋净债务市值。其中，非流通股权市值用净资产代替计算
信息不对称	*STD*	上市公司当年股票月收益的标准差
其他治理机制的影响假设（H3）		
法律监管	*LEGAL*	樊纲和王小鲁编制的历年中国市场化指数中的市场中介发育与法律制度环境得分
产品市场竞争	*PMC1*	所在行业公司数
	PMC2	赫芬达尔－赫尔希曼指数（Herfindahl-Hirschman Index，HHI）是反映市场集中度的综合指数。当行业可容纳的企业数目一定时，HHI 越小，产业内相同规模的公司越多，产品市场竞争越激烈；反之亦然
管理层持股	*CEOholding*	管理层持股比例
控制变量		
公司规模	*SIZE*	公司总资产的自然对数
公司年龄	*AGE*	公司自成立后年限的自然对数
债务风险	*LEV*	公司总负债与总资产的比值

（三）实证检验

1. 描述性分析

委托代理理论模型中主要变量的描述性统计结果见表6－2。为检验公司董事会结构与代理成本、监督成本与其他治理机制之间的关系，本章以外部董事比例为衡量董事会结构的指标。表6－2的数据显示，外部董事比例均值为29.9%，包含了除独立董事之外的所有有监督立场的董事，这有助于更准确地衡量代理成本特征不同的公司对董事会监督职能的差异性需求。自由现金流（FCF）是总资产调整后的现金持有水平，均值为0.8%。表6－2的数据还显示，1999—2020年管理层持股水平相较于其他资本市场更低，其均值只有公司发行在外股份的3.5%。

表6－2 委托代理理论模型主要变量的描述性统计

变量名称	变量	样本	均值	中位数	标准差	5%分位值	95%分位值
外部董事比例	R_Outsider_Director	35,925	0.299	0.286	0.163	0.071	0.571
自由现金流	FCF	35,925	0.008	0.018	0.099	-0.182	0.151
管理费用率	FEE	35,925	0.090	0.072	0.073	0.019	0.222
资产周转率	TURNOVER	35,925	0.667	0.556	0.465	0.164	1.602
成长机会	MB	35,925	1.881	1.518	1.100	0.983	4.078
信息不对称	STD	35,925	0.126	0.113	0.057	0.059	0.239
法律监管	LEGAL	35,925	7.532	9.000	2.581	2.000	10.000
产品市场竞争	PMC1	35,925	113.001	87.000	87.082	17.000	281.000
	PMC2	35,925	0.093	0.065	0.087	0.019	0.296
管理层持股	CEOholding	35,925	0.035	0.000	0.093	0.000	0.269
公司规模	SIZE	35,925	21.992	21.805	1.271	20.251	24.437
债务风险	LEV	35,925	0.442	0.443	0.196	0.123	0.765
公司年龄	AGE	35,925	2.724	2.833	0.465	1.792	3.332

2. 回归分析

表6－3的（1）列数据展示了委托代理理论视角下外部董事比例影响因素的回归结果。结果显示，总体来说，委托代理理论对外部董事比例的三个假设没有得到充分的支持。

第一，委托代理理论的监督收益假设认为，公司自由现金流（FCF）越大、管理费用率（FEE）越高、资产周转率（TURNOVER）越低，则代理成本越高。如果公司组建董事会目的是使代理成本最小化，应该提高外部董事比例。即外部董事比例与公司自由现金流（FCF）、管理费用率

（FEE）正相关，与资产周转率（TURNOVER）负相关。表6-3的（2）列数据显示，外部董事比例与自由现金流（FCF）之间存在显著的正相关关系，但是与管理费用率（FEE）之间存在显著的负相关关系，且与资产周转率（TURNOVER）显著正相关。这一结果表明，实证结果部分支持了监督收益假设对外部董事比例的预测。

第二，委托代理理论的监督成本假设认为，公司的成长机会（MB）越大、信息不对称（STD）越大，则外部董事监督成本越高。如果公司组建董事会目的是使代理成本最小化，则应该降低外部董事的比例。即外部董事比例预期与公司成长机会（MB）、信息不对称（STD）负相关。表6-3的（3）列数据也部分支持了这一预期。公司成长机会与外部董事比例的正相关关系可能更多地由资源依赖理论来解释。公司的成长性越高，对资源的需求也越强烈，需要相应增加外部董事比例以保证资源供应的最大化。

第三，委托代理理论的其他治理机制的影响假设认为，公司所在区域的法律监管越强（LEGAL）、产品市场竞争越多（PMC1越大、PMC2越小），则外部董事监督需求越低，外部董事比例也越低；公司管理层持股越高（CEOholding），则外部董事监督需求越低，外部董事比例也越低。即外部董事比例预期与公司所在区域的法律监管（LEGAL）、产品市场竞争（PMC1）、管理层持股（CEOholding）负相关，与产品市场垄断程度（PMC2）正相关。表6-3的（4）列数据显示，该实证结果较好地支持了其他治理机制对外部董事比例的预测。

综合上述分析，委托代理理论假设在一定程度上解释了中国上市公司外部董事结构变化的情况。当上市公司监督收益越高、监督成本越低以及替代性公司治理机制越弱时，公司外部董事比例就越高。但是，这一结论仅基于部分变量的支持。这说明目前中国上市公司董事会在监督效率方面弱于其他治理机制，也在一定程度上说明了目前中国上市公司董事会监督职能还比较薄弱，中国上市公司董事会还不是一个有效的监督治理机制。

表6-3　外部董事比例的影响因素——委托代理理论视角的解释

被解释变量		Pred. Sign	(1)	(2)	(3)	(4)	(5)
			R_Outsider_Director				
公司规模	SIZE	+	0.009***	0.009***	0.009***	0.005***	0.002***
			(11.406)	(9.912)	(9.958)	(5.655)	(2.619)
债务风险	LEV	−	0.033***	0.028***	0.034***	0.018***	0.022***
			(6.453)	(5.548)	(6.539)	(3.584)	(4.389)
公司年龄	AGE	−	0.007***	0.008***	0.007***	−0.000	0.007***
			(2.683)	(2.829)	(2.589)	(−0.104)	(2.606)
自由现金流	FCF（H1）	+		0.022***	0.020**	0.022***	0.022***
				(2.702)	(2.433)	(2.745)	(2.768)
管理费用率	FEE（H1）	+		−0.042***	−0.047***	−0.062***	−0.072***
				(−3.077)	(−3.349)	(−4.528)	(−5.288)
资产周转率	TURNOVER（H1）	−		0.015***	0.014***	0.013***	0.014***
				(6.776)	(6.262)	(5.830)	(6.299)
成长机会	MB（H2）	−			0.005***	0.003***	0.002***
					(4.921)	(3.459)	(2.429)
信息不对称	STD（H2）	−			−0.097***	−0.064***	−0.065***
					(−5.313)	(−3.526)	(−3.645)
法律监管	LEGAL（H3a）	−				−0.001***	0.001
						(−3.398)	(1.588)
产品市场竞争	PMC1（H3b）	−				−0.000***	−0.000***
						(−5.035)	(−4.329)
	PMC2（H3b）	+				0.015	0.011
						(0.834)	(0.657)
管理层持股	CEOholding（H3c）	−				−0.292***	−0.281***
						(−31.542)	(−30.519)
	Constant	?	0.056***	0.072***	0.066***	0.209***	0.229***
			(2.988)	(3.657)	(3.099)	(9.627)	(10.140)
省份固定效应			NO	NO	NO	NO	YES
行业固定效应			YES	YES	YES	YES	YES

续表 6 – 3

被解释变量	Pred. Sign	(1)	(2)	(3)	(4)	(5)
		R_Outsider_Director				
年份固定效应		YES	YES	YES	YES	YES
Observations		35,924	35,924	35,924	35,924	35,924
r^2_a		0.123	0.125	0.126	0.151	0.174

注：括号内为 t 值，$***$ 表示 $p < 0.01$，$**$ 表示 $p < 0.05$，$*$ 表示 $p < 0.1$。

（四）效率成因分析：研究结论

在本书第五章关于董事会结构特征现状的描述性分析的基础上，本部分从董事会结构的效率成因出发，基于委托代理理论，参考已有的实证研究方法，对中国上市公司的董事会结构进行实证检验。

委托代理理论强调董事会的监督职能，认为董事会的结构特征来自内部特征不同的公司对监督收益与监督成本的平衡。董事会构建的过程是对外部董事监督行为的成本收益评估的过程，是代理成本最小化的过程。具体而言，委托代理理论假设外部董事比例与监督成本负相关、与监督收益正相关，并且与其他治理机制的效率负相关。

本部分基于中国上市公司 1999—2020 年董事会结构的大样本数据，研究了在委托代理理论视角下，董事会结构的特征及其影响因素。回归结果显示，委托代理理论能够部分解释中国上市公司的董事会结构特征。而其他替代性公司治理机制的效率显著降低了外部董事比例，如管理层持股、法律监管、产品市场竞争等。同时，监督收益与监督成本对董事会规模的假设只有部分得到支持。总之，实证结果仅部分支持委托代理理论对中国上市公司董事会结构特征的假设，说明目前中国上市公司董事会在监督效率方面弱于其他治理机制。这在一定程度上说明了目前中国上市公司董事会监督职能还比较薄弱，公司组建董事会并不是完全出于对董事会监督职能的需求。

二、权力成因视角下的实证分析

基于本章前文对代理理论适用性的探究，接下来，本部分从董事会结构的权力成因出发，对资源依赖理论指导下的董事会多元结构——分类董事比例展开实证研究。

（一）实证研究假设

委托代理理论对董事会结构的解释力没有达到预期，存在的最大问题可能是将董事会结构简化为外部董事与内部董事，无视各位董事具体代表的社会资源特征（大股东、小股东、银行、政治家、学者、管理层等）与人力资源特征，而这些资源特征可能是使其进入公司董事会的根本解释因素。相对于委托代理理论，资源依赖理论将视野扩展到组织外部，关注的是组织与环境之间的相互依赖关系。由于公司自身无法提供生存所需要的所有资源，也不可能实现对关键资源的完全控制，为了与外部环境中的重要组织取得联系并保证资源的稳定供应，公司通过董事会来处理外部环境的依赖问题与不确定性问题。

哪些经济指标可以反映公司与外部环境之间的关系、所依赖的资源与强度，进而可以作为董事会结构形成动因的替代变量？根据已有理论与实证文献，本章将资源依赖视角下董事会的影响因素分为公司特征、环境特征、资源特征三类。

1. 公司特征假设

公司规模是一个综合性的董事会决定因素。规模大的公司具有较高的复杂性，需要处理的问题、制定的决策与实际管理控制的内容也相对增多，生存的难度加大，其生存所需的资源也更多，与外界的合约关系就越多且越复杂（Booth and Deli，1996），因此，需要借助更多的外部董事与外界加强联系。Coles 等（2008）以国防工业企业为例，波音公司的董事会中有美国参谋长联席会议（the Joint Chief of Staff）的前主席 John Shalikashvili 与前助理国务卿 Rozanne Ridgway，这两位政府大员进入董事会显然不是为了加强监督，而是助力波音公司取得政府订单。因此，本章提出假设4a：

> H4a：在其他条件一定的情况下，公司规模越大，关键资源提供方的代表董事比例越高。

公司的负债率代表了公司的债务风险，表示公司的总资产中有多大的比例是通过负债筹集的，衡量了公司利用债权人资金（而非股东资金）进行经营活动的程度。负债率越高，公司生存对管理层经营能力的依赖性越高，对具有金融资源非股东的依赖性越高、对股东的依赖性越低。Booth和 Deli（1999）发现，金融家董事能够帮助公司取得银行贷款。Güner 等（2008）发现，银行家董事可以显著提高公司的融资能力。因此，公司负债率也会影响到董事会的构成。因此，本章提出假设 4b：

> H4b：在其他条件一定的情况下，公司债务风险越高，则股东的代表董事比例越低、高管董事比例越高。

公司年龄是综合指标，代表了公司的生存能力。一方面，公司年龄越长，高效的内部生产能力与专业的公司内部分工对管理层经营水平的依赖越高；另一方面，其表现为对外部环境的适应能力。公司年龄越长，对外界资源的依赖性越低，对外部董事的需求也会越低。因此，本章提出假设 4c：

> H4c：在其他条件一定的情况下，公司年龄越长，则股东的代表董事比例越低、高管董事比例越高。

2. 环境特征假设

公司生存的主要压力来自产品市场的竞争，而进入壁垒决定了市场竞争的程度。Bain（1956）将进入壁垒定义为一个产业中原有企业相对于潜在进入企业的优势，这些优势体现在，原有企业可以持续使价格高于竞争水平之上而不会吸引新的企业进入该产业。Salop（1979）将进入壁垒分为无意的（innocent）进入壁垒与策略性的（strategic）进入壁垒两类。无意的进入壁垒，是指该产业内企业利润最大化行为所产生的不可避免的附带效应，如精湛的产品设计与低廉的生产成本。策略性的进入壁垒，是指产业内企业故意为新入者制造的障碍。Stigler（1968）、Demsetz（1982）则认为，真正的进入壁垒是政府管制壁垒，管制壁垒是政府为了克服市场失灵或者维护国家利益而对某些行业准入进行严格的控制。因为所有市场性壁垒都可以通过市场竞争打破，而管制壁垒是无法回避的。在我国，民营企业大多在高度竞争性的行业中生存、发展与壮大，但一直无法进入采掘业，石油，电力、煤气及水的生产和供应业，以及交通运输、金融等管制行业（夏立军、陈信元，2007；杜兴强 等，2011）。由于管制壁垒的保护，垄断性行业的暴利已经成为备受关注的话题。杨文进（2007）发现，在2006年1—7月，在国有重点企业中，利润位列前三位的企业的所在行业分别是电力、石油石化、电信行业，中石油是同期亚洲最赚钱的公司。这与普通日用消费品市场微薄的经营利润形成鲜明的对比。罗党论和刘晓龙（2009）发现，公司董事会中拥有政治关联的董事比例与民营企业打破管制壁垒进入垄断行业正相关。这支持了公司通过董事获取外部政府资源的推论。因此，本章提出假设5：

　　H5：在其他条件一定的情况下，公司所在地区的市场发育程度越好，则控股董事比例、制衡董事比例越低，而高管董事比例越高。

3. 资源特征假设

董事会是公司的权力中心，董事会席位分配的核心是公司权力的分配。委托代理理论侧重于公司监督权的分配，资源依赖理论关注的是更高意义上的权力，包括各类资源要素的产权以及公司所有权、控制权、剩余产品分配权的全部权力在内的分配。资源依赖理论所言的企业是一个开放系统，为了生存，企业必须与各类资源提供方进行交换并保持紧密联系。尽管这是一个社会学的分析结论，但其与现代企业理论对企业本质的认识不谋而合。Alchian 和 Woodward（1988）认为，企业的本质在于它是一组长期契约的集合以及在契约指导下的团队生产，企业的团队本质体现为人力资本与非人力资本[①]的相互依赖性。这是因为，企业中资源的价值依赖于其他资源的存在，依赖于各类资源之间的持久合作，任意一方的随意退出或者机会主义行为都可能造成其他资源的损失（杨瑞龙、周业安，1997）。因此，团队成员只有缔结长期契约，才能确保一个可以预期的收益。企业的团队本质与长期契约性质要求团队成员应该参与企业的所有权分配，而现实中所有权的分配取决于人力资本所有者与非人力资本所有者之间的谈判（Alchian and Woodward，1988；杨瑞龙、周业安，1997）。

　　企业的所有权首先表现为企业剩余索取权。企业剩余的存在是企业作

---

　　① 本书沿袭杨瑞龙和周业安（1997）、周其仁（1996）的研究方法，将外部资源提供方投入公司中的资源（或称要素）简化为人力资本和非人力资本两大类，允许某一类资源提供方同时拥有两种资本。因此，企业的资源提供方也简化为提供劳动、管理、经营、咨询等服务的人力资本所有者和提供土地、资金、关系、政府资源等的非人力资本所有者。

为一个不完备的长期契约的基本特征，谁拥有企业剩余索取权，谁就能影响企业的参与者们事后讨价还价的既得利益状态（Grossman and Hart，1986）。然而，有权获得剩余并不意味着实际能够获得剩余，剩余索取权的实现有赖于相应的控制权的支持。控制权通常包括监督权、投票权，控制权可以是明确指定的，也可以是实际拥有的，但一定与企业决策相关（杨瑞龙、周业安，1997）。企业的剩余索取权与控制权是构成企业所有权的两个维度，缺一不可。从效率的角度出发，通常要求二者对称分布。然而现实中，企业所有权的分配状态体现出一种状态依存的特征。在不同的企业经营状态下，其对应着不同的权力分配结构（Aghion and Bolton，1992）。杨瑞龙和周业安（1997）在张维迎（1996）提出的非正常状态下的企业所有权模型的基础上，对正常状态下的企业所有权的状态依存特征进行了分析。状态依存的企业所有权分配结构不仅体现了企业契约各方参与企业权力分配的相机性与合作性，也表现出一种为适应外界环境变化的动态性特征。

以上的现代企业理论的判断与资源依赖理论的解释是相通的，意味着在不同的经营环境以及企业不同的经营状态下，企业各类资源的重要性是不同的，资源提供方凭借自身的人力资本与非人力资本展开博弈。在企业的初创阶段，由于非人力资本的信号显示机制以及完全的可抵押性，非人力资本所有者占有明显的谈判优势；谈判的结果使得人力资本所有者暂时放弃对企业所有权的要求，成为一个固定收入者。这就是古典资本主义企业的基本内容，也是"资本雇佣劳动"的直接体现。随着企业的成长，企业参与各方的相对谈判力量发生了变化，其从本质上看是企业生存所需要资源的重要性发生了变化。人力资本所有者通过长时间的生产与经营，积累了与公司相关的专用性知识（资产），提升了人力资本所有者的谈判力，迫使理性的股东（非人力资本所有者）认可人力资本对企业剩余的贡献，并分享一部分企业所有权。随着现代经济的发展，市场范围的扩张、交易形式的复杂化、企业组织的成长，使得企业家才能与管理才能日益重要，而单纯的非人力资本日益显出他们"消极货币"的本性（周其仁，1996）。Stigler 和 Friedland（1983）认为，现代的股份公司并不是 Berle 和 Means（1932）所谓的"所有权与经营权相分离"，而是股份公司的股东拥有对自身财务资本的完全产权与控制权，通过股票的买卖行为行使自己的产权；管理者们拥有对自身管理知识与经营才能的完全产权与支配权，在高级劳务市场上买卖自己的知识与能力，最终股份公司体现为股东的财务资本与管理者的人力资本之间的复杂合约。基于以上的理论分析，可知在现代股份公司中引起企业所有权结构发生巨大变化的原因在于，人力资本在现代经济运行中地位的急剧上升，以及纯粹的财务资本（非人力资本）的相对重要性的下降（周其仁，1996）。因此，无论是古典企业还是现代股份制公司，无论是发达资本市场的上市公司还是新兴资本市场的上市公司，资源依赖理论所言的企业的开放系统本质或者现代企业理论所言的契约本质都是一致的，区别只是不同阶段或者不同状态下，企业赖以生存的不同资本的相对价值的变化。

因此，本章基于资源依赖理论，以企业参与各方提供的资源的重要性以及不可替代性来衡量参与董事会席位分配（本质是公司所有权的分配）的权力。资源依赖理论认为，所有者的权力来自其投入公司的物质资本（现金、投资、信用、声誉等有形与无形资产）的所有权与使用权，管理层与工人权力的基础是人力资本（个人素质、技能、教育、经验等）。此外，那些占据"边界扳手"角色的董事们的权力还来自社会资本。社会资本是指"促进双方的协调与合作的各种组织属性，如网络、规范、信任等"（Putnam，1993），而社会资本藏匿于董事的社会关系网络中，有利于公司获得外部的资源与信息。本章着重考察非独立董事席位的分配，主要研究和分析了人力资本所有者（以 CEO 为首的管理层）和非人力资本所有者（股东）的资源与董事会结构之间的关系。

第一，股东权力、股东资源与控股董事比例。

（1）资金资源。股东是通过向公司出资或者其他合法途径出资并获得公司股权的人。股东能够给公司提供的最基本的资源就是公司运作资本，这也是公司作为一种组织跟外界交换资源换取生存的起点，因此，股东是公司赖以生存的最重要的外部组织。资源依赖理论认为，权力来自对资源的依赖以及这种依赖的不可替代性。当单一股东持有公司全部股份时，公司对股东资源的依赖完全不可替代，股东对公司拥有完全的控制权；伴随着股权的细化与分散，股东可以轻易在资本市场上买入或者卖出公司股份，公司对拥有少量股份的分散股东的依赖程度下降，分散股东也失去了对公司的权力。这是资源依赖理论对现代企业所有权和经营权分离的解释。公司对股东资源的依赖与股东持有的股权比例是相关的，公司股权越集中，股东的持股比例越高，则公司对股东资本的依赖性越强，来自股东的董事比例越高。因此，本章提出假设 6a：

H6a：在其他条件一定的情况下，公司股权越集中，则来自大股东的董事比例越高。

（2）政府资源。中国从计划经济向市场经济转型，是基于财政分权改革背景下展开的。因此，考虑到各级政府机构的财政压力等诸多因素，中国尚在完善中的市场经济一直伴随着政府的积极参与。Cull and Xu（2005）指出，中国转轨经济背景下政府对市场经济的干预并没有得到显著改善。为了防止政府部门的干预，寻求政治资源与政府部门的支持仍旧是中国企业生存和发展的重要任务之一。公司的政治资源（corporate political resource），是指公司在政治活动的过程中拥有的能用来影响政府决策或者获得政府承诺、实现公司政治目的的各种资源要素的集合（Brenner，1980；Zardkoohi，1985）。已有研究结果支持了政治资源有助于企业获得政府采购合同、政策与法律方面的扶持、政府信用担保、资金支持、土地供应、兼并与扩张的支持，能够缓解企业融资约束（余明桂、潘红波，2008），获得地方政府税收优惠（吴文峰等，2009），打破产业进入壁垒（罗党论、刘晓龙，2009）。在这种背景下，国有企业对政府资源的需求更为强烈。因此，本章提出假设 6b：

H6b：在其他条件一定的情况下，国有企业的控股董事比例更高。

第二，非控制性大股东权力、资源特征与制衡董事比例。

（1）资金资源。如上文所言，中国上市公司的股东能够为公司带来生存所需的资金与政府资源。除控制性大股东外，当小股东持股比例很大时，也能对公司的生存产生影响。因此，本章提出假设 7a：

H7a：在其他条件一定的情况下，小股东股权越集中，则制衡董事比例越高。

（2）战略资源。当公司的股东中有战略投资者的时候，他们能极大地提高对公司的战略资源供给。战略投资者在概念上讲是指符合国家法律法规要求的，与股票发行人具有合作关系、合作意向并愿意按照发行人配售要求与发行人签署战略投资协议的法人，也即与发行人业务联系紧密并且欲长期持有发行人股票的法人。从定义来看，战略投资者有以下三个特征：一是与公司业务紧密联系，二是致力于长期合作，三是不一定要控股。具体而言，就是具有资金、技术、管理、市场、人才等优势，能够促进公司产业结构升级，增强企业核心竞争力与创新能力，致力于长期投资合作，谋求长期利益回报与企业可持续发展的境内外大企业、大集团，如惠而浦战略投资合肥三洋（股票代码：600983）。战略投资者为公司的可持续发展提供了重要资源，本章用境外投资者身份来衡量战略投资者。因此，本章提出假设7b：

　　　　H7b：在其他条件一定的情况下，当公司第二大股东是境外战略投资者时，制衡董事比例更高。

　　第三，CEO权力、人力资源与高管董事比例。

　　（1）经营能力。管理层的经营能力是公司最基本的人力资源需求，公司理论对此进行了持续的讨论。马歇尔认为，企业家是公司的风险承担者，必须具备预测生产和消费趋势的能力、选人和用人的能力、计划和控制的能力。熊彼特认为，企业家必须是创新者，需要推出新产品，运用新的技术、新的生产方法，开辟新的市场，挖掘原材料供应的新来源，组织企业新的架构来适应环境的变化、战胜环境约束，最终取得竞争优势。Kirzner认为，企业家本质上是套利者，其保持发现市场机会的敏锐洞察能力，使得市场恢复均衡。Coase认为，企业家通过有效的组织生产，替代市场，降低企业的交易成本。Knight认为，企业家必须具备风险承受能力、观察他人能力的能力、使他人信任自己有能力的能力，以及处理不确定性时间的能力。这些能力都是企业所依赖并追求的。企业家的这些能力越强，对公司越重要，越能进入董事会参与公司的控制与决策。这些能力都是不能直接观察的，只能通过管理层过去的经营成果来间接衡量。因此，本章提出假设8a：

　　　　H8a：在其他条件一定的情况下，管理层的经营业绩越好，则高管董事比例越高。

（2）学习能力。学习不是"仅在学校里从事的活动"，学习发生于任何时候。一个普遍接受的定义为：由于获得经验而发生相对持久的行为改变，行为的变化体现了学习的发生。Simon（1981）指出，学习是某一主体的变化，这种变化有助于提高该主体适应环境的能力。管理层在经营企业的过程中，需要在专业性领域（技术领域）与功能性领域（管理领域）同时进行学习，也即"干中学"（learning by doing）（Arrow，1962）。在长期的经营管理实践中，他们通过不断向同事学习、向别的企业家学习以及在自我经验的领悟中形成自身的学习能力，不仅能够诠释以往的企业经营哲学，而且能够发现适合未来环境的新的经营哲学并指明企业的发展方向。因此，管理层的学习能力是公司生存所依赖的重要资源。如何衡量学习能力呢？Miller等（1998）认为，教育程度是人们向市场传递不可观察的人力资源生产率的一种方式。Spence（1974）证明了教育程度可以传达人力资本的存量信号，其有助于甄别具有不同学习能力的人才。Wiersema和Bantel（1992）发现，个人受教育水平反映了自身认知的能力与技巧。Bantel和Jackson（1989）指出，受教育水平可以反映出企业家的个性特征、认知方式和价值观念。他们对美国制造业的管理层团队进行实证研究后发现，管理层团队的学历越高，企业战略执行力以及在变革中求生存的能力越强。Tihanyi等（2000）的实证研究结果显示，管理层受教育水平的均值越大，则团队获得的有效信息越多，越有可能制定有利于企业发展的战略。因此，本章提出假设8b：

> H8b：在其他条件一定的情况下，CEO的学历越高，则高管董事比例越高。

（3）执行能力。随着中国改革开放进程的深入、市场化机制的逐步完善，中国上市公司面临的发展机会与竞争压力都越来越大。如何在激烈的市场竞争中获得并维持竞争优势是企业界与理论界共同关注的重要课题（徐万里 等，2008）。在管理水平日趋同质化的今天，战略执行能力是企业取得并维持竞争优势的关键所在。没有有效的执行能力，战略目标只是可望而不可即的空中楼阁。企业战略执行能力比战略本身更为重要

（Clarke and Varma，1999；张瑞君 等，2007），战略执行而不是战略本身日益成为投资者评价公司价值所考虑的最重要的非财务因素（薛云奎 等，2005）。Miche 和 Hambrick（1992）认为，对企业战略机会的把握能力会随着管理层团队任期的增加而得以提升。随着管理层任期的加长，其在公司通过"干中学"中积累的公司专有知识也随之增加。而其人力资源伴随任期的积累有利于降低公司经营风险、增加公司价值。另外，从信息不对称的角度看，管理层任期传递了公司内部对企业发展预期的信号，管理层任期长久，不仅代表了管理层团队的人力资源价值获得了公司的认可，也反映了管理层对公司未来充满信心以及对发展前景的良好预期。Hambrick 等（1996）实证研究发现，管理层任期长久对团队有效执行企业战略有积极作用。Eisenhardt 和 Schoonhoven（1990）的实证结果表明，管理层团队的任期与企业绩效具有正相关关系。因此，本章提出假设8c：

> H8c：在其他条件一定的情况下，CEO 的任职年限越长，则高管董事比例越高。

（4）承担风险能力。Knight 认为，企业家必须具备风险承受能力、观察他人能力的能力、使他人信任自己有能力的能力，以及处理不确定性时间的能力。Bantel 和 Jackson（1989）指出，决策者的不同年龄往往成为影响个体风险偏好的一个重要因素。在企业战略的制定中，年龄较大的管理者尽管具有专注优势与经验优势，但当其面临不确定的外部经营环境时，往往依赖已有经验与过去的信息进行决策，其"求稳怕乱"的消极心理反而成为制约公司发展的瓶颈，从而降低了管理层人力资源的价值。面对我国新兴市场日新月异的发展变化，相对于发达成熟市场上的企业而言，我国上市公司面临更加复杂多变的外部环境与激烈的市场竞争，年轻的管理层团队承受风险的能力与把握战略机会的能力对公司的生存与发展更为重要。因此，本章提出假设8d：

> H8d：在其他条件一定的情况下，CEO 的年龄越小，则高管董事比例越高。

（二）研究设计

资源依赖理论认为，董事会的构建过程是公司对外部资源吸收最大化的过程。董事会结构是公司所依赖资源结构的微观体现。为了检验公司董事会结构与公司特征、环境特征以及资源特征之间的相关关系，本章以高管董事比例、控股董事比例与制衡董事比例作为衡量董事会结构的指标构建多元回归模型见式（6－2）。

$$Boardstructure = \theta_0 + \theta_1 SIZE + \theta_2 LEV + \theta_3 AGE + \theta_4 MARKET +$$
$$\theta_5 Concentration1 + \theta_6 STATE1 + \theta_7 Concentration2 +$$
$$\theta_8 FOREIGN2 + \theta_9 ROAadj + \theta_{10} CEOeducation +$$
$$\theta_{11} CEOtenure + \theta_{12} CEOage + Year + Industry + \varepsilon$$

$$(6-2)$$

其中，各变量定义见表6－4。

表6－4 资源依赖理论模型的变量定义

变量名称	变量符号	变量定义
董事会结构特征		
控股董事比例	$R\_Assigned\_Executive\_Director$	董事会成员中控股董事所占的比例
制衡董事比例	$R\_Non\_ControlHolder\_Director$	董事会成员中制衡董事所占的比例
高管董事比例	$R\_Executive\_Director$	董事会成员中高管董事所占的比例
独立董事比例	$R\_Independent\_Director$	董事会成员中独立董事所占的比例
公司特征（H4）		
公司规模	$SIZE$	公司期初总资产的自然对数
公司年龄	AGE	公司自成立后年限的自然对数
债务风险	LEV	公司总负债与总资产的比值
环境特征（H5）		
市场发育程度	$MARKET$	樊纲和王小鲁编制的历年中国市场化指数中的市场化指数得分的十分位数
资源特征		
大股东资源（H6）		
股权集中度	$Concentration1$	公司前十大股东持股比例的平方和，即赫芬达尔指数（Herfindahl Index）HER10

续表 6 - 4

变量名称	变量符号	变量定义
政府控制	STATE1	是虚拟变量。当上市公司的最终控制人为国家时，赋值为 1；否则赋值为 0
非控制性大股东资源（H7）		
小股东股权集中度	Concentration2	公司第二大股东到第十大股东持股比例的平方和，即赫芬达尔指数 HER2～10
外资股东	FOREIGN2	合格境外机构投资者持股比例
管理层资源（H8）		
经营能力	ROAadj	行业调整后的总资产报酬率
学习能力	CEOeducation	是虚拟变量。当 CEO 拥有大学及以上文凭时，赋值为 1；否则赋值为 0
执行能力	CEOtenure	CEO 在上市公司中担任 CEO 的年限
承担风险能力	CEOage	CEO 的年龄

（三）实证检验

1. 描述性分析

基于本书使用的基础样本，在本节的回归分析中，进一步剔除了 CEO 个人特征缺失的样本，最终样本为 26,797 个。为了检验公司董事结构与公司特征、环境特征与资源特征之间的关系，这里以高管董事比例、控股董事比例与制衡董事比例作为衡量董事会结构的指标，资源依赖理论模型主要变量的描述性统计结果见表 6 - 5。其中平均有 36.0% 是依法设立的独立董事，20.2% 是公司大股东派驻的控股董事，8.1% 是公司制衡性大股东派驻的制衡董事，35.4% 由公司管理层兼任。平均有 44.5% 的上市公司是国有企业，还有 0.1% 的公司的第二大股东是境外投资者。平均有 84.6% 的公司 CEO 拥有大学本科及以上学历。其任 CEO 职位平均为 3.736 年，平均年龄为 48.875 岁。

表6-5　资源依赖理论模型主要变量的描述性统计

变量名称	变量	样本	均值	中位数	标准差	5%分位值	95%分位值
控股董事比例	R_Assigned_Executive_Director	26,797	0.202	0.167	0.146	0.000	0.467
制衡董事比例	R_Non_Control-Holder_Director	26,797	0.081	0.000	0.104	0.000	0.286
高管董事比例	R _ Executive _ Director	26,797	0.354	0.333	0.153	0.111	0.600
独立董事比例	R_Independent_Director	26,797	0.360	0.333	0.098	0.222	0.500
公司规模	SIZE	26,797	21.963	21.774	1.233	20.306	24.326
公司年龄	AGE	26,797	2.727	2.773	0.442	1.792	3.332
债务风险	LEV	26,797	0.430	0.430	0.194	0.116	0.753
市场发育程度	MARKET	26,797	7.702	9.000	2.497	2.000	10.000
股权集中度	Concentration1	26,797	0.175	0.144	0.122	0.034	0.425
政府控制	STATE1	26,797	0.445	0.000	0.497	0.000	1.000
小股东股权集中度	Concentration2	26,797	0.020	0.011	0.024	0.000	0.071
外资股东	FOREIGN2	26,797	0.001	0.000	0.006	0.000	0.009
经营能力	ROAadj	26,797	0.003	0.003	0.055	-0.075	0.087
学习能力	CEOeducation	26,797	0.846	1.000	0.361	0.000	1.000
执行能力	CEOtenure	26,797	3.736	3.000	3.360	0.000	11.000
承担风险能力	CEOage	26,797	48.875	49.000	6.619	38.000	59.000

资源依赖理论关注组织与环境的关系，因此，本章参照陈斌等（2008）的方法，根据行业竞争壁垒将行业大体分为垄断行业、垄断竞争行业（资本密集）、完全竞争行业三类。资源依赖模型主要变量分行业的描述性统计结果见表6-6。表6-6的数据显示，我国A股主板公司中有3,380家（占比为12.6%）公司处于垄断行业，有14,164家（占比为52.9%）公司处于垄断竞争行业，有9,253家（占比为34.5%）公司处于完全竞争行业。

为了更好地观察不同环境中公司特征、资源特征与董事会结构特征的差异，表6-6根据行业类型将公司划分为三组分别进行描述性统计。统计结果显示，相对于其他行业，垄断行业的公司规模最大、股权最集中、国有控股的公司比例最高，垄断行业的控股董事比例最高、独立董事比例最低。与此伴随的其他特征相对于其他行业，垄断行业的公司 CEO 学历最高且平均年龄最高。

2. 回归分析

（1）控股董事比例影响因素的回归分析。资源依赖理论视角下控股董事比例的影响因素的回归结果见表6-7。资源依赖理论对控股董事比例的三个假设大多数得到了实证结果的支持。

第一，资源依赖理论的公司特征假设认为，公司规模（SIZE）越小、公司年龄（AGE）越长、债务风险（LEV）越高，则公司对外部环境的依赖越小、控股董事比例越低。表6-7的数据显示，资源依赖理论的公司特征假设部分得到支持：在控制了其他因素影响的条件下，控股董事比例与公司规模、公司年龄、债务风险均为正相关关系。

第二，资源依赖理论的环境特征假设认为，公司所在地域的市场发育程度（MARKET）越好，则公司对外部资源的依赖性越低，其控股董事的比例也越低。表6-7的数据显示，环境特征假设都得到了实证支持：在控制了其他因素的影响下，控股董事比例与公司所在地域的市场发育程度显著负相关。这从环境的角度体现了董事会的资源供给职能。

第三，资源依赖理论的资源特征假设认为，控股董事比例与大股东能为公司提供的资源重要性、集中度成正比。表6-7的数据显示，资源依赖理论关于控股董事比例与股东资源特征的假设全部得到了实证支持：一方面，控股董事比例与公司股权集中度（Concentration1）显著正相关；另一方面，当公司实际控制人为国家（STATE1）时，控股董事的比例显著增加。

总之，资源依赖理论为控股董事比例的影响因素提供了较好的解释。

（2）制衡董事比例影响因素的回归分析。资源依赖理论视角下制衡董事比例的影响因素的回归结果见表6-8。资源依赖理论关于制衡董事比例的三个假设大部分得到了实证结果的支持。

第一，资源依赖理论的公司特征假设认为，公司规模（SIZE）越小、公司年龄（AGE）越长、债务风险（LEV）越高，则公司对外部环境的依赖越小、制衡董事比例越低。表6-8的数据显示，公司年龄（AGE）和债务风险（LEV）的回归结果与预期相符，部分支持了原假设的预期。

表6-6 资源依赖理论模型主要变量分行业的描述性统计

变量		Industry1：垄断行业			Industry2：垄断竞争			Industry3：完全竞争		
		样本	均值	标准差	样本	均值	标准差	样本	均值	标准差
控股董事比例	R_Assigned_Executive_Director	3,380	0.243	0.153	14,164	0.206	0.149	9,253	0.181	0.134
制衡董事比例	R_Non_ControlHolder_Director	3,380	0.093	0.107	14,164	0.078	0.103	9,253	0.081	0.104
高管董事比例	R_Executive_Director	3,380	0.315	0.155	14,164	0.353	0.152	9,253	0.369	0.151
独立董事比例	R_Independent_Director	3,380	0.345	0.100	14,164	0.360	0.097	9,253	0.366	0.097
公司规模	SIZE	3,380	22.485	1.459	14,164	21.984	1.239	9,253	21.740	1.060
公司年龄	AGE	3,380	2.638	0.479	14,164	2.726	0.445	9,253	2.761	0.420
债务风险	LEV	3,380	0.456	0.188	14,164	0.445	0.198	9,253	0.399	0.187
市场发育程度	MARKET	3,380	7.361	2.581	14,164	7.570	2.578	9,253	8.028	2.297
股权集中度	Concentration1	3,380	0.228	0.142	14,164	0.175	0.120	9,253	0.155	0.110
政府控制	STATE1	3,380	0.746	0.436	14,164	0.435	0.496	9,253	0.349	0.477
小股东股权集中度	Concentration2	3,380	0.024	0.030	14,164	0.019	0.023	9,253	0.021	0.023
外资股东	FOREIGN2	3,380	0.001	0.005	14,164	0.001	0.005	9,253	0.002	0.007
经营能力	ROAadj	3,380	0.001	0.054	14,164	0.003	0.051	9,253	0.006	0.060
学习能力	CEOeducation	3,380	0.880	0.324	14,164	0.834	0.372	9,253	0.851	0.356
执行能力	CEOtenure	3,380	3.008	3.033	14,164	3.718	3.351	9,253	4.028	3.445
承担风险能力	CEOage	3,380	49.329	6.054	14,164	48.947	6.704	9,253	48.601	6.673

表6-7 控股董事比例的影响因素——资源依赖理论的解释

被解释变量		Pred. Sign	R_Assigned_Executive_Director						
公司规模	SIZE (H4a)	+	0.015*** (16.616)	0.015*** (16.802)	0.004*** (4.009)	0.017*** (18.321)	0.014*** (14.960)	0.005*** (4.893)	0.003*** (3.411)
债务风险	LEV (H4b)	−	0.039*** (7.227)	0.037*** (6.805)	0.035*** (6.748)	0.028*** (5.115)	0.045*** (7.724)	0.036*** (6.377)	0.042*** (7.476)
公司年龄	AGE (H4c)	−	0.005* (1.776)	0.006** (2.146)	0.018*** (6.308)	0.004 (1.383)	0.008*** (2.593)	0.017*** (5.855)	0.023*** (7.815)
市场发育程度	MARKET (H5)	−		−0.002*** (−4.579)	−0.000 (−0.842)	−0.001*** (−3.316)	−0.002*** (−4.437)	−0.000 (−0.077)	0.001 (0.624)
股权集中度	Concentration1 (H6a)	+			0.227*** (29.827)			0.212*** (27.660)	0.211*** (27.498)
政府控制	STATE1 (H6b)	+			0.076*** (37.327)			0.072*** (35.066)	0.071*** (34.296)
小股东股权集中度	Concentration2 (H7a)	−				−0.632*** (−17.713)		−0.448*** (−12.961)	−0.436*** (−12.656)
外资股东	FOREIGN2 (H7b)	−				−0.537*** (−3.660)		−0.514*** (−3.650)	−0.470*** (−3.357)

续表 6-7

被解释变量	Pred. Sign	R_Assigned_Executive_Director						
经营能力 ROAadj (H8a)	−					0.063***	0.061***	0.063***
						(3.756)	(3.754)	(3.925)
学习能力 CEOeducation (H8b)	−					0.025***	0.014***	0.015***
						(10.044)	(6.126)	(6.454)
执行能力 CEOtenure (H8c)	−					−0.003***	−0.002***	−0.002***
						(−10.818)	(−6.028)	(−5.636)
承担风险能力 CEOage (H8d)	+					0.001***	−0.000	−0.000
						(4.012)	(−0.815)	(−0.848)
Constant	?	−0.160***	−0.153***	−0.012	−0.165***	−0.170***	−0.019	−0.015
		(−7.877)	(−7.519)	(−0.627)	(−8.088)	(−8.016)	(−0.904)	(−0.651)
省份固定效应		NO	NO	NO	NO	NO	NO	YES
行业固定效应		YES	YES	YES	YES	YES	YES	YES
年份固定效应		YES	YES	YES	YES	YES	YES	YES
Observations		26,794	26,794	26,794	26,794	26,794	26,794	26,794
r^2_a		0.111	0.111	0.191	0.122	0.119	0.198	0.210

注：括号内为 t 值，*** 表示 $p < 0.01$，** 表示 $p < 0.05$，* 表示 $p < 0.1$。

第二，资源依赖理论的环境特征假设认为，公司所在地域的市场发育程度（*MARKET*）越好，则公司对外部资源的依赖性越低、制衡董事的比例越低。表6-8的数据显示，环境特征假设得到了实证支持：在控制了其他因素影响的条件下，制衡董事比例与公司所在地域的市场发育程度显著负相关，这从环境的角度体现了董事会的资源供给职能。

第三，资源依赖理论的资源特征假设认为，制衡董事比例与非控制性大股东能为公司提供的资源重要性、集中度成正比。表6-8的数据显示，资源依赖理论关于非控制性大股东的股东资源特征与制衡董事比例的假设部分得到了实证支持：一方面，控股董事比例与非控制性大股东的股权集中度（*Concentration*2）显著正相关；另一方面，合格境外机构投资者持股（*FOREIGN*2）与制衡董事的比例没有显著相关关系。

总之，资源依赖理论为制衡董事比例的影响因素提供了较好的解释。

（3）高管董事比例影响因素的回归分析。资源依赖理论视角下高管董事比例的影响因素的回归结果见表6-9。资源依赖理论对制衡董事比例的三个假设只得到了部分实证结果的支持。

第一，资源依赖理论关于公司特征、环境特征对高管董事比例的假设大部分都与预期一致：公司规模（*SIZE*）与高管董事比例的相关关系不稳定，公司债务风险（*LEV*）与高管董事比例显著负相关。这与资源依赖理论的假设不符合。而公司年龄（*AGE*）、公司所在区域的市场发育程度（*MARKET*）均支持了资源依赖理论的假设。公司年龄（*AGE*）与高管董事比例正相关，体现了管理层资源在长寿企业中的重要性；公司所在区域的市场发育程度（*MARKET*）越好，则高管董事的比例越高，体现了在市场发育良好的行业中公司对管理层资源的依赖性更高。

第二，资源依赖理论的资源特征假设认为，高管董事比例与管理层能为公司提供的资源重要性成正比。表6-9的数据显示，资源依赖理论关于管理层资源特征与高管董事比例的假设只得到了部分实证支持：在控制了其他因素影响的条件下，高管董事比例与CEO任职年限（*CEOtenure*）显著正相关，而其他管理层资源特征的代理变量都没有发现与假设相符的实证结果。

第三，相对于CEO权力与人力资源对高管董事比例的影响，股权权力与股东资源的影响更为显著。从r^2_a来看，单独考察CEO人力资源的表6-9（5）列的r^2_a为0.104，单独考察控股股东权力的（3）列的

表6-8 制衡董事比例的影响因素——资源依赖理论的解释

被解释变量	Pred. Sign	R_Non_ControlHolder_Director						
公司规模 SIZE (H4a)	+	-0.007*** (-10.751)	-0.007*** (-10.491)	-0.005*** (-6.677)	-0.008*** (-12.486)	-0.007*** (-10.054)	-0.006*** (-9.009)	-0.007*** (-9.192)
债务风险 LEV (H4b)	-	-0.005 (-1.203)	-0.007* (-1.728)	-0.018*** (-4.491)	0.003 (0.680)	-0.006 (-1.420)	-0.005 (-1.255)	-0.005 (-1.060)
公司年龄 AGE (H4c)	-	-0.004* (-1.714)	-0.003 (-1.211)	-0.018*** (-8.273)	-0.000 (-0.035)	-0.002 (-0.931)	-0.015*** (-6.811)	-0.014*** (-6.274)
市场发育程度 MARKET (H5)	-	-0.002*** (-6.085)	-0.002*** (-6.085)	-0.001*** (-3.532)	-0.002*** (-8.025)	-0.002*** (-5.991)	-0.001*** (-5.184)	-0.002** (-2.196)
股权集中度 Concentration1 (H6a)	-			-0.171*** (-29.282)			-0.164*** (-28.117)	-0.162*** (-27.770)
政府控制 STATE1 (H6b)	-			0.008*** (5.399)			0.011*** (6.728)	0.010*** (6.476)
小股东股权集中度 Concentration2 (H7a)	+				0.740*** (28.220)		0.668*** (25.521)	0.667*** (25.469)
外资股东 FOREIGN2 (H7b)	+				0.126 (1.170)		0.147 (1.380)	0.156 (1.461)

续表 6-8

	被解释变量	Pred. Sign	R_Non_ControlHolder_Director						
经营能力	ROAadj (H8a)	−					0.006 (0.509)	0.029** (2.369)	0.029** (2.401)
学习能力	CEOeducation (H8b)	−					−0.000 (−0.031)	−0.000 (−0.136)	0.000 (0.245)
执行能力	CEOtenure (H8c)	−					−0.002*** (−8.330)	−0.002*** (−8.438)	−0.002*** (−8.752)
承担风险能力	CEOage (H8d)	+					0.000*** (3.942)	0.000*** (4.238)	0.000*** (4.584)
	Constant	?	0.252*** (16.728)	0.259*** (17.145)	0.272*** (17.979)	0.265*** (17.707)	0.242*** (15.333)	0.269*** (17.054)	0.274*** (15.600)
	省份固定效应		NO	NO	NO	NO	NO	NO	YES
	行业固定效应		YES	YES	YES	YES	YES	YES	YES
	年份固定效应		YES	YES	YES	YES	YES	YES	YES
	Observations		26,794	26,794	26,794	26,794	26,794	26,794	26,794
	r^2_a		0.042	0.043	0.073	0.071	0.046	0.100	0.106

注：括号内为 t 值，*** 表示 $p<0.01$，** 表示 $p<0.05$，* 表示 $p<0.1$。

131

表6-9 高管董事比例的影响因素——资源依赖理论的解释

被解释变量	Pred. Sign	R_Executive_Director						
		(1)	(2)	(3)	(4)	(5)	(6)	(7)
公司规模 SIZE (H4a)	−	-0.009*** (-9.222)	-0.009*** (-9.438)	-0.001 (-0.636)	-0.009*** (-9.145)	-0.007*** (-7.419)	0.001 (1.080)	0.003*** (2.642)
债务风险 LEV (H4b)	+	-0.023*** (-4.036)	-0.021*** (-3.574)	-0.012** (-2.162)	-0.023*** (-3.912)	-0.033*** (-5.332)	-0.029*** (-4.680)	-0.037*** (-6.053)
公司年龄 AGE (H4c)	+	0.010*** (3.263)	0.009*** (2.831)	0.008*** (2.646)	0.008*** (2.633)	0.007** (2.392)	0.006** (2.030)	0.001 (0.179)
市场发育程度 MARKET (H5)	+		0.002*** (5.163)	0.000 (1.008)	0.002*** (5.434)	0.002*** (5.112)	0.001* (1.648)	0.001 (0.500)
股权集中度 Concentration1 (H6a)	−			-0.089*** (-10.737)			-0.084*** (-10.121)	-0.083*** (-9.977)
政府控制 STATE1 (H6b)	−			-0.070*** (-31.886)			-0.070*** (-31.146)	-0.068*** (-30.068)
小股东股权集中度 Concentration2 (H7a)	−				-0.185*** (-4.858)		-0.302*** (-8.042)	-0.308*** (-8.220)
外资股东 FOREIGN2 (H7b)	−				0.132 (0.841)		0.123 (0.803)	0.085 (0.562)

续表 6-9

被解释变量	Pred. Sign	R_Executive_Director						
		(1)	(2)	(3)	(4)	(5)	(6)	(7)
经营能力 ROAadj (H8a)	+					-0.093*** (-5.221)	-0.098*** (-5.577)	-0.105*** (-6.005)
学习能力 CEOeducation (H8b)	+					-0.025*** (-9.565)	-0.016*** (-6.135)	-0.015*** (-5.979)
执行能力 CEOtenure (H8c)	+					0.004*** (12.248)	0.002*** (7.644)	0.002*** (7.469)
承担风险能力 CEOage (H8d)	−					-0.001*** (-6.626)	-0.000*** (-2.720)	-0.000** (-2.528)
Constant	?	0.531*** (24.666)	0.523*** (24.226)	0.394*** (18.344)	0.524*** (24.139)	0.550*** (24.482)	0.396*** (17.528)	0.378*** (15.066)
省份固定效应		NO	NO	NO	NO	NO	NO	YES
行业固定效应		YES	YES	YES	YES	YES	YES	YES
年份固定效应		YES	YES	YES	YES	YES	YES	YES
Observations		26,794	26,794	26,794	26,794	26,794	26,794	26,794
r^2_a		0.095	0.096	0.136	0.096	0.104	0.142	0.154

注：括号内为 t 值，*** 表示 $p < 0.01$，** 表示 $p < 0.05$，* 表示 $p < 0.1$。

r^2_a 为 0.136。在第（5）列结果的基础上加入了控股股东权力与非控股性大股东的权力后，第（6）列的 r^2_a 上升为 0.142。这些结果说明，高管董事比例更多地来自大股东的影响，而不是管理层的人力资源特征。

（四）权力成因分析：研究结论

本部分在第五章关于董事会结构特征现状的描述性分析的基础上，从董事会结构的权力成因出发，基于资源依赖理论，参考已有的实证研究方法，对中国上市公司的董事会结构进行了实证检验。

资源依赖理论认为，权力来自依赖，以及这种依赖的可替代性（Emerson，1962），因此企业最重要的生存目标就是想方设法降低对外部关键资源提供组织的依赖程度（Pfeffer and Salancik，2003；Villanueva et al.，2012）。董事会是组织管理外部环境的日常手段，一个组织的董事会构成受到了该组织生存所需外部资源的类型与数量的影响。资源依赖理论认为，董事会的构建过程是组织吸纳外部资源的过程，是为了更好地适应当前的环境条件，将董事会席位与外部资源提供方的权力相匹配的过程。具体而言，资源依赖理论假设各类董事的比例与其能够为公司提供资源的重要性正相关，与资源可替代性负相关。

在这些假设的基础之上，本章在剔除金融保险行业、ST 与 PT 公司以及变量数据缺失的样本后，以 1999—2020 年 26,797 家公司的年度数据作为样本，研究了在资源依赖理论视角下，董事会结构的特征及其影响因素。研究结果显示，资源依赖理论能够较好地预测与解释中国上市公司的董事会结构特征。对于控股董事比例，公司规模越大、股权集中度越高的上市公司，其控股董事比例就越高，体现了其对股东资源的需求；区域市场发育越完善、小股东股权集中度越高的上市公司，其控股董事比例越低；当控股股东为国有企业时，控股董事比例越高。以上结果较好地支持了资源依赖理论对控股董事比例的预测。对于制衡董事比例，第二到第十的大股东股权集中度越高，其制衡董事的比例越高；公司年龄越大、区域市场发育越完善、股权集中度越高的上市公司，其制衡董事的比例越低。以上结果很好地支持了资源依赖理论对制衡董事比例的预测。对于高管董事比例，只支持了 CEO 任职年限显著地提高了高管董事的比例的假设，管理层其他资源对高管董事比例的影响都没有得到实证支持。相对于 CEO 权力与人力资源对高管董事比例的影响，股权权力与股东资源对其的影响更为显著。对此，可能的解释为，在中国这样的新兴资本市场中，较低的资源配置效率、投资者保护水平以及制度变迁的路径依赖问题带来了公司股权结构高度集中的特征，中国上市公司的所有权与控制权并没有彻底分离。对于民营企业而言，物质资本的所有者与人力资本的所有者往往合二为一，创始人往往依然负责公司的经营；对于国有企业而言，CEO 是由政治官员而非由资产所有者选择的（张维迎，1998）。这些现实因素使得我国企业家的人力资本价值相对较低，而大比例的股份以及大股东能带来的政府资源、企业集团资源、战略资源对公司的生存更为关键。因此，正如本章实证结果所揭示的，相对于其他资本市场中的企业，中国上市公司的董事会结构与股东权力存在显著的相关关系，而其与 CEO 权力的关系较弱。

三、本章小结

通过分别验证委托代理理论和资源依赖理论对中国上市公司董事会结构的解释力度，本章发现，委托代理理论、资源依赖理论都对董事会结构有所解释。在委托代理理论下，对于外部董事比例，一些其他治理机制的高效率显著地降低了外部董事比例，包括管理层持股、法律监管以及产品市场竞争等。实证结果在一定程度上支持了委托代理理论对中国上市公司董事会结构特征的假设。在资源依赖理论下，公司对外部资源的需求、CEO 自身的资源也会影响董事会的结构。

第七章　中国上市公司董事会结构的制度特征：国有企业控股股东为什么能够派遣更多的董事？

一、研究问题

控制权配置是公司治理的起点。一个完整的控制权通常包含股东大会、董事会、管理层三个层面。然而由于股东大会与董事会的决策效率存在显著差异，在公司实际运作中，董事会才是实施控制权的核心机构。在众多公司控制权争夺案例中，董事会席位成为争夺的焦点，无论是大股东（山水水泥案例，夏宁、陈露，2016）、管理层（国美电器案例，祝继高、王春飞，2012）、创始人（雷士照明案例，易阳 等，2016），都需要通过赢得多数董事席位才能赢得对公司的实际控制权。在理论界，对公司控制的定义也大多围绕董事会席位展开：Berle 和 Means（1932）认为，公司控制权是通过行使法定权利或者施加影响，公司对大部分董事会成员的选聘具有实际权力；Blumberg（1983）认为，公司控制权是选择大部分董事与指导公司的权力。因此，董事会是现代公司治理中起到关键作用的制度安排，对内掌管公司事务、对外代表公司，是公司监督与控制体系的顶点（Fama and Jensen，1983）。如何才能拥有更多的董事会席位，是公司所有者以及潜在的控制权竞争者都在思考的问题，由此形成的董事会结构也是学术研究长期关注的焦点。

近年来，关于董事会结构成因的研究成果逐步涌现。Hermalin 和 Weisbach（1998）、Raheja（2005）、Adams 和 Ferreira（2007）以及 Harris 和 Raviv（2008）构建了董事会结构的理论模型。Boone 等（2007）、Coles 等（2008）、Linck 等（2008）以及 Lehn 等（2009）提供了实证研究证据。但是在我国，由于基本制度、市场机制和投资者保护水平等方面的不同，作为新兴市场且处于经济转轨时期，我国普遍存在控制性的大股东，同时又有大量的国有企业，这些特征使得我国的董事会无论在组建机制还是职能发挥等方面，都表现出与其他资本市场很大的差异。

首先，一股独大、超级股东的现象在中国普遍存在（魏明海 等，2016）。在不考虑关联持股与控股联盟的情况下，统计发现，1999—2020年中国上市公司控股股东的持股均值为 37.0%，50% 以上的公司控股股东持股比例超过 1/3，25% 以上的公司控股股东持股比例超过 1/2。股东依法享有提名董事的权利，这似乎意味着控制性大股东可以控制董事会。但大量的研究也发现，股权占优的控股股东并不能绝对保证其对董事会的控制（赵晶 等，2010；赵晶、郭海，2014；梁上坤 等，2015）。制衡性的大股东可以凭借社会资本获得更多的席位，CEO 通过影响董事的提名与选聘过程而取得了多数董事的支持，进而控制了董事会，摆脱股东的监督与控制（祝继高、王春飞，2012；Herman，1981；Whisler，1984；Mace，1986）。本章针对 1999—2020 年中国上市公司的大股东持股比例与控股董事比例进行了统计检验（见表 7 - 1）。Panel A 发现，控股股东的代表董事所占席位比例（控股董事比例）与其持股比例存在显著差异。在股权集中的公司中，控股董事比例显著低于其持股比例；在股权相对分散的公司中，控股董事比例显著高于其持股比例。公司的所有权与控制权存在着非对称的关系，股东所持有的股权虽然是控制权的基础，但并非是获得控制权的唯一因素。股权不足的股东可以通过其影响力占有超额董事席位；毫无股权的管理层也可以通过其影响力减少控股股东席位，如增加高管董事席位、增加制衡股东董事等。

其次，大量的国有上市公司使得董事会的构成变得更为复杂。这是因为，传统理论对董事会结构的分析建立在参与董事会席位博弈的都是平等的市场主体这一基本假设之上，政府只是为董事会的构建提供法律与制度的保障，并不直接参与市场经济的运作以及公司的管理。但在中国的制度背景下，地方政府不仅在经济资源分配方面扮演重要的角色，还拥有大量关乎企业生存的关键资源。同时，作为国有上市公司的股东，政府代表全体人民行使股东权力，从产权、人事升迁以及政府资源等多个方面影响着国有企业的日常经营，在董事会的组建与参与方面表现出与私人股东截然不同的特征。如表 7 - 1 所示，Panel B 发现，在股权比例相似的情况下，国有上市公司的控股董事比例显著高于民营上市公司。因此，本章节研究的问题是：在所有权之外，控股股东如何影响董事会的结构？为什么国有股东可以派遣更多的控股董事？

表 7 - 1　股权比例与控股董事比例

Panel A　控股股东所有权与董事会控制权				
	样本	所有权 持股比例	控制权（董事会） 持股董事比例	Diff. t test
绝对控制：50% 以上	8, 118	0.597	0.282	0.315***
控制：50%～33.33%	11, 706	0.411	0.221	0.190***
相对控制：33.33%～20%	12, 161	0.267	0.189	0.078***
相对分散：20%～10%	4, 551	0.161	0.163	−0.002
分散：10% 以下	407	0.081	0.153	−0.072***
合计	36, 943	0.370	0.216	
Panel B　国有企业与非国有企业的控股董事比例差异				
	样本	国有企业 控股董事比例	非国有企业 控股董事比例	Diff. t test
绝对控制：50% 以上	8, 118	0.321	0.196	0.125***
控制：50%～33.33%	11, 706	0.276	0.170	0.106***
相对控制：33.33%～20%	12, 161	0.250	0.152	0.098***
相对分散：20%～10%	4, 551	0.212	0.139	0.073***
分散：10% 以下	407	0.215	0.137	0.078***
合计	36, 943	0.269	0.166	

注：***、**、*分别表示在 1%、5%、10% 的水平上显著。

最后，基于前文提出的"控股董事比例"这一指标，本章为我国上市公司董事会结构的成因提供了一个新的解释。实证研究发现，不同所有制公司的董事会结构之间存在显著差异，具体表现为国有上市公司的控股董事比例显著高于非国有上市公司。而且，公司所在地政府的财政盈余越高，国有上市公司的控股董事比例越高；市场化进程越差的地区，国有上市公司的控股董事比例越高；行业进入壁垒越高的行业，国有上市公司的控股董事比例越高。这些研究发现支持了资源依赖理论的观点，即董事会结构并不是随机的、独立的变量，而是组织对外部环境依赖的理性反应；控股董事比例不仅会受到控股股东因其持股比例而产生的"自上而下"的控制需求的影响，还会受到公司因生存而产生的"自下而上"资源需求的影响。这些研究发现为我国上市公司董事会的构成提供了新的解释。

从现有文献来看，全世界范围内关于董事会如何影响公司治理进而影响公司行为的研究已经取得很多进展，这些研究对理解不同结构董事会影响下的公司治理结构与公司行为具有重要意义。这一领域的研究已经进入深耕阶段，相关研究开始深入董事会的组建以及具体结构如何形成等层面。Adams 等（2010）在综述中认为，目前的董事会研究文献大多基于发达资本市场的上市公司，对非英美国家的研究较少。太多的问题还有待国际研究数据回答：在投资者保护较差的国家中，董事的独立性是更高还是更低？公司对董事会独立性的需求是更高还是更低？董事会对于公司的重要性是更高还是更低？会不会呈现不同的董事会结构安排？中国作为新兴资本市场为这些研究问题提供了实证机会，但是目前相关研究还比较少，鲜有文献研究考察中国上市公司董事会结构的整体特征，也鲜有文献关注董事会结构的成因以及董事会结构形成过程中制度场景的重要影响。

本章对现有文献的贡献有以下三点：第一，本章从董事会的资源职能出发，讨论并验证了企业生存、外部资源对董事会结构的影响，拓展了现有的以公司监督需求、董事会监督成本与收益为主要分析路径的理论框架（Adams et al.，2010；Demsetz and Lehn，1985；Baysinger and Butler，1985）。第二，通过手工整理的董事背景数据，本章引入了新的变量来衡量董事会构成，突破了传统的独立董事比例研究的局限性，有利于多角度研究董事会结构成因，为未来的董事会研究拓宽研究内容。第三，本章结合中国的转型经济背景、市场发展进程等制度环境特征，深入研究了中国上市公司董事会结构形成过程中制度场景的重要影响，探讨了企业资源依赖与董事会结构之间的关系。本研究的结论有助于理解国有经济占主导地位的资本市场中董事会的构成。

二、研究假设

（一）资源、控制权与董事会结构

基于前文，国内外现有关于董事会结构成因的研究大都以委托代理理论为基础，以董事会的监督职能为出发点，研究公司的委托代理问题以及董事会监督职能的需求与董事会结构之间的相关关系。委托代理理论为公司实践中蓬勃兴起的公司治理机制的设计与实施提供了理论基础，也为分析董事会结构的成因提供了有力的解释，然而这种解释具有一定的局限性。首先，局限于董事会的监督职能，忽视了董事会其他职能对公司的价值。事实上，在不同的资本市场环境中，在公司发展的不同阶段，董事会在实际工作中能够为公司创造的价值有很大区别（Mace，1979）。其次，即使只考虑董事会的监督职能，委托代理理论也只关注监督者的利益，没有考虑被监督者的反应与策略。已有的研究结果显示，无论是发达资本市场的上市公司还是中国这样的新兴市场的上市公司，管理层权力（Hermalin and Weisbach，1998）、大股东权力（邹风，2006；段云 等，2011）等这些监督职能之外的因素也都显著地影响了董事的聘用与董事会结构。显然，委托代理理论并不能解释权力的本质是什么，也不能回答是什么因素赋予被监管者（CEO）更大的权力来降低外部董事比例，对于中国上市公司而言，是什么因素支持大股东派遣超过其持股比例的董事代表，是什么因素使得国有股东派遣更多的董事代表。

事实上，过度依赖适用于成熟市场中的大型公司的委托代理理论，会忽略多种相关理论（如社会网络理论、资源依赖理论、制度理论、代理理论等）在不同市场环境、企业生命周期不同阶段的适用性。Lynall 等（2003）对现有与董事会结构相关的多个理论进行比较与分析，认为董事会结构是由公司内部控制人与外部投资者共同决定的，但是作用机理会随着公司所处的不同生命周期阶段而有所差异。他们认为，当企业处于初创期时，董事会结构取决于内部控制人与外部投资人的相对强势方的社会网络（社会网络理论）。当企业处于发展期与成熟期时，如果内部控制人的谈判力更强，那么董事会结构取决于企业生存所依赖的资源（资源依赖理论）；如果外部投资者的谈判力更强，那么董事会结构则取决于社会制度和代理成本（制度理论和委托代理理论）。

对于中国上市公司来说，在社会主义国家经济转型的大背景下，董事会的构成变得更为复杂。占有较大比例的国有企业中所有者缺位的现象赋予了内部管理者较强的谈判能力，普遍存在的控制性大股东使得大股东对董事会构建具有很强的谈判能力。这些现状都制约了外部分散的中小投资者对董事会的影响力以及构建监督型董事会的谈判能力，因此很难简单假设中国现有的董事会制度能够充分发挥应有的对公司内部管理层与大股东的监督职能（蔡宁 等，2015）。这些背景为综合运用多种理论，特别是资源依赖理论来解释董事会结构的成因提供了适合的应用场景。

　　资源依赖理论可以从新的角度认识董事会。资源依赖理论的核心观点是：组织是一个开放的系统，其行为有赖于其所处的社会外部环境。因为外部环境往往是不确定且不可控制的，如何提高自身对外部环境的控制力以及降低对外部资源的依赖性就成为组织结构与行为的根本目的与核心内容。资源依赖理论认为，衡量一个组织对另外一个组织的依赖水平可以从两个方面展开：一是特定资源对组织生存的重要性，二是资源的可替代性。只有当外部资源对组织来说非常关键，而且这种资源的所有权被某个组织集中持有或者说很难找到该资源的替代来源时，组织对该资源提供方的依赖才处于较高的水平。社会交换导致组织间相互依赖。例如，企业依赖员工的人力资源，员工也依赖企业赋予的薪酬。依赖产生了权力（Emerson，1962），而相互依赖的不对称性又带来权力的分化。因此，在相互依赖的社会环境中，组织的有效性取决于其从环境中获取资源并保持自主性的能力（Mindlin and Aldrich，1975）。这就要求组织要尽量提高外部组织对组织自己的依赖水平、尽量地减少组织自己对外部组织的依赖水平，从而降低组织自身所受的外部制约与控制。

　　关于组织应对外部控制的策略，资源依赖理论认为，组织应该选取成本最低的方法来协调同其他组织的关系，以减少因交换关系产生的依赖性，最大化组织外部资源的稳定供应。这些策略包括"自强"策略（如扩张与多元化等战略）以及"适应"策略［如共同决策（董事会）、联盟、合并等］。任何策略的选择都是组织在主动变革与被动适应之间、稳定性与确定性之间、成本与收益之间的取舍。相对而言，因为扩张、多元化、合并等策略成本太大，通常都是不得已而为之，所以以董事会是组织管理外部环境的日常手段。

　　资源依赖理论认为，董事主要通过四个途径为组织服务（Pfeffer and Salancik，1978）：一是带来忠告、建议形式的信息，二是能够提供公司和外部环境之间的信息通道，三是赋予公司取得资源的优先权，四是组织形式的合法性。大量的实证研究支持了以上推论。例如，董事会能够为公司提供合法性保障、树立良好的公共形象（Selznick，1949），具有金融背景的董事是公司融资环境的"净化剂"与"润滑剂"（Pfeffer，1972），能够为公司提供发展所需的专业知识（Baysinger and Hoskisson，1990），能够帮助公司管理层与重要股东、重要合作伙伴建立并保持良好关系（Burt，1980；Hillman et al.，2001），能够帮助公司构建外部关系、推广创新成果（Haunschild and Beckman，1998），等等。

在资源依赖理论的视角下，董事会作为组织重要的"边界扳手"，能够帮助组织连接到环境中的其他组织，协调与它们的关系与行动，以确保组织所需资源的稳定供应。从这一点看，董事会是组织管理外界环境的工具（Pfeffer and Salancik，1978），可以降低外界环境的不确定性（Pfeffer，1972）、降低因资源依赖而产生的交易成本（Williamson，1984）。通常认为，一个组织允许其他组织的代表进入董事会并参与组织的决策，目的就是争取与这些重要的外部组织在行动与目标上协调一致。"组织实际上是在利用主权换取支持。"（Selznick，1949）这些代表可能非常强势，比如外部控制性组织派驻的控制董事，有些代表是起着传递信息作用的普通信使如执行董事，有些代表提供了组织所需的专家服务，还有些代表体现了制度环境中的合法性如依法聘请的独立董事。这些组织生存所需资源的代表构成了董事会，主要帮助组织处理生存所需资源的依赖问题与环境的不确定性问题。因此，董事会的组成实际上代表了企业生存所依赖的重要资源以及这些资源之间的相对重要性。

对于中国上市公司而言，独立董事比例受到了法律的强制规定，公司之间董事会结构的差异主要体现在剩余三分之二比例的非独立董事的结构。有些公司主要由内部高管组成，如样本期内的江西铜业（股票代码：600362）、贵州茅台（股票代码：600519）；有些公司主要由控股股东董事组成，如中金黄金（股票代码：600489）；而有些公司则呈现均衡的状态，如美的电器（股票代码：000527）。从资源依赖理论的角度来分析，这些差异是公司所依赖的外部投资者资源与内部管理者资源的不对称性而带来的权力分化的结果。当企业的生存更需要外部资源，而外部投资者拥有更多资金、信息、政府资源的时候，董事会将有更多的外部股东代表；当公司生存更有赖于以 CEO 为代表的人力资源时，管理层的人力资源价值更高、社会资本更高，董事会中将有更多的高管董事、更少的股东董事。可以说，现有对董事会结构成因的研究中关于 CEO 权力影响董事会结构的实证证据（Boone et al.，2007；Hermalin and Weisbach，1998；Pfeffer and Salancik，1978），正是从 CEO 的角度证实了资源依赖理论的观点。综上所述，董事会结构并不是随机的、独立的变量，而是组织应对外部环境压力与内部资源需求的理性反应，该结构会受到公司以 CEO 为代表的内部资源与以投资者为代表的外部资源的影响。因为控股董事与高管董事之间是此消彼长的关系，本章对董事会结构的研究主要从控股董事的角度提出假设。

（二）国有企业与董事会结构

中国从计划经济向市场经济转型，体现为在资源分配领域中曾经作为唯一执行者的政府逐步退出而市场力量逐步进入的过程。这一转型是基于财政分权改革背景展开的，因此，考虑到各级政府机构维护原有利益等诸多因素，中国尚在完善中的市场经济有时仍存在政府行政指令过多与有效约束机制缺乏的现象。有的学者认为，中国转轨经济背景下政府对市场经济的干预并没有得到显著改善（Cull and Xu, 2005）。为了防止政府的过度干预，寻求政府资源与政府部门的支持仍然是国有企业的重要任务之一。有的经验研究结果表明，政府资源有助于企业获得政府采购合同、政策与法律方面的扶持、政府信用担保、资金支持、土地供应、兼并与扩张的支持，能够缓解企业融资约束（余明桂、潘红波，2008；Khwaja and Mian, 2005；Leuz and Oberholzer, 2006；Bai et al., 2006），获得地方政府税收优惠（吴文峰 等，2009；Faccio, 2006），打破产业进入壁垒（罗党论、刘晓龙，2009），取得关键资源（于蔚 等，2012；Li et al., 2006），从而提高公司价值。

由于国有企业与政府有着天然的产权关系，国有企业在地方经济中的控制力以及国有企业承担的政策性任务在维持地方税收、就业、社会稳定中具有重要角色（夏立军、陈信元，2007；林毅夫、李志赟，2004），地方政府在资源配置的过程中向国有企业倾斜（侯青川 等，2015），形成了基于企业类型的偏向性政策，使得国有企业与非国有企业的经营环境产生了显著差别（樊纲 等，2011；王小鲁 等，2017）。这些偏向性政策不仅包括直接干预和帮扶，而且包括金融抑制、资源低税费与市场垄断等形式的暗补（张天华、张少华，2016）。以资本要素为例，政府对金融机构的干预与管制使得不同所有制的企业在融资能力与融资成本上存在巨大的差异，国有企业的资本收益仅为私营企业的一半，而获得的银行贷款却是私营企业的三倍以上（韩剑、郑秋玲，2014）。

我国经济正处于转型期，尽管民营企业也可以通过企业家的个人政治身份、私人关系等方式得到一些政府资源，但是与政府的联系紧密程度无法与股东就是政府本身的国有企业相比较。国有股东与政府在产权上的天然联系，有助于国有企业获取政府的倾斜性政策、获取企业生存与赢得市场竞争所必需的政府资源的支持，其相较于私营企业的股东在董事会的构建上具有更强的谈判力。因此，本章提出假设9：

H9：在其他条件一定的情况下，国有企业的控股董事比例更高。

（三）财政盈余与董事会结构

企业所能获取的政府资源首先取决于地方政府的财政收支能力。只有在财政状况良好的地方，地方政府才有能力通过资源分配更好地支持企业发展。在中国改革进程中，财政分权制度客观上改变了中央政府对地方政府的激励机制和地方政府之间的关系（王文剑 等，2007）。财政分权制度允许地方政府拥有一定的地方财政收益，被赋予较大的话事权，可以在一定程度上支配这些收入并承担相应的责任。这在客观上使地方政府成为相对独立的经济主体（谭劲松 等，2009）。特别是在分税制度改革以后，省级和省级以下的行政单位在调整地方政策和管理财税资源方面被赋予了相当大的权力。这使得地方政府发展经济和竞争资源的动力被调动起来（Cao et al.，1999）。但与此同时，分税制改革也使得财政增收集中于中央政府，而教育、医疗卫生、社保、住房和城镇服务等公共支出则更多地由地方政府承担，地方政府的赤字因此开始增加。因为税收立法权属于中央政府，地方政府无法通过税收政策保障其公共产品的供给，积极参与和干预微观经济活动便成为解决地方政府财政困境的现实选择（郑国坚、魏明海，2007）。在这种情况下，为了赢得地区间的竞争以及实现官员个人的政治晋升，地方政府表现得如同一个超级企业集团的总部，把地方企业看作它的子公司并积极指导各成员企业的运作和发展（Walder，1995）；国有企业为实现地方政府的经济目标，向政府倡导的政绩项目和其他公共设施工程捐资出力（周雪光，2005）。可以说，财政分权改革激发了地方政府与企业之间的共生关系：当政府的财政赤字较大时，政府依赖企业为财政收入、就业、社保等综合公共目标出力；但是，当政府的财政盈余较为宽松的时候，企业又依赖政府资源以获得政府采购合同、政策与法律方面的扶持、政府信用担保、资金支持、土地供应、兼并与扩张的支持。以上分析表明，只有在财政盈余较为宽松的情况下，政府才更有能力帮扶企业，地方政府作为国有股东才能为企业带来更多的政府资源而非政策性负担。在政府财政盈余较高的地区，相较于私人股东，国有股东能够为企业带来正面的资源支持，具有更强的谈判能力。因此，本章提出假设10：

H10：相较于政府财政盈余较低地区的企业，在政府财政盈余较高地区的企业中，国有企业的控股董事比例较高。

（四）市场化进程与董事会结构

除了政府的财政盈余，企业与政府之间的关系也是企业获取政治资源的先决条件之一，受到了所在地市场化进程的影响。中国目前处于经济转型时期，在这样的情况下，市场化进程是企业外在环境的重要组成部分，对企业的生存、发展以及企业间的竞争都发挥着重要的作用（张建君、张志学，2005；罗党论、刘晓龙，2009）。市场化进程可以分为三个方面：政府分配经济资源的比重、政府对企业的干预以及政府规模（王小鲁 等，2017）。由于受历史条件、地理区位以及政策条件等因素的影响，中国各地区的市场化进程存在明显的差异。

那么，市场化进程具体是如何影响企业获取政治资源的能力呢？首先，在政府分配经济资源的比重较高的地区，要素的分配按照市场经济规律进行有效配置的程度较低。其次，政府对企业的干预行为可以分解为政府干预的意愿和能力两个部分（谭劲松 等，2012）：从意愿来看，地方政府将地区经济增长、社会稳定等内容作为政府工作的主要目标；从能力来看，地方分权与财政分成改革使得地方政府基本掌握了本地关键要素资源的分配权。再次，政府规模的扩大主要体现为政府雇员的增加。有文献显示，政府规模与行政权力垄断之间显著关联，主要表现在规模较大的政府，通过设置较多的审批制度与环节，获得更多的管制权力和寻租机会（Shleifer and Vishny，1993）。而政府规模的扩大可能加剧冗员、官僚作风（Banerjee，1997），进一步降低行政工作效率。最后，政府规模的扩大使得机构之间的关系错综复杂，政府职能受到各方牵制，不同部门之间竞相设租（周黎安、陶婧，2009），在一定程度上可能出现腐败与资源错配。

以上分析意味着，在市场化进程较差的地区，地方政府更加有意愿且有能力参与当地经济要素的分配。在这种地区，国有企业一方面与政府拥有天然的产权关系与密切的人事关系；另一方面在承担政策性任务与负担方面具有较大的空间，能够在维持地方税收、就业、社会稳定方面发挥重要作用。因此，在市场化进程较差的地区，国有企业与政府的关系更为紧密，更容易获得当地经济资源的倾斜。因此，本章提出假设11：

H11：相较于市场化进程较好地区的企业，在市场化进程较差地区的企业中，国有企业的控股董事比例较高。

（五）行业进入壁垒与董事会结构

下面，从市场竞争与进入壁垒的角度分析国有股东在董事会席位方面的谈判能力。在市场机制下，企业通过竞争来实现优胜劣汰。但由于存在进入壁垒，行业内企业能够避免潜在进入企业的竞争威胁而获得超额利润。行业进入壁垒导致了市场结构的异质性，直接影响着行业的产品价格、市场结构和竞争程度，进而影响企业的生存与绩效（Peltman，1976）。研究发现，进入壁垒很高的行业可以使得产品价格高于竞争水平的10%以上（Bain，1956），高进入壁垒的行业享有比较高进入壁垒的产业更高的利润空间，而较高进入壁垒的行业利润空间又高于没有进入壁垒的行业（Mann，1966）。从生存与发展的角度看，企业的最优策略就是突破壁垒，进入这些高利润行业。但对于中国企业而言，行业的进入壁垒不仅来自市场机制中的经济壁垒，更重要的是来自转型经济中的政府对特殊行业的管制性壁垒（罗党论、刘晓龙，2009）。在改革开放的进程中，政府的管制性政策往往成为决定企业生死的关键因素（胡旭阳，2006；汪伟、史晋川，2005）。政府对各种新建工厂和投资项目的层层审批，对一定投资数量设立的贷款或筹资融资的特批许可制度，对进出口设备和原材料的许可证的审批，对某些较稀缺的原材料采购的限制，以及对某些产品的市场特许权的设立，等等，都体现了这种制度和政策上的管制性进入壁垒（刘小玄，2003）。但是这种壁垒的设立对国有企业是十分有利的。政府作为国有企业的股东，有助于国有企业优先获取政策信息、取得行政许可、获得稀缺资源等，从而进入垄断性行业，取得超额利润。2005年国家颁布了《国务院关于鼓励支持和引导个体私营等非公有制经济发展的若干意见》（国发〔2015〕3号），明确规定允许非公有资本进入垄断行业和领域，并且鼓励更多的民营企业进入金融、石油、民航等高壁垒行业。但在实际中，与国有企业相比，非公有制经济进入这些管制行业依然很困难。数据显示，民营企业的主营业务大多集中在服装、餐饮等竞争激烈且利润较低的行业，而在能源、电力、通讯、金融等高利润垄断行业，国有企业占有很大比重（罗党论、赵聪，2013）。以上分析表明，在进入壁垒较高的行业中，比起依赖政治身份或者与官员之间有个人关系的私人股东，政府作为国有企业的股东能够更加有力地赋予以及保护企业拥有进入行业的资格，在董事会席位的谈判方面更具优势。因此，本章提出假设12：

H12：相较于进入壁垒较低行业的企业，在进入壁垒较高行业的企业中，国有企业的控股董事比例较高。

三、研究设计

（一）核心研究变量：董事会结构与控股董事比例

基于前文分析，本书依据每位董事日常供职的企业单位，将董事会成员分为高管董事、控股董事、制衡董事与独立董事四类。高管董事是指由公司管理层兼任的董事，通常是公司的 CEO（首席执行官）、CFO（首席财务官）、总裁、财务总监、总会计师、党委书记等，与国外研究中的"内部董事"的定义一致。控股董事是指由上市公司最终控制人派驻的代表所担任的董事，通常体现的是实际控制人意志。控股董事有时候是实际控制人本人担任，有时候是由实际控制人所在公司的高管兼任。制衡董事是指由上市公司的非控制性大股东派驻的代表担任的董事。独立董事即上市公司依法聘请的外部独立董事。

（二）研究模型与变量定义

本章的实证研究主要分为三个部分：首先，为了考察资源依赖理论对董事会结构的解释，以控股股东政府资源为主要考察对象，在控制管理层资源、股权控制与股权制衡等因素的基础上，构建了董事会结构决定模型

（1）；其次，为了探讨股东政府资源影响董事会结构的作用机制，在模型（1）的基础上，加入公司所在地的政府财政盈余、市场化进程以及行业进入壁垒及其与控股股东产权属性的交乘项，构建模型（2）以检验控股股东政府资源发挥作用的机制；最后，进一步检验董事会结构代表的政府资源给企业带来的经济后果。本章针对样本中的国有企业，构建了控股董事经济后果模型（3），以检验政府资源高的董事会是否有助于提高企业获得政府补贴或者降低企业税收负担。

1. 政府资源与董事会结构

本章从资源依赖理论的角度出发，旨在为国有企业与董事会结构之间的关系提供一个新的解释。资源依赖理论认为，董事会是组织管理外界环境的工具，通过吸纳重要资源的代表作为董事，从而降低外界环境的不确定性，降低因资源依赖而产生的交易成本（Pfeffer，1972；Pfeffer and Salancik，1978；Williamson，1984）。董事会受到公司以 CEO 为代表的内部资源与以投资者为代表的外部资源的共同影响。同时，股权是公司控制的起点，股东依据持有股份的比例依法享有相应的董事提名权。因此，本章在控制管理层资源对董事会结构的影响、股权比例对董事会结构的影响的前提下，构建企业产权性质代表的政府资源与控股董事比例之间的线性模型（1）见式（7-1）。

$$R\_Assigned\_Executive\_Director = \beta_0 + \beta_1 SOE + \beta_2 CEOTenure + \beta_3 CEOAge + \\ \beta_4 Share\_Top1 + \beta_5 Share\_CEO + \beta_6 Her\_2-10 + \\ \beta_7 SIZE + \beta_8 LEV + \beta_9 AGE + Year + Industry + \varepsilon$$

$$(7-1)$$

其中，模型中的被解释变量为控股董事与董事会规模的比值（$R\_Assigned\_Executive\_Director$），体现了大股东对公司董事会的实际控制程度。模型中的核心解释变量是股东资源，本章针对股东的政府资源展开研究，因此代理变量为控股股东的产权属性（SOE）。当公司的最终控制人为国有属性时，本章假设该控股股东具有丰富的政府资源。如果假设 9（H9）成立，那么本书预期模型（1）中的 β_1 显著为正。

模型中的控制变量分为三大类。第一类控制变量控制了管理层资源对控股董事比例的影响，代理变量是 CEO 任期、CEO 年龄。当 CEO 任期越长、年龄越大时，CEO 拥有的与公司生存相关的专有资源与社会资源越多，公司更依赖于以 CEO 为首的管理层，管理层因此可以占有更多的董事会席位，进而降低股东派遣的控股董事数量。因此，如果资源依赖理论对董事会结构的解释成立，那么本书预期模型（1）中的 β_2、β_3 显著为负。第二类控制变量控制了股权比例对董事会席位的影响。代理变量为大股东持股比例（$Share\_Top1$）、CEO 持股比例（$Share\_CEO$）与其他股东股权制衡（Her_2-10）。本书预期大股东持股比例与控股董事比例正相关，CEO 持股比例与其他股东股权制衡与控股董事比例负相关，即 β_4 显著为正，β_5、β_6 显著为负。第三类控制变量参考现有董事会结构影响因素的文献（Linck et al.，2008；Boone et al.，2007），控制了公司规模（$SIZE$）、负债水平（LEV）、公司年龄（AGE）、年度（$Year$）与行业（$Industry$）对董事会结构的影响。表 7 - 2 列示了本章使用的变量名称、代码与定义。

2. 政府资源与董事会结构：作用机制的检验

在检验了股东政府资源对控股董事比例的影响之后，本章进一步研究这一影响背后的作用机制，即财政盈余、市场化进程以及行业进入壁垒等因素的变化，对股东政府资源与控股董事比例之间关系的影响。

$$
\begin{aligned}
R\_Assigned\_Executive\_Director =\ & \beta_0 + \beta_1 SOE + \beta_2 G\_Surplus + \beta_3 SOE \times \\
& G\_Surplus + \beta_4 MARKET + \beta_5 SOE \times \\
& MARKET + \beta_6 Barrier + \beta_7 SOE \times Barrier + \\
& \beta Controls + Year + Industry + \varepsilon \qquad (7-2)
\end{aligned}
$$

其中，$G\_Surplus$ 为公司所在地政府（市一级）的财政盈余，参考逯东等（2014）、孔东民等（2013）、余明桂等（2010）的做法，本章将其定义为政府财政收入减去财政支出的结余。由于不同地区、不同级别政府的管辖范围与辖区内上市公司数量存在较大差异，当地政府可提供给上市公司的财政资源也有不同。为统一量纲，本书使用当地上市公司数量进行调节。$MARKET$ 为制度环境代理变量，代表了当地的市场化进程，本章将公司所在地市场化进程的总体指数得分位于年度中位数以下的样本赋值为 1，否则赋值为 0。本章选用樊纲等（2011）、王小鲁等（2017）市场化指数中的"市场化总指数"。该指数越低，代表政府与企业关系越密切，企业可以获得更多的政府资源。$Barrier$ 为行业进入壁垒，当公司所在行业为高壁垒行业时，$Barrier$ 赋值为 1，否则赋值为 0。与孔东民等（2013）一致，本书界定如下高壁垒行业：采掘、石油加工及炼焦、黑色金属冶炼及压延加工、重有色金属冶炼、电力煤气及水的生产和供应、铁路运输、管道运输、水上运输、航空运输、通信服务、金融、保险、公共设施服务、邮政服务与传播、文化产业等行业。模型中的被解释变量与控制变量与模型（1）一致。变量名称、代码及定义见表7-2。

表7-2 变量名称、代码及定义

变量名称	变量代码	变量定义
被解释变量		
控股董事比例	*R_Assigned_Executive_ Director*	控股董事与董事会规模的比值；控股董事是指由上市公司最终控制人派驻的代表所担任的董事，通常体现的是实际控制人的意志，有时候是实际控制人本人担任，有时候是实际控制人所在公司的高级管理人员兼任
解释变量		
控股股东的产权属性	*SOE*	当公司最终控制人为国有属性时，赋值为1；否则赋值为0
财政盈余	*G_Surplus*	公司所在地政府（市一级）的财政盈余，等于政府财政收入减去财政支出的结余与当地上市公司数量的比值
市场化进程	*MARKET*	公司所在地的市场化进程的总体指数得分位于年度中位数以下的样本，赋值为1；否则赋值为0
进入壁垒	*Barrier*	行业进入壁垒，当公司所在行业为高壁垒行业时，*Barrier* 赋值为1；否则赋值为0
其他变量		
CEO 任期	*CEO Tenure*	公司现任 CEO 在本公司担任该职务的年限，取自然对数
CEO 年龄	*CEO Age*	CEO 年龄，取自然对数
大股东持股比例	*Share_Top*1	公司第一大股东持股比例
CEO 持股比例	*Share_CEO*	CEO 持有的公司股份占公司发行在外股份的比例

续表 7 - 2

变量名称	变量代码	变量定义
其他股东股权制衡	$Her\_2 - 10$	公司第二大股东到第十大股东持股比例的平方和，即赫芬达尔指数（HER）
公司规模	$SIZE$	公司期初总资产，取自然对数
负债水平	LEV	公司期初资产负债率
公司年龄	AGE	公司成立年数，取自然对数
财政补贴	Sub	公司获取的政府补贴收入与总资产的比值
税收负担	Tax	公司支付的各项税费与收到的税费返还之间的差值与营业收入的比值
是否亏损	$Loss$	当公司亏损时，赋值为 1；否则赋值为 0

四、实证检验

（一）描述性统计与相关性分析

首先对本章研究中的主要变量进行了描述性统计，然后根据股东政府资源、财政盈余、市场化进程与行业壁垒对样本进行划分，并对控股董事比例之间的差异进行统计检验，以初步考察国有股东的政府资源对董事会结构的影响，主要变量的描述性统计结果见表 7 - 3。

从表 7 - 3 的统计结果来看，控股董事平均占有 21.5% 的董事会席位，与大股东平均占有 37% 的股权比例（$Share\_Top1$）之间存在显著差异。样本期内，拥有政府资源的国有企业占到 46.9%，公司所在地市一级政府的财政盈余普遍为负，均值为 - 2.791。与样本期内中国扩张性的财政政策保持一致，其余变量的统计特征与同期其他研究保持一致，详见表 7 - 3，本章不再赘述。

在回归分析之前，表 7 - 4 列示了本章模型所涉及的主要变量之间的皮尔逊（Pearson）相关系数矩阵。本研究发现，控股董事比例与股东政府资源代理变量 SOE 之间的 Pearson 相关系数在 1% 的水平上显著为正。这说明整体来看，控股董事比例与股东资源正相关，初步支持本书假设 9（H9）。调节变量财政盈余 $G\_Surplus$、市场化进程 $MARKET$、进入壁垒股

表7-3　主要变量描述性统计

	变量	样本	均值	标准差	5%分位值	中位数	95%分位值
控股董事比例	R_Assigned_Executive_Director	36,943	0.215	0.151	0.000	0.182	0.500
控股股东的产权属性	SOE	36,943	0.469	0.499	0.000	0.000	1.000
财政盈余	G_Surplus	36,943	-2.791	3.956	-12.620	-1.278	0.236
政府环境	MARKET	36,943	0.561	0.496	0.000	1.000	1.000
进入壁垒	Barrier	36,943	0.157	0.363	0.000	0.000	1.000
CEO任期	CEO Tenure	36,943	1.498	0.570	0.693	1.386	2.485
CEO年龄	CEO Age	36,943	3.874	0.142	3.611	3.892	4.078
大股东持股比例	Share_Top1	36,943	0.370	0.154	0.147	0.351	0.650
CEO持股比例	Share_CEO	36,943	0.042	0.103	0.000	0.000	0.304
其他股东股权制衡	Her_2-10	36,943	0.020	0.024	0.000	0.011	0.072
公司规模	SIZE	36,943	21.920	1.258	20.220	21.730	24.350
负债水平	LEV	36,943	0.429	0.197	0.113	0.426	0.759
公司年龄	AGE	36,943	2.710	0.466	1.792	2.773	3.296
财政补贴	Sub	33,949	0.005	0.007	0.000	0.003	0.019
税收负担	Tax	36,943	0.049	0.057	-0.006	0.038	0.163
是否亏损	Loss	36,943	0.084	0.277	0.000	0.000	1.000

表7-4　变量间相关系数

变量		(1)	(2)	(3)	(4)	(5)	(6)	(7)	(8)
控股董事比例	(1) R_Assigned_Executive_Director	1							
控股股东的产权属性	(2) SOE	0.381***							
财政盈余	(3) G_Surplus	0.034*	0.065***						
政府环境	(4) MARKET	-0.055***	-0.154***	0.063***					
进入壁垒	(5) Barrier	0.159***	0.255***	0.006	-0.131***				
CEO任期	(6) CEO Tenure	-0.144***	-0.210***	-0.099***	0.051***	-0.075***			
CEO年龄	(7) CEO Age	-0.024***	0.016***	-0.156***	-0.028***	0.064***	0.269***		
大股东持股比例	(8) Share_Top1	0.269***	0.256***	0.048***	-0.002	0.177***	-0.137***	-0.001	
CEO持股比例	(9) Share_CEO	-0.275***	-0.368***	-0.112***	0.100***	-0.123***	0.197***	0.110***	-0.051***
其他股东股权制衡	(10) Her_2-10	-0.145***	-0.153***	-0.033***	0.046***	0.022***	-0.029***	0.013**	-0.250***
公司规模	(11) SIZE	0.148***	0.218***	-0.209***	-0.074***	0.260***	0.103***	0.182***	0.125***
负债水平	(12) LEV	0.159***	0.271***	0.030***	-0.056***	0.080***	-0.048***	-0.009*	0.031***
公司年龄	(13) AGE	-0.102***	-0.178***	-0.310***	0.033***	-0.047***	0.266***	0.214***	-0.286***
财政补贴	(14) Sub	-0.088***	-0.153***	-0.106***	0.022***	-0.084***	0.097***	0.045***	-0.085***
税收负担	(15) Tax	-0.028***	-0.072***	-0.136***	-0.077***	0.079***	0.121***	0.115***	-0.001
是否亏损	(16) Loss	-0.002	0.021***	-0.006	-0.043***	0.002	-0.026***	-0.020***	-0.079***

续表 7 - 4

	变量	(9)	(10)	(11)	(12)	(13)	(14)	(15)	(16)
控股董事比例	(1) R_Assigned_Executive_Director								
控股股东的产权属性	(2) SOE								
财政盈余	(3) G_Surplus								
政府环境	(4) MARKET								
进入壁垒	(5) Barrier								
CEO任期	(6) CEO Tenure								
CEO年龄	(7) CEO Age								
大股东持股比例	(8) Share_Top1								
CEO持股比例	(9) Share_CEO								
其他股东股权制衡	(10) Her_2-10	0.126***							
公司规模	(11) SIZE	-0.174***	-0.005						
负债水平	(12) LEV	-0.239***	-0.108***	0.442***					
公司年龄	(13) AGE	0.065***	-0.006	0.293***	0.062***				
财政补贴	(14) Sub	0.160***	0.035***	-0.111***	-0.170***	0.096***			
税收负担	(15) Tax	0.028**	0.026***	0.181***	-0.115***	0.264***	0.017***		
是否亏损	(16) Loss	-0.044***	-0.035***	-0.046***	0.173***	0.030***	-0.027***	-0.064***	

注:***、**、*分别表示在1%、5%、10%的水平上显著。

东 *Barrier* 与控股董事的比例之间的相关性并不统一，有待在回归分析中考察其与股东政府资源 *SOE* 共同效应。CEO 任职期限 *CEO Tenure* 代表的公司内部管理者人力资源与控股董事在 1% 的水平上负相关，体现了公司内外部资源方对董事会席位的争夺与制衡。此外，股权因素与董事会结构之间的关系也符合预期，控股董事比例与控股股东持股比例在 1% 的水平上显著正相关，与其他股东制衡、CEO 持股比例显著负相关。表 7-4 的数据显示，进入回归模型的自变量间的相关系数保持在 0.5 以下，不存在较强的相关关系，出现多重共线性问题的可能性较小。

（二）实证结果与分析

1. 股东政府资源与控股董事比例：基本结果

如前所述，从资源依赖理论的视角出发，董事会结构会受到公司以 CEO 为代表的内部资源与以投资者为代表的外部资源的影响。本书预计控股董事比例与股东政府资源存在正相关关系。表 7-5 报告了这个基础模型的回归结果。从表 7-5 的（1）列数据可以看出，在对股东政府资源 *SOE* 与控股股东单变量回归时，控股股东与 *SOE* 具有很高的正相关性，*SOE* 的回归系数为 0.103，在 1% 的水平上显著。表 7-5 的（2）列列示了股权因素对董事会结构的基础性影响。与预期一致，控股董事比例与控股股东持股比例正相关，与非控制性股东股权制衡程度、CEO 持股比例负相关，均在 1% 的水平上显著。表 7-5 的（3）列数据表明，在控制了股权因素对董事会结构的影响之后，股东的政府资源 *SOE* 与控股董事比例之间的正相关关系依然存在，并在 1% 的水平上显著。最后，表 7-5 的（5）列数据结果显示，在控制公司内部管理者对董事会席位的制衡、股权因素对董事会结构的基础性作用之后，控股股东政府资源 *SOE* 与控股董事比例显著正相关，与资源依赖理论的推论一致，支持了假设 9（H9），即在中国情境下，控股股东的政府资源与控股董事比例正相关。

表7-5 股东资源与控股董事比例：假设9的检验

被解释变量		(1)	(2)	(3)	(4)	(5)
		R_Assigned_Executive_Director				
控股股东的产权属性	SOE	0.103***		0.073***		0.073***
		(62.220)		(41.915)		(41.221)
CEO任期	CEO_Tenure				-0.014***	-0.009***
					(-10.171)	(-6.765)
CEO年龄	CEO_Age				0.020***	-0.005
					(3.740)	(-0.974)
大股东持股比例	Share_Top1		0.203***	0.175***	0.198***	0.172***
			(38.028)	(33.237)	(36.955)	(32.662)
其他股东股权制衡	Her_2-10		-0.317***	-0.218***	-0.345***	-0.238***
			(-9.994)	(-7.020)	(-10.853)	(-7.632)
CEO持股比例	Share_CEO		-0.283***	-0.215***	-0.274***	-0.207***
			(-37.504)	(-28.384)	(-35.941)	(-27.101)
公司规模	SIZE		0.009***	0.004***	0.010***	0.004***
			(12.031)	(4.987)	(12.349)	(5.592)
负债水平	LEV		0.038***	0.024***	0.037***	0.024***
			(8.329)	(5.461)	(8.228)	(5.335)
公司年龄	AGE		0.023***	0.016***	0.023***	0.016***
			(9.557)	(6.749)	(9.547)	(6.922)
	Constant	0.167***	-0.121***	-0.007	-0.183***	0.018
		(157.533)	(-7.170)	(-0.391)	(-7.190)	(0.692)
行业固定效应		Yes	Yes	Yes	Yes	Yes
年份固定效应		Yes	Yes	Yes	Yes	Yes
	Observations	36,943	36,943	36,943	36,943	36,943
	r^2_a	0.170	0.183	0.220	0.185	0.221

注：括号内为 t 值，*** 表示 $p<0.01$，** 表示 $p<0.05$，* 表示 $p<0.1$。

2. 股东政府资源与控股董事比例：作用机制的检验

以上研究表明，控股股东的政府资源能够显著增加控股董事在董事会中所占的席位。为了探讨股东政府资源影响董事会结构的作用机制，本章进一步检验了公司所在地政府财政盈余情况、市场化进程以及行业进入壁垒对股东政府资源与董事会结构之间关系的影响，以检验股东政府资源对其实施董事会控制的作用机制。表7-6的（1）列数据展示了公司所在地政府财政盈余作为调节变量的回归结果。G_Surplus 与 SOE 的交乘项显著为正，表明随着当地政府财政盈余的增加，政府能够支持企业的资源越多，国有股东与私人股东在控股董事比例之间的差异会显著变大，与假设10（H10）的预期相一致。表7-6的（2）列数据展示了所在地市场化进程作为调节变量的回归结果。MARKET 与 SOE 的交乘项系数显著为正，意味着当地市场化进程越差、政府干预市场的程度越深，国有企业与政府的关系更为紧密，更容易获得政府资源的倾斜，国有股东在董事会席位的谈判能力越强，与私人股东在控股董事比例之间的差异会显著变大。表7-6的（3）列数据展示了公司所在行业进入壁垒作为调节变量的回归结果。Barrier 与 SOE 的交乘项系数在1%的水平上显著为正，意味着所在行业进入壁垒越高，政府作为国有企业的股东能够更加有力地赋予以及保护企业拥有进入行业的资格，有利于企业维持在垄断行业的超额收益，国有股东在董事会席位的谈判方面更具优势，国有股东与私人股东在控股董事比例之间的差异显著变大。表7-6的（4）列数据展示了调节变量共同作用的综合结果，符合假设10（H10）、假设11（H11）与假设12（H12）的预期。

表7-6　股东资源与控股董事比例：作用机制的检验

被解释变量		(1)	(2)	(3)	(4)
		R_Assigned_Executive_Director			
控股股东的产权属性	SOE	0.070***	0.066***	0.070***	0.059***
		(30.858)	(28.399)	(37.615)	(20.771)
财政盈余	G_Surplus	0.001			-0.000
		(0.291)			(-0.004)
控股股东的产权属性×财政盈余	SOE × G_Surplus	0.006**			0.006**
		(2.055)			(2.028)
市场化进程	MARKET		-0.005**		-0.005**
			(-2.395)		(-2.435)
控股股东的产权属性×市场化进程	SOE × MARKET		0.014***		0.014***
			(4.689)		(4.878)

续表 7 - 6

被解释变量		(1)	(2)	(3)	(4)
		R_Assigned_Executive_Director			
进入壁垒	Barrier			0.036***	0.033***
				(4.006)	(3.628)
控股股东的产权属性×进入壁垒	SOE × Barrier			0.022***	0.024***
				(4.517)	(5.061)
CEO 任期	CEO_Tenure	−0.009***	−0.009***	−0.009***	−0.009***
		(−6.661)	(−6.701)	(−6.707)	(−6.558)
CEO 年龄	CEO_Age	−0.006	−0.006	−0.006	−0.007
		(−1.054)	(−1.081)	(−1.052)	(−1.225)
大股东持股比例	Share_Top1	0.171***	0.172***	0.170***	0.169***
		(32.413)	(32.468)	(32.290)	(31.825)
其他股东股权制衡	Her_2 - 10	−0.239***	−0.238***	−0.245***	−0.247***
		(−7.677)	(−7.629)	(−7.843)	(−7.907)
CEO 持股比例	Share_CEO	−0.207***	−0.207***	−0.208***	−0.208***
		(−27.106)	(−26.978)	(−27.227)	(−27.104)
公司规模	SIZE	0.004***	0.004***	0.004***	0.003***
		(5.329)	(5.215)	(4.768)	(4.103)
负债水平	LEV	0.024***	0.025***	0.026***	0.027***
		(5.451)	(5.601)	(5.750)	(6.159)
公司年龄	AGE	0.016***	0.015***	0.016***	0.015***
		(6.826)	(6.517)	(7.049)	(6.547)
	Constant	0.024	0.030	0.025	0.045*
		(0.929)	(1.197)	(0.981)	(1.755)
行业固定效应		Yes	Yes	Yes	Yes
年份固定效应		Yes	Yes	Yes	Yes
	Observations	36,943	36,943	36,943	36,943
	r^2_a	0.221	0.222	0.222	0.223

注：括号内为 t 值，*** 表示 $p < 0.01$，** 表示 $p < 0.05$，* 表示 $p < 0.1$。

五、本章小结

董事会是公司治理与决策的起点，如果我们不能理解它是如何形成的，就很难对它能起到的作用进行推测。然而，因为缺乏必要的数据，目前学术界对中国上市公司的董事会结构的研究受到了外部独立董事比例这个单一指标的局限，而不能很好地验证现有的基于成熟资本市场研究所取得的结论。本章引入"控股董事比例"来衡量控股股东对公司董事会的控制，从资源依赖理论的角度出发，研究中国上市公司董事会结构形成过程中制度场景的重要影响。实证研究发现，上市公司控股董事比例与同期控股股东的平均持股比例存在显著差异；不同所有制公司的董事会结构之间也存在显著差异，具体表现为国有上市公司的控股董事比例显著高于非国有上市公司。而且，公司所在地政府的财政盈余越高，国有上市公司的控股董事比例越高；市场化进程越差的地区，国有上市公司的控股董事比例越高；行业进入壁垒越高的行业，国有上市公司的控股董事比例越高。

这些发现支持了资源依赖理论的观点，即董事会结构并不是随机的、独立的变量，而是组织对外部环境依赖的理性反应。控股董事比例不仅会受到控股股东因其持股比例而产生的"自上而下"的控制需求的影响，还会受到公司因生存而产生的"自下而上"的资源依赖需求的影响。在中国，尚在完善中的市场经济有时仍存在政府行政指令过多、有效约束机制缺乏的现象。有研究结果显示，政府资源有助于企业获得政府采购合同、政策与法律方面的扶持、政府信用担保、资金支持、土地供应、兼并与扩张的支持，能够缓解企业融资约束、获得地方政府税收优惠、打破产业进入壁垒，从而获取企业生存的关键资源，提高公司价值。在这种背景下，国有股东可以为企业生存与发展提供至关重要的政府资源，也因此可以派驻更多的控股董事，进而保证对企业在董事会层面的控制。这些特征使得中国上市公司的董事会无论在组建机制还是在职能发挥等方面，都表现出与其他资本市场很大的差异。资源依赖理论为中国上市公司董事会结构形成过程中的制度场景的影响提供了新的解释，也为未来中国上市公司董事会特征与职能等相关方面的研究提供了新的视角。

第八章　中国上市公司董事会结构的动态演变

一、研究问题

在之前的实证分析中，本书论证了企业资源情况与资源提供者对董事会结构的影响，但由于董事会结构呈现的是公司当下的资源需求与资源提供者博弈的结果，因此，在均衡的视角下，我们很难说公司的资源状况是董事会治理的后果还是现有董事会结构的形成原因（Wintoki et al.，2012）。比如，独立董事的辞职往往和公司当前的业绩、治理水平紧密相关（Dewally and Peck，2010）。为了解决这一内生性问题，学界一般需要应用一些外生场景，如董事突然死亡（sudden death）来评价研究董事会及其成员对企业经营的实际影响（Nguyen and Nielsen，2010；Huang and Hilary，2018；Cheng，2018）。

中组部"18 号文"的发布，给本研究提供了一个外生场景来研究董事会资源职能对企业的影响。不同于以往独立董事"主动"卸任，官员独立董事是受规定限制"被动"辞职。根据规定，现任和离退休党政领导干部被严格禁止到企业兼职（任职），因此大批官员独立董事（在政府部门担任领导职位者）和非官员独立董事（在科研院所和其他事业单位担任领导职位者）辞职。根据本书的统计，中组部"18 号文"出台后（2013 年 10 月 19 日—2015 年 4 月 30 日），官员独立董事辞职数量逐渐上升；到 2014 年下半年，官员独立董事[①]"辞职潮"到达了高峰。截至 2015 年第一季度，因中组部"18 号文"辞职的官员独立董事累计已有 500 人次（如图 8-1 所示），该文件的执行效果可见一斑。这一制度变革给本书提供了研究董事会结构发生突变的外生场景，有助于分析董事会资源对公司的实际影响，以及公司如何应对该项资源的损失，董事会结构会如何演变。

---

① 本研究明确区分政府部门领导、国有企业与事业单位领导，仅将政府部门领导归为官员独立董事，具体分类方式见本章后文。

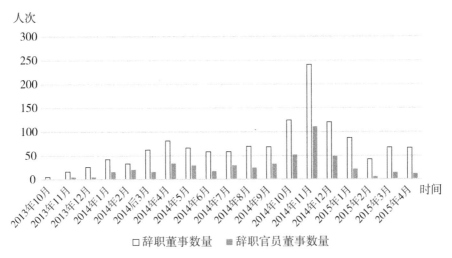

图8-1 不同月份辞职官员独立董事的数量

"十四五"期间，国家大力提倡构建"亲""清"政商关系，认为良性循环的新型政商关系有利于推动企业健康发展。在改革开放的四十多年里，企业家积极构建与政府的合作关系，利用密切的政商关系为企业带来很多资源。各地政府拥有诸多政策工具（银行信贷、产业政策、土地、配额）影响资源配置，而且在各种商业行为的审批和管制方面也掌握大量自由裁量权，影响着企业的生存、发展。比如，在直接融资还不发达的情况下，主要商业银行都由政府所有或受到政府的严格控制，包括贷款规模和方向（王跃生，1999）。尽管近年来资本市场和民间金融市场逐步发展，但并未从根本上改变这种格局。这就意味着大量企业的资金需求难以得到满足，并且该需求在民营企业和国有企业中都广泛存在（卢峰、姚洋，2004；方军雄，2010）。Cull 和 Xu（2005）认为，中国转轨经济背景下政府对市场经济的干预情况并没有得到显著改善。有的研究认为，政治关联可以帮助企业获得融资便利（余明桂、潘红波，2008；罗党论、甄丽明，2008）、税收优惠（吴文锋 等，2009）和政府补贴（潘越 等，2009；余明桂 等，2010）等。

因此，企业如果能够构建密切的政商关系，就会给企业的经营环境带来较大的改善。公司构建政商关系的重要方式之一便是聘请前任或现任政府官员担任独立董事。据统计，2013 年年底 2,500 余家上市公司中共有 816 家聘请官员独立董事 1,101 人次，平均不到 3 家公司就有 1 人次官员独立董事，其中不乏省部级高官（唐朝金、陈薇，2014）。中组部"18 号文"的出台切断了企业通过官员独立董事构建的政商关系纽带，可能导致企业的政府资源受损。在融资方面，企业的银行信贷融资资源可能会受到直接限制。中国是典型的"银行主导型"经济，长期以来银行贷款在社会总融资中占主导地位（Allen et al.，2005；沈坤荣、孙文杰，2004；林毅夫、孙希芳，2008；曾爱民 等，2013）。但是，银行信贷资源的配置受到了政府的干预。与政府存在天然联系的国有企业银行借贷成本更低（白俊、连立帅，2012）。官员独立董事作为企业与政府关系的纽带，也会帮助企业获取信贷资源。因此，中组部"18 号文"引发的官员独立董事辞职会导致企业未来融资资源下降。

此外，融资资源的下降会进一步限制企业的风险承担行为。企业风险承担行为反映了企业追求高利润时为之付出代价的意愿和倾向。风险承担水平越高，企业越倾向于选择风险性的投资项目（Boubakri et al.，2013）。风险承担是一项资源消耗性活动，具有很强的资源依赖性（Fazzari et al.，1988）。如果无法获取足够的资源支持，企业在进行投资时就会面临较大的资源约束，导致投资效率低下，甚至投资失败（连玉君、苏治，2009）。因此，中组部"18 号文"引发的官员独立董事辞职会导致企业未来风险承担行为减少。

但是，企业作为一个理性组织，面对外部制度变化带来的政商关系断裂及相关资源的损失，需要尽快选择其他机制来应对。Pfeffer（1972：226）认为"董事会规模并不是随机的、独立的变量，而是组织对外部环境依赖的理性反应"。Agrawal 和 Knoeber（2001）研究发现，如果公司大部分产品需要销售给政府或者供应出口的话，董事会中具有政治背景的董事比例将比较高；如果公司所处的环境中法律成本较高的话，公司就会聘请更多的律师董事；如果公司规模较大的话，那么政治董事与律师董事的比例都比较高。Mizruchi 和 Stearns（1988，1994）发现，公司的融资需求越高，董事会中越容易出现金融机构的代表董事。Kor 和 Misangyi（2008）研究发现，当管理层行业经验较少时，董事会整体的行业经验会更高，以弥补管理层行业经验的缺失。因此，当融资资源受到约束时，企业可能会通过吸引金融背景独立董事的方法来弥补相关资源的缺失。

本章节以中组部"18 号文"的出台为准自然实验，选择政策公布前后的 2010—2020 年作为样本期间，通过构造双重差分（differences in differences，DID）模型检验强制官员独立董事辞职对企业经营的影响。研究发现，相对于不存在官员独立董事辞职的公司，当公司官员董事离职后，未来融资渠道受阻，长期贷款占比下降（债务期限缩短），风险承担水平下降。为应对政商关系受阻对公司融资资源的不利影响，公司未来将聘请更多拥有金融背景的独立董事。这些研究进一步证明了资源依赖理论对董事会结构的解释，董事会结构的动态变迁反映了公司对外部环境依赖的理性反应。

本章对现有文献的贡献有以下三点：第一，从董事会的资源职能出发，讨论并验证了官员独立董事带来的政府资源对企业融资、风险承担的影响；第二，补充了董事会政治关联的相关文献；第三，探索了政府资源断损后，企业后续的应对策略，进一步研究了企业资源依赖与董事会结构之间的关系，研究结论有助于理解中国上市公司董事会的构成。

二、模型设定与变量定义

本研究采用双重差分法（DID）来实证考察官员独立董事为企业带来的资源效应。为测试本研究的基本假设，构建如下实证模型进行假设检验：

$$Outcome_{i,t+1} = \beta_0 + \beta_1 \, PolliticalID_i \times Post_t + \beta_2 \, PolliticalID_i + \beta Controls + Year + Industry + \varepsilon \qquad (8-1)$$

其中，模型的被解释变量 $Outcome$ 指官员独立董事辞职可能产生的一系列经济后果变量。具体包括：一是企业长期融资占比（$LTDebt$），等于长期负债占总资产的比例；二是企业短期融资占比（$STDebt$），等于短期负债占总资产的比例；三是企业固定资产投资变动占比（$investment$），等于固定资产变动值除以总资产；四是企业并购行为（MA，并购则赋值为 1，否则赋值为 0）、资产周转率波动性（$std3\_r\_sale$，等于 t+1、t+2、t+3 年企业资产周转率的标准差）。

模型的解释变量为 $PoliticalID \times Post$。其中，$PoliticalID$ 代表企业是否存在官员独立董事因为中组部"18 号文"辞职的情况，如果存在则赋值为 1，不存在则赋值为 0。$Post$ 代表中组部"18 号文"发布后的时间变量。由于中组部"18 号文"发布于 2013 年 10 月 19 日，因此，本研究将 2013 年之后年份的 $Post$ 赋值为 1，之前年份赋值为 0。本研究预期模型中

的 β_1 显著为负。

参考 Hu 等（2020）、Hope 等（2020）的研究，模型的控制变量及定义如下：公司规模（SIZE，等于总资产的自然对数）、公司年龄（AGE，等于成立时长的自然对数）、净资产收益率（ROE）、两权分离度（Separation，公司经营权与所有权之间的差值）、第一大股东持股比例（LrgHldRt）、董事会规模（Director，董事会总人数加一的自然对数值）、营业总收入增长率（growth）、控股股东的产权性质（SOE，国有企业赋值为1，否则赋值为0）。此外，本研究对行业与年份固定效应进行了控制。

三、数据与研究样本

为了对比中组部"18号文"出台前后的独立董事辞职情况，剔除金融行业公司、关键数据缺失的公司样本后，本研究从 Wind 数据库中"公司公告 – 重大事项 – 人事变动"中检索关键词"独立董事"，搜集了从2013年10月19日到2015年4月30日（2014年年度报告的法定截止日期）的 A 股上市公司全部公告，共得到涉及966家公司、1,331人次独立董事辞职的样本。本研究进一步将辞职独立董事划分为官员和非官员。虽然事业单位党政领导等非官员独立董事与官员独立董事同受中组部"18号文"影响，但二者所代表的政府资源难以相提并论。参考杜兴强等（2010，2011）对政治关联的度量方法，本研究把现在或曾经在中央或地方各级政府部门、法院、检察院任职，或担任人大常委会主任、副主任，以及政协主席、副主席的独立董事定义为官员独立董事。本研究逐一阅读 CSMAR 数据库和公司年报中披露的高管简历，只要独立董事曾任或现任党政领导干部，在人大、政治协商会议等典型的官方组织（不含行业协会）有任职的经历，且在2013年10月19日之后辞职者，都将其识别为"官员独立董事"。

本研究有关上市公司的财务数据和股价数据来自 CSMAR 数据库，独立董事个人特征数据摘自 CSMAR 数据库的高管简历，如遇数据缺失，则通过公司年报、百度百科等网站补充。为消除极端值对回归结果的影响，本书对连续变量采用了1%水平上的双侧缩尾。

表8-1列示了本章研究中主要变量的描述性统计结果。结果显示，样本企业的长期融资占比（LTDebt）的均值为4.5%，短期融资占比

（*STDebt*）的均值为 9.8%。样本企业固定资产投资变动占比（*investment*）的均值为 1.8%，样本企业并购行为（*MA*）的均值为 33.9%。样本企业资产周转率波动性（*std3_r_sale*）均值为 9.7%，样本中平均有 14.4% 的公司拥有官员独立董事（*PoliticalDirector*）。样本公司的规模（*SIZE*）平均为 36 亿元（$e^{22.099}$），公司年龄（*AGE*）平均为 15.85 年（$e^{2.763}$），净资产收益率（*ROE*）的均值为 5.1%。样本公司平均的所有权与经营权两权分离度（*Separation*）为 5.6%，平均的第一大股东持股率（*LrgHldRt*）为 34.9%，董事会规模（*Director*）平均为 9 名董事（$e^{2.286}$）。样本公司增长率（*growth*）的均值为 6.8%，有 38.9% 的样本公司控股股东的产权性质为国有企业。

表 8 - 1　主要变量描述性统计

变量		样本	均值	标准差	5%分位值	中值	95%分位值
长期融资占比	*LTDebt*	24,508	0.045	0.076	0.000	0.006	0.218
短期融资占比	*STDebt*	24,508	0.098	0.104	0.000	0.068	0.309
企业固定资产投资变动占比	*investment*	24,508	0.018	0.057	-0.040	0.003	0.126
企业并购行为	*MA*	24,508	0.339	0.473	0.000	0.000	1.000
资产周转率波动性	*std3_r_sale*	24,508	0.097	0.114	0.010	0.062	0.306
官员独立董事	*PoliticalDirector*	24,508	0.144	0.351	0.000	0.000	1.000
公司规模	*SIZE*	24,508	22.099	1.308	20.281	21.940	24.544
公司年龄	*AGE*	24,508	2.763	0.388	2.079	2.833	3.258
净资产收益率	*ROE*	24,508	0.051	0.206	-0.134	0.067	0.211
两权分离度	*Separation*	24,508	5.617	7.917	0.000	0.008	0.220
第一大股东持股率	*LrgHldRt*	24,508	34.948	14.743	14.040	32.890	62.140
董事会规模	*Director*	24,508	2.286	0.250	1.946	2.303	2.708
公司增长率	*growth*	24,508	0.068	0.325	-0.402	0.101	0.468
控股股东的产权性质	*SOE*	24,508	0.389	0.487	0.000	0.000	1.000

　　本章主要变量之间的相关关系见表 8 - 2。总体来看，官员独立董事所在的公司规模更大、成立年限更久、两权分离度更高、第一大股东持股比

例更高、董事会规模更大、公司增长率更低、控股股东的产权性质更有可能是国有企业，但净资产收益率未见显著差异。官员董事所在的公司未来负债占比较大、盈余波动率更大。

四、官员独立董事辞职对企业经营的影响

（一）融资资源

表8-3的（1）（2）列报告了政府资源丧失对企业融资影响的回归结果。表8-3的（1）列显示下一期 $LTDbet$ 的回归结果。交乘项 $PoliticalID × Post$ 的回归系数为 -0.008，且在1%水平下显著。这说明官员独立董事被迫辞职后，丧失政府资源的企业更难获得长期贷款。该结果与已有文献的结论一致（Hu et al.，2020；Hope et al.，2020），为本书后续研究奠定了基础。表8-3的（2）列显示的是下一期 $STDbet$ 的回归结果，当被解释变量为短期贷款规模时，交乘项 $PoliticalID × Post$ 的回归系数为0.005，回归系数不显著。

表8-3的（3）（4）列展示了该负向影响的持续时间以及双重差分模型的平行趋势假设。双重差分模型的一个重要适用前提是要求对照组与控制组存在"平行趋势假设"。因此，本书借鉴 Bertrand 和 Mullaina-than（2003）的处理方法，以2010年为基准年，在回归中加入其他年份虚拟变量与官员独立董事变量的交乘项。若在中组部"18号文"发布前的交乘项系数不显著，则表明的确存在平行趋势。从 Panel B 可以看出，在中组部"18号文"发布前，交乘项 $PoliticalID × 2011$、$PoliticalID × 2012$、$PoliticalID × 2013$ 的系数不显著。这说明对照组与控制组在政策实施之前不存在差异。而在政策实施之后，$PoliticalID × 2014$ 至 $PoliticalID × 2019$ 的系数均显著为负。这说明中组部"18号文"发布后，企业的官员独立董事离职，这使企业的政府资源丧失、阻碍了企业长期贷款，且这一效应具有持续性。

表8-2 变量间相关系数

变量	(1)	(2)	(3)	(4)	(5)	(6)	(7)
长期负债占总资产比例 (1) LTDebt	1						
短期负债占总资产比例 (2) STDebt	0.045***						
增加的固定资产占总资产比例 (3) investment	0.101***	0.002					
并购概率 (4) MA	0.030***	0.016**	0.074***				
资产周转率标准差 (5) std3_r_sale	-0.081***	0.115***	-0.066***	0.004			
官员独立董事 (6) PoliticalID	0.071***	0.038***	0.000	-0.002	0.067***		
公司规模 (7) SIZE	0.375***	0.100***	-0.012*	0.000	0.074***	0.095***	
公司年龄 (8) AGE	0.115***	0.001	-0.121***	-0.052***	-0.020***	0.020***	0.152***
净资产收益率 (9) ROE	-0.012*	-0.142***	0.123***	0.038***	0.012*	-0.004	0.075***
两权分离度 (10) Separation	0.000	0.035***	0.007	0.004	0.028***	0.032***	0.050***
第一大股东持股率 (11) LrgHldRt	0.083***	-0.056***	0.051***	0.001	-0.010	0.025***	0.238***
董事会规模 (12) Director	0.107***	0.049***	-0.030***	-0.005	0.074***	0.079***	0.217***
公司增长率 (13) growth	0.011*	0.010	0.100***	0.062***	0.029***	-0.016**	0.084***
控股股东的产权性质 (14) SOE	0.222***	0.030***	-0.051***	-0.059***	0.151***	0.117***	0.353***

续表8-2

变量		(8)	(9)	(10)	(11)	(12)	(13)	(14)
长期负债占总资产比例	(1) LTDebt							
短期负债占总资产比例	(2) STDebt							
增加的固定资产占总资产比例	(3) investment							
并购概率	(4) MA							
资产周转率标准差	(5) std3_r_sale							
官员独立董事	(6) PoliticalID							
公司规模	(7) SIZE							
公司年龄	(8) AGE							
净资产收益率	(9) ROE	-0.044***						
两权分离度	(10) Separation	0.032***	0.031***					
第一大股东持股率	(11) LrgHldRt	-0.112***	0.107***	0.141***				
董事会规模	(12) Director	0.079***	-0.034***	0.024***	-0.004			
公司增长率	(13) growth	-0.100***	0.247***	-0.004	0.037***	-0.032***		
控股股东的产权性质	(14) SOE	0.187***	0.010	-0.115***	0.214***	0.234***	-0.045***	

注：***、**、*分别表示在1%、5%、10%的水平上显著。

表8-3 官员独立董事辞职对企业融资的影响

被解释变量	（1）	（2）	（3）	（4）
	主结果		动态检验	
	LTDbet	STDebt	LTDbet	STDebt
PoliticalID × Post	-0.008***	0.005		
	(-3.301)	(1.400)		
PoliticalID × 2011			-0.007	0.009
			(-1.177)	(0.978)
PoliticalID × 2012			-0.007	0.008
			(-1.266)	(0.899)
PoliticalID × 2013			-0.008	0.003
			(-1.501)	(0.342)
PoliticalID × 2014			-0.013**	0.011
			(-2.268)	(1.262)
PoliticalID × 2015			-0.016***	0.011
			(-2.858)	(1.313)
PoliticalID × 2016			-0.014**	0.012
			(-2.536)	(1.410)
PoliticalID × 2017			-0.015***	0.011
			(-2.655)	(1.365)
PoliticalID × 2018			-0.015***	0.007
			(-2.687)	(0.902)
PoliticalID × 2019			-0.011**	0.008
			(-2.081)	(0.983)
PoliticalID	0.009***	0.002	0.015***	-0.003
	(4.507)	(0.830)	(3.450)	(-0.393)
SIZE	0.017***	0.013***	0.017***	0.013***
	(46.145)	(22.781)	(46.131)	(22.780)
AGE	0.009***	0.010***	0.009***	0.010***
	(7.180)	(5.544)	(7.182)	(5.541)
ROE	-0.018***	-0.077***	-0.018***	-0.077***
	(-8.585)	(-24.828)	(-8.588)	(-24.834)

续表 8 - 3

被解释变量	(1)	(2)	(3)	(4)
	主结果		动态检验	
	LTDbet	*STDebt*	*LTDbet*	*STDebt*
Separation	- 0. 000	0. 000 **	- 0. 000	0. 000 **
	(- 0. 532)	(2. 314)	(- 0. 526)	(2. 317)
LrgHldRt	- 0. 000 ***	- 0. 001 ***	- 0. 000 ***	- 0. 001 ***
	(- 5. 425)	(- 11. 498)	(- 5. 419)	(- 11. 504)
Director	0. 002	0. 007 ***	0. 002	0. 007 ***
	(0. 981)	(2. 790)	(0. 983)	(2. 791)
growth	0. 002 *	0. 008 ***	0. 002 *	0. 009 ***
	(1. 702)	(4. 259)	(1. 703)	(4. 261)
SOE	0. 002 **	- 0. 006 ***	0. 002 **	- 0. 006 ***
	(2. 165)	(- 4. 060)	(2. 162)	(- 4. 051)
Constant	- 0. 390 ***	- 0. 295 ***	- 0. 390 ***	- 0. 295 ***
	(- 6. 100)	(- 3. 049)	(- 6. 101)	(- 3. 050)
行业固定效应	Yes	Yes	Yes	Yes
年份固定效应	Yes	Yes	Yes	Yes
Observations	24, 508	24, 508	24, 508	24, 508
r^2_a	0. 301	0. 149	0. 301	0. 149

注：括号内为 t 值，*** 表示 $p < 0.01$，** 表示 $p < 0.05$，* 表示 $p < 0.1$。

（二）风险承担

长期贷款作为企业投资的重要源泉，能从原动力上帮助企业抓住投资机会。当企业融资资源受限时，其投资等风险承担活动可能会受到负面影响。

表 8 - 4 的（1）（2）（3）列报告了政府资源丧失对企业风险承担影响的回归结果。表 8 - 4 的（1）列显示了 *investment* 的回归结果，（2）列显示的是下一期 *MA* 的回归结果，（3）列显示的是 $t + 1$、$t + 2$、$t + 3$ 年企业资产周转率（营业收入/总资产）的标准差 *std3_r_sale* 的回归结果。交乘项 *PoliticalID* $\times$ *Post* 的回归系数分别为 - 0. 004、- 0. 043 和 - 0. 010，分

别在 10%、5% 及 5% 水平下显著。这说明政府资源的丧失给企业的风险承担活动也带来负面冲击。表 8 - 4 的（4）（5）（6）列展示了该负面冲击的持续时间以及双重差分模型的平行趋势假设。同前文一致，以 2010 年为基准年，在回归中加入其他年份虚拟变量与官员独立董事变量的交乘项。可以看出，在中组部"18 号文"发布前，交乘项 *PoliticalID* × 2011、*PoliticalID* × 2012、*PoliticalID* × 2013 的系数不显著。这说明对照组与控制组在政策实施之前不存在差异，满足了双重差分模型的平行趋势假设。

表 8 - 4 官员独立董事辞职对企业风险承担的影响

被解释变量	（1）	（2）	（3）	（4）	（5）	（6）
	主结果			动态检验		
	investment	*MA*	*std3_r_sale*	*investment*	*MA*	*std3_r_sale*
PoliticalID × *Post*	− 0. 004 *	− 0. 043 **	− 0. 010 **			
	（ − 1. 683）	（ − 2. 396）	（ − 2. 266）			
PoliticalID × 2011				0. 002	0. 029	0. 007
				（0. 329）	（0. 675）	（0. 724）
PoliticalID × 2012				− 0. 002	0. 002	0. 008
				（ − 0. 421）	（0. 046）	（0. 831）
PoliticalID × 2013				0. 003	− 0. 001	0. 001
				（0. 574）	（ − 0. 024）	（0. 157）
PoliticalID × 2014				− 0. 001	− 0. 089 **	− 0. 009
				（ − 0. 168）	（ − 2. 157）	（ − 0. 934）
PoliticalID × 2015				0. 001	− 0. 079 *	− 0. 003
				（0. 257）	（ − 1. 937）	（ − 0. 285）
PoliticalID × 2016				− 0. 003	− 0. 003	− 0. 004
				（ − 0. 699）	（ − 0. 073）	（ − 0. 456）
PoliticalID × 2017				− 0. 007	− 0. 029	− 0. 007
				（ − 1. 476）	（ − 0. 702）	（ − 0. 700）
PoliticalID × 2018				− 0. 004	− 0. 001	− 0. 004
				（ − 0. 854）	（ − 0. 016）	（ − 0. 465）
PoliticalID × 2019				− 0. 003	− 0. 016	− [2]
				（ − 0. 633）	（ − 0. 392）	

续表 8 - 4

被解释变量	(1)	(2)	(3)	(4)	(5)	(6)
	主结果			动态检验		
	investment	MA	std3_r_sale	investment	MA	std3_r_sale
PoliticalID	0.003*	0.030**	0.011***	0.002	0.023	0.007
	(1.785)	(2.117)	(3.296)	(0.641)	(0.734)	(0.909)
SIZE	0.001**	0.010***	-0.014***	0.001**	0.010***	-0.014***
	(2.104)	(3.492)	(-21.038)	(2.141)	(3.426)	(-21.037)
AGE	-0.009***	-0.023**	0.015***	-0.009***	-0.023**	0.015***
	(-8.325)	(-2.468)	(7.012)	(-8.316)	(-2.495)	(7.003)
ROE	0.026***	0.042***	-0.035***	0.026***	0.042***	-0.035***
	(14.599)	(2.768)	(-8.033)	(14.593)	(2.789)	(-8.034)
Separation	-0.000	-0.000	0.000*	-0.000	-0.000	0.000*
	(-1.373)	(-0.195)	(1.709)	(-1.358)	(-0.221)	(1.707)
LrgHldRt	0.000***	0.000	0.000	0.000***	0.000	0.000
	(5.180)	(0.136)	(0.674)	(5.146)	(0.189)	(0.676)
Director	-0.002*	0.006	0.004	-0.003*	0.007	0.004
	(-1.652)	(0.462)	(1.231)	(-1.691)	(0.525)	(1.232)
growth	0.010***	0.072***	0.008***	0.010***	0.072***	0.008***
	(8.872)	(7.371)	(3.220)	(8.856)	(7.374)	(3.215)
SOE	-0.007***	-0.067***	-0.004**	-0.007***	-0.067***	-0.004**
	(-8.145)	(-8.875)	(-2.219)	(-8.120)	(-8.923)	(-2.222)
Constant	0.099*	-0.199	0.355***	0.099*	-0.197	0.356***
	(1.759)	(-0.423)	(8.622)	(1.757)	(-0.418)	(8.638)
行业固定效应	Yes	Yes	Yes	Yes	Yes	Yes
年份固定效应	Yes	Yes	Yes	Yes	Yes	Yes
Observations	24,508	24,508	21,239	24,508	24,508	21,239
r^2_a	0.0518	0.0275	0.125	0.0517	0.0276	0.124

注：1. 括号内为 t 值，*** 表示 $p<0.01$，** 表示 $p<0.05$，* 表示 $p<0.1$。

2. 在计算企业盈利波动性未来三年的标准差时（至少要求有两年数据），由于所用到的最新数据为 2020 年上市公司的年报数据，因此相应的盈利波动性数据截止到 2018 年。

上述实证结果表明，政府资源丧失对企业融资的负面影响传导到企业投资，资金的不充足使得企业风险承担的意愿降低，风险承担水平随之下降。

五、董事会结构的动态演变

根据本章前文实证结果，在中组部"18 号文"件发布后，因官员独立董事辞职导致的政府资源丧失给企业融资、风险承担活动都带来了负面影响。作为理性经济体的企业，会如何应对这一突然的外生冲击呢？董事会作为企业外部资源的"抓手"，企业是否会相应调整董事会结构，从而弥补相关融资资源的流失？因此，本书接下来将进一步分析董事会结构的变化。

董事会结构的调整见表 8 – 5。被解释变量均为未来一期指标，其中：①独立董事人数占董事会总人数比例为 *BoardIndep*；②金融背景独立董事①占董事会总人数比例为 *FinDirector*；③独立董事人数加 1 的自然对数为 ln*Indep*；④金融背景独立董事人数加 1 的自然对数为 ln*Fin*。

表 8 – 5 的（1）列中，交乘项系数为 – 0.011，在 1% 水平下显著。这说明，官员独立董事被迫辞职后，企业董事会中独立董事比例减少。然而，表 8 – 5 的（2）列的回归结果显示，尽管独立董事整体占比下降，金融背景独立董事占独立董事的比例却在 10% 水平下显著为正。这说明企业聘请了更多的金融背景独立董事，用金融资源来弥补政府资源的缺失。考虑到董事会结构的变化是相对变化，本书加入绝对人数的变动，以求进一步夯实结论。表 8 – 5 的（3）（4）列结果显示，从绝对数指标观测，官员独立董事被迫辞职后，企业董事会中独立董事人数显著减少，金融背景独立董事人数显著增加。

该实证结果也能为前文回归结果中平行趋势检验系数随年份增加逐渐减小提供解释——即企业及时、动态调整董事会结构以应对政府资源断损产生的不利影响。

---

① 金融背景独立董事在本书中指有非监管部门、政策性银行、交易所等金融机构背景的独立董事。

表8-5 董事会结构的调整

被解释变量	(1)	(2)	(3)	(4)
	董事会结构变量			
	BoardIndep	FinDirector	lnIndep	lnFin
PoliticalID × Post	-0.011***	0.007*	-0.032***	0.032**
	(-4.067)	(1.779)	(-3.773)	(2.261)
PoliticalDirector	0.017***	-0.012***	0.050***	-0.038***
	(7.718)	(-4.103)	(7.248)	(-3.278)
SIZE	0.004***	-0.006***	0.020***	0.021***
	(9.193)	(-10.806)	(15.101)	(9.205)
AGE	-0.006***	-0.005***	-0.012***	0.013*
	(-4.478)	(-2.758)	(-2.603)	(1.744)
ROE	-0.000***	0.000	-0.000	0.001*
	(-6.746)	(0.092)	(-0.998)	(1.956)
Separation	0.003	-0.004	-0.011	0.001
	(1.124)	(-1.146)	(-1.252)	(0.090)
LrgHldRt	0.000***	-0.000***	-0.000***	0.000
	(5.012)	(-2.902)	(-3.673)	(1.584)
Director	-0.090***	-0.006**	0.187***	0.056***
	(-47.053)	(-2.057)	(30.813)	(5.478)
growth	0.000	0.002	-0.010**	0.012
	(0.095)	(1.017)	(-2.058)	(1.396)
SOE	-0.012***	0.001	0.012***	0.016***
	(-10.931)	(0.316)	(3.462)	(2.647)
Constant	0.435***	0.829***	0.485**	-0.618*
	(6.378)	(8.642)	(2.254)	(-1.697)
行业固定效应	Yes	Yes	Yes	Yes
年份固定效应	Yes	Yes	Yes	Yes
Observations	22,643	19,233	22,643	22,790
r^2_a	0.138	0.0285	0.110	0.0318

注：括号内为 t 值，*** 表示 $p < 0.01$，** 表示 $p < 0.05$，*p 表示 < 0.1。

六、本章小结

本研究以中组部"18号文"作为准自然实验，研究了官员独立董事辞职对企业经营的影响以及董事会结构的动态演变。研究发现，相对于不存在官员董事辞职的公司，存在官员董事离职的公司未来融资渠道受阻、长期贷款占比下降（债务期限缩短）、风险承担水平下降。为应对政商关系受阻对公司融资资源的不利影响，公司会聘请更多拥有金融背景的独立董事。这些研究进一步证明了资源依赖理论对董事会结构的解释，董事会结构的动态变迁反映了公司对外部环境依赖的理性反应。

第九章 研究结论、局限性与未来研究方向

现代企业依据公司法设立董事会，董事会受股东委托监督管理层并履行重大经营决策权，是公司监督与控制体系的顶点（Fama and Jensen，1983），也是公司接触并掌控外部经营环境的工具与桥梁（Pfeffer，1972，1973）。尽管几十年来，关于董事会结构的研究重点都放在了董事会的结构如何影响公司决策进而影响公司绩效等经济后果的问题上，但最近学者们也逐步意识到如下这些更重要、更应该优先解决的问题：董事会结构来自何处？公司间彼此迥异的董事会结构是如何被建立的？组建董事会的真正推动者是谁？使得一贯稳定的董事会结构出现异动的因素是什么？本书以中国资本市场上市公司为研究对象，考察董事会结构的影响因素。

国内外已有的对董事会结构成因的研究大都以委托代理理论为基础，以董事会的监督职能为出发点，研究公司的委托代理问题、对董事会监督职能的需求与董事会结构之间的相关关系。然而仅仅依靠委托代理理论解释实际现象，会过高估计市场的作用，忽略 CEO 作为被监督者对监督行为的反应动机以及操纵董事选聘的权力。大量的案例研究表明管理层作为被监督者也在努力摆脱董事会的压制，而且事实上经常介入董事选聘环节，甚至有时候可以完全控制董事会的组建（Herman，1981；Whisler，1984；Mace，1986）。权力是什么？为什么有些 CEO 拥有强大的权力而有些 CEO 没有？为什么权力会影响董事会结构？这些问题很难用理性、市场、效率等经济学概念来解释。本书综合运用经济学的委托代理理论与社会学的资源依赖理论，分别阐述了两个理论的核心概念与基本逻辑，从不同的角度分析了董事会结构的成因，并对各种理论的侧重点、适用性与推论进行述评，从而为从多个角度研究、假设与论证董事会结构的影响因素提供了理论基础。

从经济学的角度看，董事会是组织应对设计问题的市场结果，是一个有助于缓解现代企业存在的委托代理问题的内生性制度。委托代理理论强调董事会的监督职能，但并不是说更小的董事会或者更高的外部董事比例

就意味着更多的监督、对公司更好，而是说董事会的结构特征来自内部特征不同的公司对监督收益与监督成本的平衡。因此，从委托代理理论的角度出发，董事会构建的过程是对外部董事监督行为的成本与收益进行评估的过程，同时还受到其他治理机制效率的影响。总体而言，董事会构建的过程是公司代理成本最小化的过程。

从社会学的角度看，一个组织的董事会构成受到了该组织生存所需外部资源的类型与数量的影响。资源依赖理论重视董事会的资源职能，但并不是说所有的资源提供方均可以派代表进入董事会，或者最重要的资源提供方就可以独占董事会，而是说因为组织生存所需的资源有所侧重而又缺一不可，因此，董事会的席位是稀缺的，董事会的成员是复杂的，董事会的结构是董事会席位与外部权力相匹配的结果。从资源依赖理论的角度出发，董事会构建的过程是组织吸纳外部资源的过程，是为了更好地适应当前的环境条件，将董事会席位与外部资源提供方的权力进行匹配的过程。总体而言，董事会结构就是公司所依赖资源结构的微观体现。

在介绍与总结了有关董事会结构成因的理论基础上，本书分别从委托代理理论与资源依赖理论两个视角，对国外已有研究文献进行了分类、梳理与综述。首先对委托代理理论视角下的相关研究进行了回顾，并将董事会结构的影响因素分为三大类：一是传统委托代理理论下的解释，董事会结构取决于上市公司对监督收益与监督成本的平衡，以及其他治理因素的影响；二是基于董事会的监督职能，信息因素对董事会结构的影响；三是CEO作为被监督者对董事会构建过程的操纵。接着回顾了资源依赖理论视角下的研究成果。最后对现有的研究成果进行了总体评价，从现有研究的逻辑基础、研究框架以及中国研究存在的研究机会进行了述评，延伸出本书的研究意义，并为本书后续的实证检验提供文献支持。

在委托代理理论与资源依赖理论的基础上，本书以1999—2020年中国A股主板市场全体上市公司为样本，分别从委托代理理论视角与资源依赖视角出发，对上市公司董事会结构特征、发展趋势与影响因素进行了深入的实证研究。

首先对中国上市公司董事会结构特征进行了描述性分析。本书研究的董事会结构特征包括董事会规模与分类董事比例。而分类董事比例则从两个视角展开：从委托代理理论的角度看，以董事来自公司内部还是外部为标准，分为内部董事与外部董事；从资源依赖理论的角度看，根据董事日常供职的集团，将董事分为高管董事、控股董事、制衡董事与独立董事。描述性统计结果显示，中国上市公司董事会结构有如下五个主要特征：第一，中国上市公司的董事会规模相对较大，但是日趋变小；第二，从委托代理理论出发，相对于学术界惯用的独立董事比例，外部董事比例呈现更多的公司间差异，更适合用来度量委托代理理论下的董事会结构；第三，从资源依赖理论出发，控股董事比例、制衡董事比例、高管董事比例和独立董事比例更精确地刻画公司之间的董事会结构差异，而这些在过去的研究中被视作董事会结构黑箱；第四，2001 年出台的《指导意见》对董事会结构的影响不只是增加了独立董事的比例、降低了其他类型董事的比例，其作用下不同类型董事比例下降的程度与趋势存在显著差异，体现了不同集团权力结构的差异；第五，中国上市公司董事会结构呈现行业、地域特征，在一定程度上支持了资源依赖理论的推论。

以这些描述性统计结果为基础，本书以 1999—2020 年中国 A 股主板市场全体上市公司为样本，分别从委托代理理论视角与资源依赖视角出发，对上市公司董事会结构特征的形成机理进行了对比研究：委托代理理论的假设是，董事会结构演变与上市公司监督成本、监督收益相关；资源依赖理论的假设是，各类董事比例与该董事能够为公司提供的资源的重要性正相关，与可替代性负相关。实证研究结果表明，委托代理理论和资源依赖理论都对董事会结构具有解释力。因此，董事会结构并不是随机的、独立的变量，而是组织对内外部环境的理性反应。

为了进一步验证资源依赖理论的解释能力，在中国上市公司控制权普遍集中与国有企业占主导地位的制度背景下，本书研究了中国上市公司董事会结构形成过程中制度场景的重要影响。实证研究发现，上市公司控股董事比例与同期控股股东的平均持股比例存在显著差异；不同所有制公司的董事会结构之间也存在显著差异，具体表现为国有上市公司的控股董事比例显著高于非国有上市公司。而且，公司所在地政府的财政盈余越高，国有上市公司的控股董事比例越高；市场化进程越差的地区，国有上市公司的控股董事比例越高；行业进入壁垒越高的行业，国有上市公司的控股董事比例越高。这一研究发现支持了资源依赖理论的观点。控股董事比例不仅会受到控股股东因其持股比例而产生的"自上而下"的控制需求的影响，还会受到公司因生存而产生的"自下而上"的资源依赖需求的影响。在中国，尚在完善中的市场经济有时仍存在政府行政指令过多与有效约束机制缺乏的现象。有研究发现，政府资源有助于企业获得政府采购合同、政策与法律方面的扶持、政府信用担保、资金支持、土地供应、兼并与扩张的支持，能够缓解企业融资约束、获得地方政府税收优惠、打破产业进入壁垒，从而获取企业生存的关键资源，提高公司价值。在这种背景下，国有企业股东可以为企业生存与发展提供至关重要的政府资源，也因此可以派驻更多的控股董事，进而保证在董事会层面对企业的控制。这些特征使得中国上市公司的董事会无论是在组建机制还是职能发挥等方面，都表现出与其他资本市场很大的差异。

本书前四个章从不同角度发现企业资源情况与资源提供者对董事会结构的影响。但是由于公司董事会结构已经呈现了公司当下的资源需求与资源提供者博弈的结果，因此在均衡的视角下，我们很难说公司的资源状况是董事会治理的后果还是现有董事会结构形成的原因，存在一定的内生性问题。为了解决这一问题，第八章以中组部"18号文"制度变革为场景，研究了受政策管制下官员独立董事辞职对企业经营以及董事会结构的影响。研究发现，相对于不存在官员独立董事辞职的公司，存在官员董事离职的公司未来融资渠道受阻、长期贷款占比下降（债务期限缩短）、风险承担水平下降。为应对政商关系受阻对公司融资资源的不利影响，公司聘请了更多拥有金融背景的独立董事。这些研究进一步证明了资源依赖理论对董事会结构的解释，董事会结构的动态变迁反映了公司对外部环境依赖的理性反应。

本书的主要贡献是，将社会学中的资源依赖理论与经济学中的委托代理理论结合起来，从中国上市公司董事会的真实职能出发，研究了董事会结构的形成机制、制度特征与动态演变过程。与现有文献强调董事会的监督职能不同，本书讨论并验证了董事会的资源职能在董事会构建过程中的重要作用。本书的研究表明，董事会的构建比预想中的情况还要复杂。一方面，引入外部董事对公司进行监督是需要成本的，公司要在监督收益、监督成本以及其他治理机制的效率之间进行平衡；另一方面，董事会作为公司的权力机构，其席位代表的控制权一直以来都是公司各方博弈的焦点，公司生存越依赖某一类资源提供者，该资源提供方对公司拥有越高的权力，所能占据的董事席位越多。在股权高度分散的发达资本市场，"人力资本的专门化达到前所未有的高度"（周其仁，1996：78），公司生存更有赖于人力资本的各种发挥和利用——一般劳务、专业技能与知识、管理能力（计量与监督）以及各种企业家才能（"能够对付市场不确定性的冒险家"才能），CEO的权力极大地影响了董事会的构成，大量的理论与实证证据支持了这个判断。在中国这样的新兴资本市场中，较低的资源配置效率、投资者保护水平以及制度变迁的路径依赖问题带来了公司股权结构高度集中的特征，公司的所有权与控制权并没有彻底分离。对于民营企业而言，物质资本的所有者与人力资本的所有者往往合二为一，创始人往往依然负责公司的经营；对于国有企业而言，CEO由政治官员而非资产所有者选择（张维迎，1998）。这些现实因素使得中国企业家的人力资本价值相对较低，而大比例的股份以及大股东所能带来的政府资源、企业集团资源、战略资源对公司的生存更为关键。因此，本书的实证结果发现，相对于其他资本市场中的企业，中国上市公司的董事会结构与股东权力存在显著的相关关系，而与CEO权力之间的关系较弱。

本书的研究深化了董事会研究的理论基础，丰富了董事会结构影响因素领域的文献，展现了中国现阶段董事会结构的基本特征，提供了中国上市公司董事会构建的形成过程与动态演变的理论解释与实证证据，为未来的中国投资者保护、董事会制度建设与市场监管等提供了理论依据与经验证据。

本书的局限性表现在以下三方面。第一，对公司外部资源的种类、内涵以及与董事会席位之间的关系，如资金资源、法律资源、政府资源、关系资源、上下游资源等，没有建立一一对应的关系。本书对董事会结构的研究，只细化到董事的外部组织关系资源，关注公司的主要利益相关人进入董事会的过程，暂时没有细化到每位董事的人力资本特征。此外，本书没有讨论独立董事所代表的资源。这主要是因为关于独立董事资源与董事席位的关系已经有大量的研究结论，而非独立董事的特征与结构却长期被当作黑箱来看待，这也是本书的研究贡献所在。第二，代理变量的准确性。对公司代理成本的度量，本书借鉴了目前衡量代理成本的主流方法，但依然无法做到十分准确，这也许是委托代理理论的实证检验并没有得到很好的验证的部分原因。对公司资源的度量，股东资金资源、政府资源以及管理层人力资源大多是替代性变量，如利用年龄来替代承担风险能力，利用学历来替代学习能力等，未来还有待更精致的研究来验证这些假设。第三，对董事选聘过程的忽略。如同大部分相关的实证研究一样，本书对董事会结构的成因依然是结果论证型，对董事选聘以及董事会构建的具体过程缺乏理论建模和实地访谈，特别是公司外部资源提供方关于董事会席位的博弈过程，只有理论推理，没有模型演绎，是笔者目前研究能力有限造成的遗憾。希望未来能弥补这一缺憾。

未来可能进一步研究的问题有如下三个方面。第一，行业环境的变化对董事会结构的影响。本书研究了横截面因素对董事会结构的影响，而董事会构建是一个动态的、长期的过程（Hermalin and Weisbach，2003）。资源依赖理论认为，董事会是公司管理环境与资源依赖的基本策略。当环境变化时，董事会结构如何变化？在案例研究的基础上，也可以利用巧妙的研究设计，关注一类企业在集体面对环境变化（行业变迁、盈利模式的变化等）时，董事会结构是否体现了相应的变化。沿此思路，应该会有更多的研究成果出现。第二，制度对董事结构的影响。本书的研究区间横跨2001年独立董事制度建设，以及2005年的股权分置改革，这两个大型的制度变迁对公司的委托代理成本形成了系统性的影响，为了应对这种影响，董事会结构是更加独立了，还是更加权力化了？未来可以对此类制度变迁的影响做进一步深入研究。第三，资源依赖理论下的董事会结构对董事会运作的影响。本书研究结果表明，资源依赖理论能够较好地解释中国上市公司董事会的构成，即中国上市公司董事会构成与企业生存资源密切相关，受到公司外部资源提供方权力的影响。同时，董事会也发挥着监督职能。因此，不同类型董事比例是否影响了董事会的监督职能？更贴合公司资源结构的董事会结构是否更好地发挥了资源职能？这些职能的发挥如何影响董事会的行为，进而影响到董事会的绩效？进一步，是否最终影响到上市公司的经营业绩？这些问题都有待进一步深入研究。

参 考 文 献

一、中文参考文献

白俊，连立帅，2012. 信贷资金配置差异：所有制歧视抑或禀赋差异？
[J]. 管理世界（6）：30 - 42.

白重恩，刘俏，陆洲，等，2005. 中国上市公司治理结构的实证研究
[J]. 经济研究（2）：81 - 91.

蔡宁，董艳华，刘峰，2015. 董事会之谜：基于尚德电力的案例研究
[J]. 管理世界（4）：155 - 165.

陈斌，佘坚，王晓津，等，2008. 我国民营上市公司发展实证研究 [J].
证券市场导报（4）：42 - 47.

陈胜蓝，魏明海，2007. 董事会独立性、盈余稳健性与投资者保护 [J].
中山大学学报（社会科学版）（2）：96 - 102.

陈翔，2017. 国有企业治理中的委托代理问题 [J]. 理论视野（5）：52 -
55.

陈运森，2012. 独立董事网络中心度与公司信息披露质量 [J]. 审计研究
（5）：92 - 100.

陈哲，2002. 中国上市公司治理结构与财务绩效相关性的实证分析 [J].
西南民族学院学报（哲学社会科学版）（8）：35 - 38.

储一昀，谢香兵，2008. 业务复杂度、股权特征与董事会结构 [J]. 财经
研究（3）：132 - 143.

崔学刚，2004. 公司治理机制对公司透明度的影响：来自中国上市公司的
经验数据 [J]. 会计研究（8）：72 - 80.

邓峰，2011. 董事会制度的渊源、进化和中国的学习 [J]. 证券法苑
（1）：60 - 89.

邓峰，2011. 董事会制度的起源、演进与中国的学习 [J]. 中国社会科学
（1）：164 - 176.

邓建平，曾勇，何佳，2006. 改制模式影响董事会特征吗？［J］. 会计研究（11）：82－88.

杜兴强，陈韫慧，杜颖洁，2010. 寻租、政治联系与"真实"业绩：基于民营上市公司的经验证据［J］. 金融研究（10）：135－157.

杜兴强，曾泉，杜颖洁，2011. 关键高管的政治联系能否有助于民营上市公司打破行业壁垒？［J］. 经济与管理研究（1）：89－99.

段云，王福胜，王正位，2011. 多个大股东存在下的董事会结构模型及其实证检验［J］. 南开管理评论（1）：54－64.

樊纲，王小鲁，2001. 中国市场化指数［M］. 经济科学出版社.

樊纲，王小鲁，马光荣，2011. 中国市场化进程对经济增长的贡献［J］. 经济研究（9）：4－16.

方军雄，2010. 民营上市公司，真的面临银行贷款歧视吗？［J］. 管理世界（11）：123－131.

费方域，1996. 什么是公司治理？［J］. 上海经济研究（5）：36－39.

费方域，1998. 企业的产权分析［M］. 上海：上海三联书店.

封思贤，2005. 独立董事制度对关联交易影响的实证研究［J］. 商业经济与管理（3）：54－60.

高雷，何少华，黄志忠，2006. 公司治理与掏空［J］. 经济学（季刊）（3）：1157－1178.

高明华，马守莉，2002. 独立董事制度与公司绩效关系的实证分析：兼论中国独立董事有效行权的制度环境［J］. 南开经济研究（2）：64－68.

郭道扬，2004. 论产权会计观与产权会计变革［J］. 会计研究（2）：8－15.

郭雳，2016. 中国式监事会：安于何处，去向何方？：国际比较视野下的再审思［J］. 比较法研究（2）：74－87.

哈特，朱俊，汪冰，等，1996. 公司治理：理论与启示［J］. 经济学动态（6）：60－63.

韩剑，郑秋玲，2014. 政府干预如何导致地区资源错配：基于行业内和行业间错配的分解［J］. 中国工业经济（11）：69－81.

郝健，张明玉，王继承，2021. 国有企业党委书记和董事长"二职合一"能否实现"双责并履"：基于倾向得分匹配的双重差分模型［J］. 管理世界（12）：195－208.

何浚，1998. 上市公司治理结构的实证分析［J］. 经济研究（5）：51 – 58.

何卫东，张嘉颖，2002. 所有权结构、资本结构、董事会治理与公司价值［J］. 南开管理评论，2002（2）：17 – 20.

侯青川，靳庆鲁，陈明端，2015. 经济发展、政府偏袒与公司发展：基于政府代理问题与公司代理问题的分析［J］. 经济研究（1）：140 – 152.

胡勤勤，沈艺峰，2002. 独立外部董事能否提高上市公司的经营业绩［J］. 世界经济（7）：55 – 62.

胡旭阳，2006. 民营企业家的政治身份与民营企业的融资便利：以浙江省民营百强企业为例［J］. 管理世界（5）：107 – 113.

胡奕明，唐松莲，2008. 独立董事与上市公司盈余信息质量［J］. 管理世界（9）：149 – 160.

黄张凯，徐信忠，岳云霞，2006. 中国上市公司董事会结构分析［J］. 管理世界（11）：128 – 134.

黄志忠，白云霞，2008. 股权激励与代理成本［J］. 中大管理研究（4）：38 – 52.

姜付秀，黄磊，张敏，2009. 产品市场竞争、公司治理与代理成本［J］. 世界经济（10）：46 – 59.

姜国华，徐信忠，赵龙凯，2006. 公司治理和投资者保护研究综述［J］. 管理世界（6）：161 – 170.

蒋荣，陈丽蓉，2007. 产品市场竞争治理效应的实证研究：基于 CEO 变更视角［J］. 经济科学（2）：102 – 111.

孔东民，刘莎莎，王亚男，2013. 市场竞争、产权与政府补贴［J］. 经济研究（2）：55 – 67.

雷光勇，2004. 会计契约论［M］. 北京：中国财政经济出版社.

雷海民，梁巧转，李家军，2012. 公司政治治理影响企业的运营效率吗：基于中国上市公司的非参数检验［J］. 中国工业经济（9）：109 – 121.

李常青，赖建清，2004. 董事会特征影响公司绩效吗？［J］. 金融研究（5）：64 – 77.

李建伟，2004. 论我国上市公司监事会制度的完善：兼及独立董事与监事会的关系［J］. 法学（2）：75 – 84.

李善民，陈正道，2002. 独立董事制度与股东的财富变化［J］. 中山大学学报（社会科学版）（5）：92 – 99.

李维安，2009. 公司治理学［M］. 北京：高等教育出版社.

李维安，郝臣，2006. 中国上市公司监事会治理评价实证研究［J］. 上海
财经大学学报（3）：78 – 84.

李维安，姜涛，2007. 公司治理与企业过度投资行为研究：来自中国上市
公司的证据［J］. 财贸经济（12）：56 – 61.

李维安，王世权，2005. 中国上市公司监事会治理绩效评价与实证研究
［J］. 南开管理评论（1）：4 – 9.

李维安，牛建波，宋笑扬，2009. 董事会治理研究的理论根源及研究脉络
评析［J］. 南开管理评论（1）：130 – 145.

李文贵，余明桂，钟慧洁，2017. 央企董事会试点、国有上市公司代理成
本与企业绩效［J］. 管理世界（8）：123 – 135.

连玉君，苏治，2009. 融资约束、不确定性与上市公司投资效率［J］. 管
理评论（1）：19 – 26.

梁能，2000. 公司治理结构：中国的实践与美国的经验［J］. 中国人民大
学学报（4）：25.

梁上坤，金叶子，王宁，等，2015. 企业社会资本的断裂与重构：基于雷
士照明控制权争夺案例的研究［J］. 中国工业经济（4）：149 – 160.

林毅夫，李志赟，2004. 政策性负担、道德风险与预算软约束［J］. 经济
研究（2）：17 – 27.

林毅夫，李周，1997. 现代企业制度的内涵与国有企业改革方向［J］. 经
济研究（3）：3 – 10.

林毅夫，孙希芳，2008. 银行业结构与经济增长［J］. 经济研究（9）：
31 – 45.

刘立国，杜莹，2003. 公司治理与会计信息质量关系的实证研究［J］. 会
计研究（2）：28 – 36.

刘启胜，刘跃，2003. 我国上市公司独立董事制度有效性的实证分析
［J］. 统计与决策（11）：30 – 32.

逯东，孙岩，周玮，等，2014. 地方政府政绩诉求、政府控制权与公司价
值研究［J］. 经济研究（1）：56 – 69.

卢峰，姚洋，2004. 金融压抑下的法治、金融发展和经济增长［J］. 中国
社会科学（1）：42 – 55.

罗党论，刘晓龙，2009. 政治关系、进入壁垒与企业绩效：来自中国民营上市公司的经验证据 [J]. 管理世界（5）：97 – 106.

罗党论，唐清泉，2007. 市场环境与控股股东"掏空"行为研究：来自中国上市公司的经验证据 [J]. 会计研究（4）：69 – 74.

罗党论，赵聪，2013. 什么影响了企业对行业壁垒的突破：基于中国上市公司的经验证据 [J]. 南开管理评论（6）：95 – 105.

罗党论，甄丽明，2008. 民营控制、政治关系与企业融资约束：基于中国民营上市公司的经验证据 [J]. 金融研究（12）：164 – 178.

骆品亮，周勇，郭晖，2004. 独立董事制度与公司业绩的相关性分析：来自沪市 A 股的实证研究 [J]. 上海管理科学（2）：20 – 23.

吕兆友，2004. 董事会构成和公司绩效的实证分析 [J]. 理论学刊（9）：68 – 70.

马守莉，2004. 2003 年中国独立董事制度与上市公司经营业绩的实证分析 [J]. 平顶山师专学报（5）：52 – 54.

牛建波，李维安，2007. 产品市场竞争和公司治理的交互关系研究：基于中国制造业上市公司 1998—2003 年数据的实证分析 [J]. 南大商学评论（1）：83 – 103.

潘越，戴亦一，李财喜，2009. 政治关联与财务困境公司的政府补助：来自中国 ST 公司的经验证据 [J]. 南开管理评论（5）：6 – 17.

彭真明，江华，2003. 美国独立董事制度与德国监事会制度之比较：也论中国公司治理结构模式的选择 [J]. 法学评论（1）：36 – 42.

钱颖一，1995. 企业的治理结构改革和融资结构改革 [J]. 经济研究（1）：20 – 29.

沈坤荣，孙文杰，2004. 投资效率、资本形成与宏观经济波动：基于金融发展视角的实证研究 [J]. 中国社会科学（6）：52 – 63.

谭劲松，2003. 独立董事与公司治理：基于我国上市公司的研究 [M]. 北京：中国财政经济出版社.

谭劲松，曹慧娟，易阳，等，2017. 企业生命周期与董事会结构：资源依赖理论的视角 [J]. 会计与经济研究（6）：3 – 24.

谭劲松，李敏仪，黎文靖，等，2003. 我国上市公司独立董事制度若干特征分析 [J]. 管理世界（9）：110 – 121.

谭劲松，徐伟航，秦帅，等，2019. 资源依赖与董事会结构：基于高校上

市公司的研究 ［J］．会计与经济研究（4）：3-26．

谭劲松，郑国坚，彭松，2009．地方政府公共治理与国有控股上市公司控制权转移：1996—2004 年深圳市属上市公司重组案例研究 ［J］．管理世界（10）：135-151．

唐朝金，陈薇，2014．前 7 个月每天至少有一名独董辞职 ［N］．河南商报，2014-08-06（B03）．

唐清泉，罗党论，王莉，2005．大股东的隧道挖掘与制衡力量：来自中国市场的经验证据 ［J］．中国会计评论（1）：63-86．

汪伟，史晋川，2005．进入壁垒与民营企业的成长：吉利集团案例研究 ［J］．管理世界（4）：132-140．

王华，黄之骏，2006．经营者股权激励、董事会组成与企业价值：基于内生性视角的经验分析 ［J］．管理世界（9）：101-116．

王鹏，周黎安，2006．控股股东的控制权、所有权与公司绩效：基于中国上市公司的证据 ［J］．金融研究（2）：88-98．

王文剑，仉建涛，覃成林，2007．财政分权、地方政府竞争与 FDI 的增长效应 ［J］．管理世界（3）：13-22．

王小鲁，樊纲，余静文，2017．中国分省份市场化指数报告．2016 ［M］．北京：社会科学文献出版社．

王跃生，1999．金融压抑与金融自由化条件下的企业融资制度 ［J］．经济社会体制比较（1）：55-61．

王跃堂，赵子夜，魏晓雁，2006．董事会的独立性是否影响公司绩效？［J］．经济研究（5）：62-73．

王跃堂，朱林，陈世敏，2008．董事会独立性、股权制衡与财务信息质量 ［J］．会计研究（1）：55-62．

韦伯，1998．论经济与社会中的法律 ［M］．张乃根，译．北京：中国大百科全书出版社．

魏明海，蔡贵龙，程敏英，2016．企业股权特征的综合分析框架：基于中国企业的现象与理论 ［J］．会计研究（5）：26-33．

吴敬琏，2001．控股股东行为与公司治理 ［J］．中国审计（8）：23-24．

吴淑琨，柏杰，席酉民，1998．董事长与总经理两职的分离与合一：中国上市公司实证分析 ［J］．经济研究（8）：21-28．

吴淑琨，刘忠明，范建强，2001．非执行董事与公司绩效的实证研究

[J]. 中国工业经济（9）：69－76.

吴淑琨，2002. 董事长和总经理两职状态的实证检验 [J]. 证券市场导报
（3）：26－30.

吴文锋，吴冲锋，芮萌，2009. 中国上市公司高管的政府背景与税收优惠
[J]. 管理世界（3）：134－142.

夏立军，陈信元，2007. 市场化进程、国企改革策略与公司治理结构的内
生决定 [J]. 经济研究（7）：82－95.

夏立军，方轶强，2005. 政府控制、治理环境与公司价值：来自中国证券
市场的经验证据 [J]. 经济研究（5）：40－51.

夏宁，陈露，2016. 冲突视角下大股东制衡研究：基于山水水泥控制权争
夺的案例分析 [J]. 会计研究（11）：46－52.

谢德仁，2004. 独立董事是装饰品吗?：从报酬委员会和审计委员会来看
[J]. 审计研究（6）：26－29.

辛清泉，谭伟强，2009. 市场化改革、企业业绩与国有企业经理薪酬
[J]. 经济研究（11）：68－81.

辛宇，徐莉萍，2006. 上市公司现金持有水平的影响因素：财务特征、股
权结构及治理环境 [J]. 中国会计评论（2）：307－320.

徐万里，孙海法，王志伟，等，2008. 中国企业战略执行力维度结构及测
量 [J]. 中国工业经济（10）：97－108.

薛云奎，齐大庆，韦华宁，2005. 中国企业战略执行现状及执行力决定因
素分析 [J]. 管理世界（9）：88－98.

杨林，2004. 管家理论与代理理论的比较分析 [J]. 外国经济与管理
（2）：22－27.

杨青，朱晓洋，B BURCIN YURTOGLU，等，2012. 公司复杂性、最优董事
会及其独立性选择 [J]. 金融研究（8）：125－138.

杨瑞龙，周业安，1997. 论转轨时期国有企业治理结构创新战略的选择
[J]. 经济理论与经济管理（6）：6－12.

杨文进，2007. 略论社会主义公有制内容改革的必要性：从垄断行业的暴
利等看生产资料公有制的异化 [J]. 财贸研究（1）：1－7.

杨小凯，黄有光，1999. 专业化与经济组织：一种新兴古典微观经济学框
架 [M]. 张玉纲，译. 北京：经济科学出版社.

易阳，宋顺林，谢新敏，等，2016. 创始人专用性资产、堑壕效应与公司

控制权配置：基于雷士照明的案例分析［J］．会计研究（1）：63－70．

于东智，2004．董事会与公司治理［M］．北京：清华大学出版社．

于东智，池国华，2004．董事会规模、稳定性与公司绩效：理论与经验分析［J］．经济研究（4）：70－79．

于东智，王化成，2003．独立董事与公司治理：理论、经验与实践［J］．会计研究（8）：8－13．

于蔚，汪淼军，金祥荣，2012．政治关联和融资约束：信息效应与资源效应［J］．经济研究（9）：125－139．

余明桂，回雅甫，潘红波，2010．政治联系、寻租与地方政府财政补贴有效性［J］．经济研究（3）：65－77．

余明桂，潘红波，2008．政府干预、法治、金融发展与国有企业银行贷款［J］．金融研究（9）：1－22．

俞伟峰，朱凯，王红梅，等，2010．管制下的独立董事：不求有功，但求无过：基于中国独立董事制度的经验分析［J］．中国会计与财务研究（3）：107－148．

袁萍，刘士余，高峰，2006．关于中国上市公司董事会、监事会与公司业绩的研究［J］．金融研究（6）：23－32．

曾爱民，张纯，魏志华，2013．金融危机冲击、财务柔性储备与企业投资行为：来自中国上市公司的经验证据［J］．管理世界（4）：107－120．

张功富，宋献中，2007．财务困境企业资本投资行为的实证研究：来自中国上市公司的经验证据［J］．财经理论与实践（3）：33－40．

张建君，张志学，2005．中国民营企业家的政治战略［J］．管理世界（7）：94－105．

张瑞君，朱以明，夏坤，2007．集团财务战略执行力：纵向价值链的优化与信息集成策略：以中国电子信息产业集团为例［J］．管理世界（4）：130－137．

张维迎，1996．所有制、治理结构及委托—代理关系：兼评崔之元和周其仁的一些观点［J］．经济研究（9）：3－15．

张维迎，1998．控制权损失的不可补偿性与国有企业兼并中的产权障碍［J］．经济研究（7）：4－15．

赵晶，关鑫，高闯，2010．社会资本控制链替代了股权控制链吗？：上市公司终极股东双重隐形控制链的构建与动用［J］．管理世界（3）：

127 – 139.

赵晶，郭海，2014. 公司实际控制权、社会资本控制链与制度环境 [J].
管理世界（9）：160 – 171.

赵明亮，2010. 分工理论：从古希腊思想到新国际体系的研究述评 [J].
产经评论（3）：14 – 23.

赵子夜，2007. 小额赢利、独立董事和审计鉴证 [J]. 会计研究（4）：
90 – 94.

郑国坚，2011. 市场化改革的微观作用机制：关联交易视角 [J]. 中国会
计评论（3）：337 – 352.

郑国坚，林东杰，张飞达，2013. 大股东财务困境、掏空与公司治理的有
效性：来自大股东财务数据的证据 [J]. 管理世界（5）：157 – 168.

郑国坚，魏明海，2007. 公共治理、公司治理与大股东的内部市场：基于
我国上市公司的实证研究 [J]. 中大管理研究（2）：1 – 21.

郑志刚，吕秀华，2009. 董事会独立性的交互效应和中国资本市场独立董
事制度政策效果的评估 [J]. 管理世界（7）：133 – 144.

郑志刚，梁昕雯，黄继承，2017. 中国上市公司应如何为独立董事制定薪
酬激励合约 [J]. 中国工业经济（2）：174 – 192.

周其仁，1996. 市场里的企业：一个人力资本与非人力资本的特别合约
[J]. 经济研究（6）：71 – 80.

周黎安，陶婧，2009. 政府规模、市场化与地区腐败问题研究 [J]. 经济
研究（1）：57 – 69.

周雪光，2005. "关系产权"：产权制度的一个社会学解释 [J]. 社会学研
究（2）：1 – 31.

祝继高，陆峣，岳衡，2015. 银行关联董事能有效发挥监督职能吗?：基
于产业政策的分析视角 [J]. 管理世界（7）：143 – 157.

祝继高，王春飞，2012. 大股东能有效控制管理层吗?：基于国美电器控
制权争夺的案例研究 [J]. 管理世界（4）：138 – 152.

邹风，2006. 股权特征与董事会成员结构关系的实证研究 [J]. 清华大学
学报（哲学社会科学版）（S1）：107 – 113.

邹风，陈晓，2004. "三分开"政策对董事会结构影响的实证研究 [J]. 经
济学（季刊）（1）：425 – 436.

二、英文参考文献

ADAMS R B, FERREIRA D, 2007. A theory of friendly boards [J]. Journal of Finance, 62 (1): 217 – 250.

ADAMS R B, HERMALIN B E, WEISBACH M S, 2010. The role of boards of directors in corporate governance: A conceptual framework and survey [J]. Journal of Economic Literature, 48 (1): 58 – 107.

ADAMS R B, 2000. The dual role of corporate boards as advisors and monitors of management: Theory and evidence [J]. SSRN Electronic Journal (10).

AGHAMOLLA C, HASHIMOTO T, 2021. Aggressive boards and CEO turnover [J]. Journal of Accounting Research, 59 (2): 437 – 486.

AGHION P, DEWATRIPONT M, REY P, 1999. Competition, financial discipline and growth [J]. Review of Economic Studies, 66 (4): 825 – 852.

AGRAWAL A, KNOEBER C R, 1996. Firm performance and mechanisms to control agency problems between managers and shareholders [J]. Journal of Financial and Quantitative Analysis, 31 (3): 377 – 397.

AGRAWAL A, KNOEBER C R, 2001. Do some outside directors play a political role? [J]. The Journal of Law and Economics, 44 (1): 179 – 198.

AGRAWAL A, MANDELKER G N, 1990. Large shareholders and the monitoring of managers: The case of antitakeover charter amendments [J]. Journal of Financial and Quantitative Analysis, 25 (2): 143 – 161.

AKERLOF G, 1970. The market for "lemons": Quality uncertainty and the market mechanism [J]. Quarterly Journal of Economics, 84 (3): 488 – 500.

ALCHIAN A A, 1950. Uncertainty, evolution, and economic theory [J]. Journal of Political Economy, 58 (3): 211 – 221.

ALCHIAN A A, DEMSETZ H, 1972. Production, information costs, and economic organization [J]. American Economic Review, 62 (5): 777 – 795.

ALCHIAN A A, WOODWARD S, 1988. The firm is dead; long live the firm a review of Oliver E. Williamson's the economic institutions of capitalism [J]. Journal of Economic Literature, 26 (1): 65 – 79.

ALLEN F, QIAN J, QIAN M, 2005. Law, finance, and economic growth in China [J]. Journal of Financial Economics, 77 (1): 57 – 116.

ALMAZAN A, SUAREZ J, 2003. Entrenchment and severance pay in optimal governance structures [J]. The Journal of Finance, 58 (2): 519 – 547.

ANDERSON C A, ANTHONY R N, 1986. The New Corporate Directors: Insights for Board Members and Executives [M]. New York: Wiley.

ANDREWS K R, 1980. Directors' responsibility for corporate strategy [J]. Harvard Business Review, 58 (6): 30 – 42.

ANG J S, COLE R A, LIN J W, 2000. Agency costs and ownership structure [J]. Journal of Finance, 55 (1): 81 – 106.

AOKI M, 1988. Information, Incentives and Bargaining in the Japanese Economy: A Microtheory of the Japanese Economy [M]. Cambridge: Cambridge University Press.

ARROW K, 1962. The economic consequences of learning by doing [J]. Review of Economic Studies, 29 (3): 155 – 173.

ARROW K J, 1985. Informational structure of the firm [J]. American Economic Review, 75 (2): 303 – 307.

ARTHUR N, 2001. Board composition as the outcome of an internal bargaining process: Empirical evidence [J]. Journal of Corporate Finance, 7 (3): 307 – 340.

BAGGS J, DE BETTIGNIES J E, 2007. Product market competition and agency costs [J]. The Journal of Industrial Economics, 55 (2): 289 – 323.

BALSAM S, PUTHENPURACKAL J, UPADHYAY A, 2016. The determinants and performance impact of outside board leadership [J]. Journal of Financial and Quantitative Analysis, 51 (4): 1325 – 1358.

BAI C E, LU J, TAO Z, 2006. The multitask theory of state enterprise reform: Empirical evidence from China [J]. American Economic Review, 96 (2): 353 – 357.

BAIN J S, 1956. Barriers to New Competition: Their Character and Consequences in Manufacturing Industries [M]. Boston: Harvard University Press.

BAKER M, GOMPERS P A, 2003. The determinants of board structure at the

initial public offering [J]. The Journal of Law and Economics, 46 (2):
569 – 598.

BANERJEE A V, 1997. A theory of misgovernance [J]. Quarterly Journal of
Economics, 112 (4): 1289 – 1332.

BANTEL K A, JACKSON S E, 1989. Top management and innovations in
banking: Does the composition of the top team make a difference? [J]. Stra-
tegic Management Journal, 10 (S1): 107 – 124.

BARNARD C I, 1938. The Functions of the Executive [M]. Boston: Harvard
University Press.

BARNARD C I, 1968. The Functions of the Executive [M]. Boston: Harvard
University Press.

BARNHART S W, ROSENSTEIN S, 1998. Board composition, managerial
ownership, and firm performance: An empirical analysis [J]. Financial Re-
view, 33 (4): 1 – 16.

BATHALA C T, RAO R P, 1995. The determinants of board composition: An
agency theory perspective [J]. Managerial & Decision Economics, 16 (1):
59 – 69.

BAYSINGER B D, HOSKISSON R E, 1990. The composition of boards of
directors and strategic control: Effects on corporate strategy [J]. Academy of
Management Review, 15 (1): 72 – 87.

BAYSINGER B D, BUTLER H N, 1985. Corporate governance and the board of
directors: Performance effects of changes in board composition [J]. Journal
of Law Economics & Organization, 1 (1): 101 – 124.

BEATTY R P, ZAJAC E J, 1994. Managerial incentives, monitoring, and risk
bearing: A study of executive compensation, ownership, and board structure
in initial public offerings [J]. Administrative Science Quarterly, 8 (2):
87 – 96.

BECHT M, BOLTON P, RÖELL A, et al. , 2003. Corporate Governance and
Control [M]. Amsterdam: Elsevier.

BECKER G S, 1985. Human capital, effort, and the sexual division of labor
[J]. Journal of Labor Economics, 3 (1, Part 2): S33 – S58.

BERLE A, MEANS G, 1932. The Modern Corporation and Private Property

［M］. New York：MacMillian.

BLAU P M, 1964. Exchange and Power in Social Life ［M］. New York：Wiley.

BLAU P M, SCOTT W R, 1962. Formal Organizations：A Comparative Approach ［M］. Palo Alto：Stanford University Press.

BLUMBERG P I, 1983. The law of corporate groups-bankruptcy law ［J］. The Business Lawyer, 41.

BOEKER W, GOODSTEIN J, 1991. Organizational performance and adaptation：Effects of environment and performance on changes in board composition ［J］. Academy of Management Journal, 34（4）：805 – 826.

BOONE A L, FIELD L C, KARPOFF J M, et al. , 2007. The determinants of corporate board size and composition：An empirical analysis ［J］. Journal of Financial Economics, 85（1）：66 – 101.

BOOTH J R, DELI D N, 1996. Factors affecting the number of outside directorships held by CEOs ［J］. Journal of Financial Economics, 40（1）：81 – 104.

BOOTH J R, DELI D N, 1999. On executives of financial institutions as outside directors ［J］. Journal of Corporate Finance, 5（3）：227 – 250.

BOROKHOVICH K A, PARRINO R, TRAPANI T, 1996. Outside directors and CEO selection ［J］. Journal of Financial and Quantitative Analysis, 31（3）：337 – 355.

BOUBAKRI N, COSSET J C, SAFFAR W, 2013. The role of state and foreign owners in corporate risk-taking：Evidence from privatization ［J］. Journal of Financial Economics, 108（3）：641 – 658.

BOYD B, 1990. Corporate linkages and organizational environment：A test of the resource dependence model ［J］. Strategic Management Journal, 11（6）：419 – 430.

BRENNER S N, PRESTON L E, 1980. Corporate political activity：An exploratory study in a developing industry ［J］. Research in Corporate Social Performance and Policy, 2：197 – 236.

BRICKLEY J A, JAMES C M, 1987. The takeover market, corporate board composition, and ownership structure：The case of banking ［J］. The Journal of Law and Economics, 30（1）：161 – 180.

BRICKLEY J A, LINCK J S, COLES J L, 1999. What happens to CEOs after they realize retire?: New evidence on career concerns, horizon problems, and CEO incentives [J]. Journal of Financial Economics, 52 (3): 341 – 377.

BRILL J E, 1992. Scales to measure social power in a consumer context [J]. ACR North American Advances, 19 (1): 835 – 842.

BUCHANAN L, 1992. Vertical trade relationships: The role of dependence and symmetry in attaining organizational goals [J]. Journal of Marketing Research, 29 (1): 65 – 75.

BUCKLEY W, 1967. Sociology and Modern Systems Theory [M]. Englewood Cliffs, NJ: Prentice-Hall: 23 – 31.

BURT R S, 1980. Cooptive corporate actor networks: A reconsideration of interlocking directorates involving american manufacturing [J]. Administrative Science Quarterly, 25 (4): 557 – 582.

CADBURY S A, 1993. Thoughts on corporate governance [J]. Corporate Governance: An International Review, 1 (1): 5 – 10.

CAO Y, QIAN Y, WEINGAST B R, 1999. From federalism, Chinese style to privatization, Chinese Style [J]. Economics of Transition, 7 (1): 103 – 131.

CARTWRIGHT D, MARCH J, 1965. Influence, leadership, control [J]. Handbook of Organizations: 1 – 47.

CHEN S S, CHEN Y S, KANG J K, et al, 2020. Board structure, director expertise, and advisory role of outside directors [J]. Journal of Financial Economics, 138 (2): 483 – 503.

CHEUNG S N S, 1983. The contractual nature of the firm [J]. The Journal of Law and Economics, 26 (1): 1 – 21.

CLARKE C J, VARMA S, 1999. Strategic risk management: The new competitive edge [J]. Long Range Planning, 32 (4): 414 – 424.

COASE R H, 1937. The nature of the firm [J]. Economica, 4 (16): 386 – 405.

COLES J L, DANIEL N D, NAVEEN L, 2008. Boards: Does one size fit all? [J]. Journal of Financial Economics, 87 (2): 329 – 356.

COOK K S, CHESHIRE C, GERBASI A, 2006. Power, Dependence, and Social Exchange [M]. Palo Alto: Stanford University Press.

CORE J E, HOLTHAUSEN R W, LARCKER D F, 1999. Corporate governance, chief executive officer compensation, and firm performance [J]. Journal of Financial Economics, 51 (3): 371-406.

CULL R, XU L C, 2005. Institutions, ownership, and finance: The determinants of profit reinvestment among Chinese firms [J]. Journal of Financial Economics, 77 (1): 117-146.

DAHYA J, MCCONNELL J J, TRAVLOS N G, 2002. The Cadbury committee, corporate performance, and top management turnover [J]. Journal of Finance, 57 (1): 461-483.

DAILY C M, DALTON D R, CANNELLA JR A A, 2003. Corporate governance: Decades of dialogue and data [J]. Academy of Management Review, 28 (3): 371-382.

DEMSETZ H, LEHN K, 1985. The structure of corporate ownership: Causes and consequences [J]. Journal of Political Economy, 93 (6): 1155-1177.

DEMSETZ H, 1982. Barriers to entry [J]. American Economic Review, 72 (1): 47-57.

DENIS D J, DENIS D K, 1995. Causes of financial distress following leveraged recapitalizations [J]. Journal of Financial Economics, 37 (2): 129-157.

DENIS D J, SARIN A, 1999. Ownership and board structures in publicly traded corporations [J]. Journal of Financial Economics, 52 (2): 187-223.

DEWALLY M, PECK S W, 2010. Upheaval in the boardroom: Outside director public resignations, motivations, and consequences [J]. Journal of Corporate Finance, 16 (1): 38-52.

DUCHIN R, MATSUSAKA J G, OZBAS O, 2010. When are outside directors effective? [J]. Journal of Financial Economics, 96 (2): 195-214.

EISENBERG T, SUNDGREN S, WELLS M T, 1998. Larger board size and decreasing firm value in small firms [J]. Journal of Financial Economics, 48 (1): 35-54.

EISENHARDT K M, SCHOONHOVEN C B, 1990. Organizational growth: Linking founding team, strategy, environment, and growth among US semiconductor ventures, 1978-1988 [J]. Administrative Science Quarterly: 504-529.

EMERSON R M, 1962. Power-dependence relations [J]. American Sociological Review, 27 (1): 31 –41.

FACCIO M, 2006. Politically connected firms [J]. American Economic Review, 96 (1): 369 –386.

FAMA E F, JENSEN M C, 1983. Separation of ownership and control [J]. Journal of Law and Economics, 26 (2): 301 –325.

FAZZARI S, HUBBARD R G, PETERSEN B, 1988. Investment, financing decisions, and tax policy [J]. American Economic Review, 78 (2): 200 –205.

FEINERMAN J V, 2007. New hope for corporate governance in China? [J]. The China Quarterly, 191: 590 –612.

FERREIRA D, FERREIRA M A, MARIANO B, 2018. Creditor control rights and board independence [J]. The Journal of Finance, 73 (5): 2385 –2423.

FIELD L C, MKRTCHYAN A, 2017. The effect of director experience on acquisition performance [J]. Journal of Financial Economics, 123 (3): 488 –511.

FLIGSTEIN N, 1987. The intraorganizational power struggle: Rise of finance personnel to top leadership in large corporations, 1919 – 1979 [J]. American Sociological Review, 52 (1): 44 –58.

FOSBERG R H, 1989. Outside directors and managerial monitoring [J]. Akron Business and Economic Review, 20 (2): 24 –32.

FRANCIS J R, WILSON E R, 1988. Auditor changes: A joint test of theories relating to agency costs and auditor differentiation [J]. Accounting Review: 663 –682.

FRANKS J, MAYER C, 2001. Ownership and control of German corporations [J]. Review of Financial Studies, 14 (4): 943 –977.

GIANNETTI M, LIAO G, YU X, 2015. The brain gain of corporate boards: Evidence from China [J]. The Journal of Finance, 70 (4): 1629 –1682.

GILLETTE A B, NOE T H, REBELLO M J, 2003. Corporate board composition, protocols, and voting behavior: Experimental evidence [J]. Journal of Finance, 58 (5): 1997 –2031.

GILSON S C, 1990. Bankruptcy, boards, banks, and blockholders: Evidence on changes in corporate ownership and control when firms default [J]. Journal of Financial Economics, 27 (2): 355 –387.

GOODSTEIN J, GAUTAM K, BOEKER W, 1994. The effects of board size and diversity on strategic change [J]. Strategic Management Journal, 15 (3): 241 – 250.

GRAHAM J R, KIM H, LEARY M, 2020. CEO – board dynamics [J]. Journal of Financial Economics, 137 (3): 612 – 636.

GREENWOOD R, HININGS C R, 1996. Understanding radical organizational change: Bringing together the old and the new institutionalism [J]. Academy of Management Review, 21 (4): 1022 – 1054.

GROSSMAN S J, HART O D, 1986. The costs and benefits of ownership: A theory of vertical and lateral integration [J]. Journal of Political Economy, 94 (4): 691 – 719.

GUEST P M, 2008. The determinants of board size and composition: Evidence from the UK [J]. Journal of Corporate Finance, 14 (1): 51 – 72.

GÜNER A B, MALMENDIER U, TATE G, 2008. Financial expertise of directors [J]. Journal of Financial Economics, 88 (2): 323 – 354.

HAMBRICK D C, CHO T S, CHEN M J, 1996. The influence of top management team heterogeneity on firms' competitive moves [J]. Administrative Science Quarterly, 41 (4): 659 – 684.

HARRIS M, RAVIV A, 2008. A theory of board control and size [J]. Review of Financial Studies, 21 (4): 1797 – 1832.

HART O D, 1983. The market mechanism as an incentive scheme [J]. The Bell Journal of Economics, 14 (2): 366 – 382.

HART O, MOORE J, 1988. Incomplete contracts and renegotiation [J]. Econometrica: Journal of the Econometric Society, 56 (4): 755 – 785.

HART O, MOORE J, 1990. Property rights and the nature of the firm [J]. Journal of Political Economy, 98 (6): 1119 – 1158.

HART O, 2001. Financial contracting [J]. Journal of Economic Literature, 39 (4): 1079 – 1100.

HAUNSCHILD P R, BECKMAN C M, 1998. When do interlocks matter?: Alternate sources of information and interlock influence [J]. Administrative Science Quarterly, 43 (4): 815 – 844.

HERMALIN B E, WEISBACH M S, 1988. The determinants of board composition [J]. The Rand Journal of Economics: 589 – 606.

HERMALIN B E, WEISBACH M S, 1998. Endogenously chosen boards of directors and their monitoring of the CEO [J]. American Economic Review, 88 (1): 96 – 118.

HERMALIN B E, WEISBACH M S, 2003. Boards of directors as an endogenously determined institution: A survey of the economic literature [J]. Economic Policy Review, 9 (Apr): 7 – 26.

HERMAN E S, 1981. Corporate Control, Corporate Power [M]. Cambridge: Cambridge University Press.

HILLMAN A J, KEIM G D, LUCE R A, 2001. Board composition and stakeholder performance: Do stakeholder directors make a difference? [J]. Business & Society, 40 (3): 295 – 314.

HILLMAN A J, SHROPSHIRE C, CANNELLA JR A A, 2007. Organizational predictors of women on corporate boards [J]. Academy of Management Journal, 50 (4): 941 – 952.

HILLMAN A J, WITHERS M C, COLLINS B J, 2009. Resource dependence theory: A review [J]. Journal of Management, 35 (6): 1404 – 1427.

HILLMAN A J, ZARDKOOHI A, BIERMAN L, 1999. Corporate political strategies and firm performance: Indications of firm-specific benefits from personal service in the US government [J]. Strategic Management Journal, 20 (1): 67 – 81.

HILMER F G, 1993. Independent Working Party into Corporate Governance (Australian), Rogers A. Strictly Boardroom: Improving Governance to Enhance Company Performance [M]. Melbourne: Sydney Institute.

HOLMSTRÖM B, 1979. Moral hazard and observability [J]. The Bell Journal of Economics, 10 (1): 74 – 91.

HOLMSTRÖM B, TIROLE J, 1993. Market liquidity and performance monitoring [J]. Journal of Political Economy, 101 (4): 678 – 709.

HOPE O K, YUE H, ZHONG Q, 2020. China's anti-corruption campaign and financial reporting quality [J]. Contemporary Accounting Research, 37 (2): 1015 – 1043.

HOSSAIN M, PREVOST A K, RAO R P, 2001. Corporate governance in New

Zealand: The effect of the 1993 Companies Act on the relation between board composition and firm performance [J]. Pacific – Basin Finance Journal, 9 (2): 119 – 145.

HUANG S, HILARY G, 2018. Zombie board: Board tenure and firm performance [J]. Journal of Accounting Research, 56 (4): 1285 – 1329.

HU R, KARIM K, LIN K J, et al., 2020. Do investors want politically connected independent directors?: Evidence from their forced resignations in China [J]. Journal of Corporate Finance, 61: 101421.

JAGANNATHAN R, SRINIVASAN S B, 1999. Does product market competition reduce agency costs? [J]. The North American Journal of Economics and Finance, 10 (2): 387 – 399.

JANUSZEWSKI S I, KÖKE J, WINTER J K, 2002. Product market competition, corporate governance and firm performance: An empirical analysis for Germany [J]. Research in Economics, 56 (3): 299 – 332.

JENSEN M C, 1993. The modern industrial revolution, exit, and the failure of internal control systems [J]. Journal of Finance, 48 (3): 831 – 880.

JENSEN M C, MECKLING W H, 1976. Theory of the firm: Managerial behavior, agency costs and ownership structure [J]. Journal of Financial Economics, 3 (4): 305 – 360.

JENSEN M C, MURPHY K J, 1990. Performance pay and top-management incentives [J]. Journal of Political Economy, 98 (2): 225 – 264.

JOHNSON J L, DAILY C M, ELLSTRAND A E, 1996. Boards of directors: A review and research agenda [J]. Journal of Management, 22 (3): 409 – 438.

JOHNSON R A, GREENING D W, 1999. The effects of corporate governance and institutional ownership types on corporate social performance [J]. Academy of Management Journal, 42 (5): 564 – 576.

JOSKOW P L, 1985. Vertical integration and long-term contracts: The case of coal-burning electric generating plants [J]. Journal of Law, Economics and Organization, 1 (1): 33 – 80.

JUDGE JR W Q, ZEITHAML C P, 1992. Institutional and strategic choice perspectives on board involvement in the strategic decision process [J]. Academy of Management Journal, 35 (4): 766 – 794.

JURAN J M, LOUDEN J K, 1966. The Corporate Director [M]. New York: American Management Association.

KAPLAN S N, MINTON B A, 1994. Appointments of outsiders to Japanese boards: Determinants and implications for managers [J]. Journal of Financial Economics, 36 (2): 225 – 258.

KHWAJA A I, MIAN A, 2005. Do lenders favor politically connected firms?: Rent provision in an emerging financial market [J]. Quarterly Journal of Economics, 120 (4): 1371 – 1411.

KIEL G C, NICHOLSON G J, 2003. Board composition and corporate performance: How the Australian experience informs contrasting theories of corporate governance [J]. Corporate Governance: An International Review, 11 (3): 189 – 205.

KOONTZ H, 1967. The Board of Directors and Effective Management [M]. New York: McGraw-Hill.

KOR Y Y, MISANGYI V F, 2008. Outside directors' industry-specific experience and firms' liability of newness [J]. Strategic Management Journal, 29 (12): 1345 – 1355.

KOSNIK R D, 1987. Greenmail: A study of board performance in corporate governance [J]. Administrative Science Quarterly: 163 – 185.

KROLL M, WALTERS B A, LE S A, 2007. The impact of board composition and top management team ownership structure on post-IPO performance in young entrepreneurial firms [J]. Academy of Management Journal, 50 (5): 1198 – 1216.

LA PORTA R, LOPEZ-DE-SILANES F, SHLEIFER A, et al, 1997. Legal determinants of external finance [J]. Journal of Finance, 52 (3): 1131 – 1150.

LA PORTA R, LOPEZ-DE-SILANES F, SHLEIFER A, et al, 1998. Law and finance [J]. Journal of Political Economy, 106 (6): 1113 – 1155.

LA PORTA R, LOPEZ-DE-SILANES F, SHLEIFER A, 1999a. Corporate ownership around the world [J]. Journal of Finance, 54 (2): 471 – 517.

LA PORTA R, LOPEZ-DE-SILANES F, SHLEIFER A, et al, 1999b. The quality of government [J]. The Journal of Law, Economics, and Organization, 15

(1): 222 – 279.

LANG J R, LOCKHART D E, 1990. Increased environmental uncertainty and changes in board linkage patterns [J]. Academy of Management Journal, 33 (1): 106 – 128.

LEE T W, MITCHELL T R, SABLYNSKI C J, 1999. Qualitative research in organizational and vocational psychology, 1979 – 1999 [J]. Journal of Vocational Behavior, 55 (2): 161 – 187.

LEHN K M, PATRO S, ZHAO M, 2009. Determinants of the size and composition of US corporate boards: 1935 – 2000 [J]. Financial Management, 38 (4): 747 – 780.

LESTER R H, HILLMAN A, ZARDKOOHI A, et al, 2008. Former government officials as outside directors: The role of human and social capital [J]. Academy of Management Journal, 51 (5): 999 – 1013.

LEUZ C, OBERHOLZER-GEE F, 2006. Political relationships, global financing, and corporate transparency: Evidence from Indonesia [J]. Journal of Financial Economics, 81 (2): 411 – 439.

LEVINE R, ZERVOS S, 1998. Capital control liberalization and stock market development [J]. World Development, 26 (7): 1169 – 1183.

LEWELLEN W G, EMERY D R, 1986. Corporate debt management and the value of the firm [J]. Journal of Financial and Quantitative Analysis, 21 (4): 415 – 426.

LI H B, MENG L S, ZHANG J S, 2006. Why do entrepreneurs enter politics?: Evidence from China [J]. Economic Inquiry, 44 (3): 559 – 578.

LIN C, OFFICER M S, SCHMID T, et al, 2019. Is skin in the game a game changer? Evidence from mandatory changes of D&O insurance policies [J]. Journal of Accounting and Economics, 68 (1): 101225.

LINCK J S, NETTER J M, YANG T, 2008. The determinants of board structure [J]. Journal of Financial Economics, 87 (2): 308 – 328.

LIPTON M, LORSCH J W, 1992. A modest proposal for improved corporate governance [J]. The Business Lawyer: 59 – 77.

LORSCH J, MACIVER E, 1989. Pawns or Potentates: The Reality of America's Corporate Boards [M]. Boston: Harvard Business School Press.

LUOMA P, GOODSTEIN J, 1999. Stakeholders and corporate boards: Institutional influences on board composition and structure [J]. Academy of Management Journal, 42 (5): 553 – 563.

LYNALL M D, GOLDEN B R, HILLMAN A J, 2003. Board composition from adolescence to maturity: A multitheoretic view [J]. Academy of Management Review, 28 (3): 416 – 431.

MACE M L, 1979. Directors: Myth and reality-ten years later [J]. Rutgers Law Review, 32: 293 – 307.

MACE M L, 1986. Directors, Myth and Reality [M]. Boston: Harvard Business School Press.

MANNE H G, 1965. Mergers and the market for corporate control [J]. Journal of Political Economy, 73 (2): 110 – 120.

MANN H M, 1966. Seller concentration, barriers to entry, and rates of return in thirty industries, 1950 – 1960 [J]. Review of Economics and Statistics, 48 (3): 296 – 307.

MARCH J G, SIMON H A, 1958. Organizations [M]. New York: Wiley.

MAYERS D, SHIVDASANI A, SMITH JR C W, 1997. Board composition and corporate control: Evidence from the insurance industry [J]. Journal of Business, 70 (1): 33 – 62.

MEHRAN H, 1995. Executive compensation structure, ownership, and firm performance [J]. Journal of Financial Economics, 38 (2): 163 – 184.

MICHEL J G, HAMBRICK D C, 1992. Diversification posture and top management team characteristics [J]. Academy of Management Journal, 35 (1): 9 – 37.

MIKKELSON W H, RUBACK R S, 1985. An empirical analysis of the interfirm equity investment process [J]. Journal of Financial Economics, 14 (4): 523 – 553.

MILLER M, IPPOLITO R, ZHANG L, 1998. Shareholders and stakeholders: Human capital and industry equilibrium [J]. The Economic Journal, 108 (447): 490 – 508.

MINDLIN S E, ALDRICH H, 1975. Interorganizational dependence: A review of the concept and a reexamination of the findings of the Aston group [J].

Administrative Science Quarterly, 20 (3): 382 –392.

MITTON T, 2002. A cross-firm analysis of the impact of corporate governance on the East Asian financial crisis [J]. Journal of Financial Economics, 64 (2): 215 –241.

MIZRUCHI M S, STEARNS L B, 1988. A longitudinal study of the formation of interlocking directorates [J]. Administrative Science Quarterly, 33 (2): 194 –210.

MIZRUCHI M S, STEARNS L B, 1994. A longitudinal study of borrowing by large American corporations [J]. Administrative Science Quarterly, 39 (1): 118 –140.

MORCK R, NAKAMURA M, 1999. Banks and corporate control in Japan [J]. Journal of Finance, 54 (1): 319 –339.

NGUYEN B D, NIELSEN K M, 2010. The value of independent directors: Evidence from sudden deaths [J]. Journal of Financial Economics, 98 (3): 550 –567.

NICKELL S, NICOLITSAS D, DRYDEN N, 1997. What makes firms perform well? [J]. European Economic Review, 41 (3 –5): 783 –796.

PARK Y W, SHIN H H, 2004. Board composition and earnings management in Canada [J]. Journal of Corporate Finance, 10 (3): 431 –457.

PEARCE J A, ZAHRA S A, 1991. The relative power of CEOs and boards of directors: Associations with corporate performance [J]. Strategic Management Journal, 12 (2): 135 –153.

PEARCE J A, ZAHRA S A, 1992. Board composition from a strategic contingency perspective [J]. Journal of Management Studies, 29 (4): 411 –438.

PELTZMAN S, 1976. Toward a more general theory of regulation [J]. The Journal of Law and Economics, 19 (2): 211 –240.

PENG M W, 2004. Outside directors and firm performance during institutional transitions [J]. Strategic Management Journal, 25 (5): 453 –471.

PFEFFER J, 1972. Size and composition of corporate boards of directors: The organization and its environment [J]. Administrative Science Quarterly, 17 (2): 218 –228.

PFEFFER J, 1973. Size, composition, and function of hospital boards of directors: A study of organization-environment linkage [J]. Administrative Science Quarterly, 18 (3): 349 – 364.

PFEFFER J, 1997. New Directions for Organization Theory: Problems and Prospects [M]. New York: Oxford University Press.

PFEFFER J, SALANCIK G R, 1978. The External Control of Organizations: A Resource Dependence Perspective [M]. New York: Harper & Row Publishers.

PFEFFER J, SALANCIK G R, 2003. The External Control of Organizations: A Resource Dependence Perspective [M]. Stanford: Stanford Business Books.

PRATT J W, ZECKHAUSER R, 1985. Principals and Agents: The Structure of Business [M]. Boston: Harvard Business School Press.

PUGACHEV L, SCHERTLER A, 2021. Neglecting Peter to fix Paul: How shared directors transmit bank shocks to nonfinancial firms [J]. Journal of Financial and Quantitative Analysis, 56 (6): 2170 – 2207.

PUTNAM R, 1993. The prosperous community: Social capital and public life [J]. The American Prospect, 38 (13): 35 – 42.

RAHEJA C G, 2005. Determinants of board size and composition: A theory of corporate boards [J]. Journal of Financial and Quantitative Analysis, 40 (2): 283 – 306.

RASMUSEN E B, 2001. Explaining incomplete contracts as the result of contract-reading costs [J]. Advances in Economic Analysis & Policy, 1 (1): 1 – 37.

REDIKER K J, SETH A, 1995. Boards of directors and substitution effects of alternative governance mechanisms [J]. Strategic Management Journal, 16 (2): 85 – 99.

RENNEBOOG L, 2000. Ownership, managerial control and the governance of companies listed on the Brussels stock exchange [J]. Journal of Banking & Finance, 24 (12): 1959 – 1995.

RHOADES D L, RECHNER P L, SUNDARAMURTHY C, 2000. Board composition and financial performance: A meta-analysis of the influence of outside directors [J]. Journal of Managerial Issues: 76 – 91.

RIBSTEIN L E, LETSOU P V, 2003. Business Associations [M]. Cincinnati: Anderson Publishing Company.

ROSENSTEIN S, WYATT J G, 1990. Outside directors, board independence, and shareholder wealth [J]. Journal of Financial Economics, 26 (2): 175 – 191.

ROSS S A, 1973. The economic theory of agency: The principal's problem [J]. American Economic Review, 63 (2): 134 – 139.

SALOP S C, 1979. Monopolistic competition with outside goods [J]. The Bell Journal of Economics, 10 (1): 141 – 156.

SANDERS W M G, CARPENTER M A, 1998. Internationalization and firm governance: The roles of CEO compensation, top team composition, and board structure [J]. Academy of Management Journal, 41 (2): 158 – 178.

SCHMIDT K M, 1997. Managerial incentives and product market competition [J]. Review of Economic Studies, 64 (2): 191 – 213.

SCHMIDT K M, 2000. The political economy of mass privatization and the risk of expropriation [J]. European Economic Review, 44 (2): 393 – 421.

SCOTT W R, DAVIS G F, 2007. Organizations and Organizing: Rational, Natural and Open Systems Perspectives [M]. Upper Saddle River: Prentice Hall.

SEGAL I, 1999. Complexity and renegotiation: A foundation for incomplete contracts [J]. Review of Economic Studies, 66 (1): 57 – 82.

SELZNICK P, 1949. TVA and the Grass Roots [M]. Berkeley and Los Angeles: University of California Press.

SHIVDASANI A, YERMACK D, 1999. CEO involvement in the selection of new board members: An empirical analysis [J]. Journal of Finance, 54 (5): 1829 – 1853.

SHLEIFER A, VISHNY R W, 1986. Large shareholders and corporate control [J]. Journal of Political Economy, 94 (3): 461 – 488.

SHLEIFER A, VISHNY R W, 1993. Corruption [J]. Quarterly Journal of Economics, 108 (3): 599 – 617.

SIMON H A, 1981. The Sciences of the Artificial [M]. Massachusetts: MIT Press.

SINGH M, DAVIDSON W N, 2003. Agency costs, ownership structure and corporate governance mechanisms [J]. Journal of Banking & Finance, 27 (5): 793 – 816.

SPENCE M, 1974. Competitive and optimal responses to signals: An analysis of efficiency and distribution [J]. Journal of Economic Theory, 7 (3): 296 –332.

STIGLER G J, 1968. The Organization of Industry [M]. Chicago: University of Chicago Press.

STIGLER G J, FRIEDLAND C, 1983. The literature of economics: The case of Berle and Means [J]. The Journal of Law and Economics, 26 (2): 237 –268.

STIGLITZ J E, 1975. The theory of "screening", education, and the distribution of income [J]. American Economic Review, 65 (3): 283 –300.

THORNTON P H, OCASIO W, 1999. Institutional logics and the historical contingency of power in organizations: Executive succession in the higher education publishing industry, 1958 – 1990 [J]. American Journal of Sociology, 105 (3): 801 –843.

TIHANYI L, ELLSTRAND A E, DAILY C M, et al, 2000. Composition of the top management team and firm international diversification [J]. Journal of Management, 26 (6): 1157 –1177.

TIROLE J, 1999. Incomplete contracts: Where do we stand? [J]. Econometrica, 67 (4): 741 –781.

TRICKER R I, 1984. Corporate Governance: Practices, Procedures, and Powers in British Companies and Their Boards of Directors [M]. London: Gower Publishing Company.

VILLANUEVA J, VAN DE VEN A H, SAPIENZA H J, 2012. Resource mobilization in entrepreneurial firms [J]. Journal of Business Venturing, 27 (1): 19 –30.

WALDER A G, 1995. Local governments as industrial firms: An organizational analysis of China's transitional economy [J]. American Journal of Sociology, 101 (2): 263 –301.

WARNER J B, WATTS R L, WRUCK K H, 1988. Stock prices and top management changes [J]. Journal of Financial Economics, 20 (1 –2): 461 –492.

WARTHER V A, 1998. Board effectiveness and board dissent: A model of the board's relationship to management and shareholders [J]. Journal of Corporate Finance, 4 (1): 53 –70.

WEISBACH M S, 1988. Outside directors and CEO turnover [J]. Journal of

Financial Economics, 20 (1 – 2): 431 – 460.

WHEELER J, MANSFIELD R, TODD D, 1980. Structural implications of organizational dependence upon customers and owners: Similarities and differences [J]. Organization Studies, 1 (4): 327 – 348.

WHISLER T L, 1984. The Rules of the Game: Inside the Corporate Board Room [M]. Illinois: Irwin Professional Publishing.

WIERSEMA M F, BANTEL K A, 1992. Top management team demography and corporate strategic change [J]. Academy of Management Journal, 35 (1): 91 – 121.

WILLIAMSON O E, 1983. Credible commitments: Using hostages to support exchange [J]. American Economic Review, 73 (4): 519 – 540.

WILLIAMSON O E, 1984. Credible commitments: Further remarks [J]. American Economic Review, 74 (3): 488 – 490.

WILLIAMSON O E, 2002. The theory of the firm as governance structure: From choice to contract [J]. Journal of Economic Perspectives, 16 (3): 171 – 195.

WINTOKI M B, LINCK J S, NETTER J M, 2012. Endogeneity and the dynamics of internal corporate governance [J]. Journal of Financial Economics, 105 (3): 581 – 606.

YERMACK D, 1996. Higher market valuation of companies with a small board of directors [J]. Journal of Financial Economics, 40 (2): 185 – 211.

ZAHRA S A, PEARCE J A, 1989. Boards of directors and corporate financial performance: A review and integrative model [J]. Journal of Management, 15 (2): 291 – 334.

ZARDKOOHI A, 1985. On the political participation of the firm in the electoral process [J]. Southern Economic Journal: 804 – 817.

ZECKHAUSER R J, 1985. Principals and Agents: The Structure of Business [M]. Boston: Harvard Business School Press.